华章经管
HZBOOKS | Economics Finance Business & Management

培训+

从企业大学到
无边界学习型组织

李翼　王贤福◎著

Training+

From Corporate Universities
to Borderless
Learning Organizations

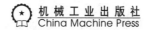

机械工业出版社
China Machine Press

图书在版编目（CIP）数据

培训+：从企业大学到无边界学习型组织/李翼，王贤福著. -- 北京：机械工业出版社，2021.3
ISBN 978-7-111-67673-7

I. ①培… II. ①李… ②王… III. ①企业管理 - 职工培训 - 研究 IV. ①F272.92

中国版本图书馆 CIP 数据核字（2021）第 039968 号

培训+：从企业大学到无边界学习型组织

出版发行：机械工业出版社（北京市西城区百万庄大街 22 号 邮政编码：100037）
责任编辑：孟宪勐　　　　　　　　　　责任校对：马荣敏
印　　刷：大厂回族自治县益利印刷有限公司
版　　次：2021 年 4 月第 1 版第 1 次印刷
开　　本：170mm×230mm　1/16　　　印　　张：17.25
书　　号：ISBN 978-7-111-67673-7　　定　　价：79.00 元

客服电话：(010) 88361066　88379833　68326294　　投稿热线：(010) 88379007
华章网站：www.hzbook.com　　　　　　　　　　　　读者信箱：hzjg@hzbook.com

版权所有 · 侵权必究
封底无防伪标均为盗版
本书法律顾问：北京大成律师事务所　韩光/邹晓东

赞 誉

近20年来,信息化革命以前所未见的方式将世界推平。与此同时,大数据、智能硬件、新材料等一系列的技术革命和新工具,对人类行为及公共治理的影响和渗透越来越深刻,由此产生了大量的专门知识。正因此,知识世界的地理疆域发生了大挪移,经济学者对商业突变的解释权,被冲在一线的企业家所剥夺。于是,二三十年前我们读德鲁克、迈克尔·波特,而现在更愿意听乔布斯、马斯克和马云。这应该就是"培训+"现象开始盛行的底层逻辑。在这个不确定时代,我们必须对"阿里"们的无边界扩张做好心理准备。致敬李翼、王贤福,感谢他们用《培训+》这本书,把自己对培训行业的观察成果,抽丝剥茧地与大家分享。

——吴晓波　财经作家、890新商学及蓝狮子出版创始人

1998年,我作为松下的高级干部候选人,获得了在美国通用电气公司(GE)克劳顿管理学院进修的机会。我强烈地感受到:GE是世界上屈指可数的优秀跨国公司,是给全球产业界带来巨大影响的源泉之地。我现在回忆起来仍恍如昨日。

从表面上看，培训是提高个人知识和能力的手段。本质上，培训是刺激个人潜在能力、激发跨界创新的高层次人才培养服务。

对持续成长的企业而言，构建"人才培养+"能力是经营的重点，是维持卓越经营不可或缺的。

我确信李翼和王贤福两位作者的力作《培训+》，对于肩负经营责任的企业家来说，是值得精读和参考的好书。

——木元哲　松下（中国）前总裁、零牌木元塾塾长

我上课 20 余年，不停地疾呼，举世强国皆奠基于教育和科技。这本巨著，从企业大学切入，是完全一样的道理。本书拿出各个卓越的标杆——方太、阿里、腾讯、华为、百度、字节跳动……来印证作者的观察：一个企业的经营绝不是画地自限。企业眼光不够，心胸不广，不要说跟大型跨国企业竞争，在国内都很难生存。于是乎，本书从"互联网+"推演出"培训+"，例如"培训+智能平台""培训+军工""培训+创投""培训+新金融"……作者将它们缤纷地呈现在我们的眼前。

——余世维　富格曼国际集团董事长

中国企业大学经过 20 多年的发展，已经发生了翻天覆地的变化。早在 2018 年，我就发现：企业大学已在主动求变，由传授知识、提升能力的"培训学习模式"，经改变行为、提升绩效的"绩效支持模式"，发展为输出成果、推动业务的"业务支持模式"。如今，好的企业大学应该从人力资源部的框架里跳出来，聚焦于战略，成为企业的一个战略伙伴，把企业的人力资源转化成人力资本，并为企业战略服务。我赞同《培训+》这本书中的立论：一所好的企业大学，将成为未来区别优秀企业与一般企业的标志。

——朱伟正　《培训》杂志主编

历史正在大拐弯处，每次这种拐弯，总有一些"自重"不够的人或者公司被甩下车，要想提高"自重"，唯有做终身学习者，不断拓宽自己的认知隧道。疫情前，培训涉及企业发展快与慢的问题；疫情后，培训关乎企业生与死的问题。李翼、王贤福先生此书，是大拐弯处的一个路标。

——何伊凡 灯塔知行社创始人、《中国企业家》杂志前总编辑

当下，越来越多的企业正在向平台生态企业转型，而知识、数据、资本是商业生态系统中的三种核心连接力。培训是创造知识的重要手段，这本书以丰富的案例为读者系统展示了企业创造知识、应用知识的策略，非常值得阅读和学习。

——曹仰锋 香港创业创新研究院院长、《第四次管理革命》作者

企业人才愿景、理念、意志乃至解决问题的能力，能否做到战略纵向上的统一，是决定企业是否优秀的关键之关键！但空洞无物、老生常谈式培训，企业虽并不需要，却又似乎成了企业的必需动作而流于形式。

"培训+"概念的提出，别开生面，视角新颖。《培训+》最可贵之处就在于不仅汇聚众多优秀企业培训的真实做法，而且洞察并给出了具有趋势意义的"培训+"的认知，将一般意义上的培训归纳在"结构性赋能"的新命题要点之上。

"自然"到"必然"固然可以通过实践体悟到，但《培训+》一书显然在培训的认知过程中具有推动价值！这正是本人竭力推荐的理由。

——刘军 深圳大学管理学院教授、研究生导师

优秀企业需要重新审视企业商学院的定位和布局，以应对其在人才发展、客户拓展及生态平台方面的全新空间。《培训+》并不是意兴之作，而是作者多年对华为、阿里、海尔、美团、南方路机等数十家领先企业的跟踪、观察、思考的结果。作者从为什么、是什么、怎么做三个大

维度，通过大量企业案例论证、梳理出未来发展的趋势——"培训+"将成为企业下一阶段发展的关键要素。读这本书，就如和一位游刃于理论研究与实操践行之间的高手一起品茶论道，我已经迫不及待了！

——朱国玮　湖南大学教授、博士生导师，课程建设与案例开发中心主任

培训，一个简单得不能再简单的词。作者以独特的视角，为读者展开了一幅波澜壮阔的优秀企业创新发展的磅礴画卷。《培训+》回顾华为、阿里等数十家引领时代发展的行业翘楚，用"培训+"诠释中国好企业的新标准。这本书案例新颖，引人入胜；广采博取，智趣横生。纵观全书，从前言到后记都充满"新动能""新知识"。在"培训+"的影响下，构建人才发展、客户拓展和生态平台的全新空间，将成为"大趋势"。《培训+》堪称企业成长的制胜"法宝"。

——张维国　济南人力资本产业研究院代理院长

未来的组织应该是共生型组织，不再是独立的组织，也不再是简单的平台型组织。在平台这个概念中，你还是以你为主，但共生型组织的形式是互为主体，而共生的结果必然是共赢。《培训+》这本书就是从生态的角度，对这个研判做了实锤求证。这本书不是一味肯定现在的成功者，更不是"敲打"那些尚在温水中的企业。它希望能为更具时代意识、更富创新精神、更有意愿打造百年企业的组织，提供一幅新时代的成长蓝图。阅读本书，既是一次开拓视野之旅，又是一次丰富认知之游。

——蔡元启　中国HRD俱乐部创始人及理事长

巨变时代，在我们眼前或骤然崛起或突然消失的企业至少揭示了一点：没有什么成功可言！

所谓过往的成功经验无法引领企业走向未来。当企业竞争力核心要素发生了巨大的改变时，企业人的学习速度必须跟得上企业改变的速度；

当企业未来的发展以及当下的业绩越来越依赖于外部时，链接乃至赋能生态圈伙伴就不是可有可无的选择了。

《培训+》这本书展示了多家优秀企业用"培训"链接、赋能生态圈的案例，给我们提供了全新的视角和可借鉴的范式。

我深信，VUCA[⊖]时代，唯变革者新，唯创新者强。企业大学如要成为企业不可或缺的DNA，就必须更加有效地提升组织学习力，由此而成为企业发展的驱动力。

建议各位培训人和企业家一起来读这本书，共同推动组织和人才发展。

——许芳　TCL大学执行校长、CHO100联席理事长

终身学习是适应日益加剧变化环境的首选习惯。学习型组织因面对内外挑战而需要更新。

如何与时俱进持续打造组织新的核心竞争力？

如何重新定义与构建学习型组织，追求卓越？

如何实现学习驱动业务的价值链高效输出？

《培训+》以宽阔的视野严密剖析当下立于时代潮头的企业案例，系统提出观点鲜明的"培训+"方法论。《培训+》既体现出中国好企业新标准的高度，又有如何办好企业大学的可行落地路线图，同时还是一本赋能企业的实用参考宝典，十分值得我们借鉴思考。大企业可以从中找到企业做强做大、引领行业的突破口，中小企业可以从中得到快速升级、跨越发展的动能引擎。

——涂益华　阿斯利康大学校长、ATD全球峰会PAC评委

对于培训能否为企业发展创造真正的价值，业务部门是长期用脚来投票的。培训的价值不在于某些培训专业技术本身，而在于与企业管理

⊖ VUCA分别指volatility（易变性）、uncertainty（不确定性）、complexity（复杂性）和ambiguity（模糊性）。

的逻辑打通、打透。只有升级思考到管理，才能降维应用到培训。做培训的人，必须学习管理，不然很难将培训做出价值。

企业大学是外来的概念，在中国的发展刚刚起步。企业大学能否落地，关键在于它能否真正基于管理的规律，解决企业发展中的能力管理和能力发展问题。《培训+》总结了多年来企业大学在中国的实践，弥足珍贵！

希望中国的企业大学，无论是在实际操作还是在理论研究等方面，未来超越美国等发达国家。

——顾立民 国际绩效改进协会（ISPI）董事，改进咨询联合创始人、首席顾问

作为从事培训工作20多年的老兵，我终于看到有人将这个行业的发展进行了全景式的梳理。过去20年中国的经济波澜壮阔，也带动了培训行业的发展。本书系统呈现了中国企业大学的成长史，我更惊喜于看到"培训+"概念的提出。培训不仅仅能促进人才发展，还有可能作为价值连接点驱动业务、驱动行业甚至驱动产业，这会给所有培训从业者带来巨大的鼓励。

——丁晖 培训机构成长联盟理事长，改进咨询联合创始人、CEO

在范式转换的全新时代，制造和服务在全面融合，所有企业都应该是服务型企业：基于制造的服务和基于服务的制造。

培训是服务最重要的载体之一，从内部赋能、组织造血实现客户满意和企业发展，到赋能行业、建设生态，再到赋能产业和社会，继而贡献国家和全球。"培训+"发展大道就是企业成长、成熟之道，是组织进化之道，是组织智慧修炼之道。本书用全新思维，以独特视角，完整诠释了企业自求发展的组织进化之路，为大家指明了价值经营、可持续发展的长期主义道路。

——祖林 利基战略与隐形冠军研究专家、零牌顾问机构董事长

前　言

从前，一头驴掉到了一个很深很深的废弃的陷阱里。驴的主人权衡了一下，认为救它上来不划算，就走了，只留下了孤零零的驴。

每天，还有人往陷阱里面倒垃圾，驴很生气：我真倒霉，掉到了陷阱里，主人不要我了，就连死也不让我死得舒服点，每天还有那么多垃圾被扔到我旁边。

一天，驴的思维发生了转变。

驴决定改变它的人生态度（确切地说应该是"驴生态度"），它每天都把垃圾踩到自己的脚下，而不是逐渐被垃圾所淹没，并从垃圾中找些残羹剩饭来维持自己的体力。

终于有一天，垃圾成为驴的垫脚石，使它重新回到了地面上。

此故事告诉我们：事情已经发生了，抱怨不能解决问题，让自己摆脱困境的唯一方法，就是乐观地面对、理智地看待遇到的所有困难，并且从中找到解决的办法，走出困境，最终获得快乐。

正所谓：不抱怨的人，才能品尝成功的喜悦。

2020年，大多数企业觉得自己掉进了这样一个"陷阱"里！

疫情黑天鹅突如其来，实体消费断崖式下跌，将一众实体企业（包括跟实体消费关联紧密的互联网企业）逼到了线上——一边是线下收入接近100%的流失，一边是线上直播电商如火如荼。

冰火两重天之下，更加令人焦虑的是，纵然疫情得到控制、经济有所回暖，线下旗舰店、门店的客流量依然大不如前——该花的钱都花了，该上的位置也都上了，但效果依然不及预期。

我们真的回不去了，那个单纯依靠流量红利攻城略地的"野蛮时代"一去不复返了。一方面，以大平台为代表的公域流量的增速见顶，成本持续提高，导致传统的用户增长模型逐渐失灵；另一方面，随着个性化消费分级时代的来临，消费者的选品越来越不受广告、促销等因素影响，导致大众消费呈现出一种更加零散的局面。

众多企业一下子慌了手脚，不知所措。

从某种意义上说，企业竞争，正在进入一个全新的流量时代！

在用户增长困难、公域流量获取昂贵、转化成本陡增的阶段，可以毫不夸张地讲，最好的出路是，寻找私域流量，这是每家企业必须尝试把握的增长新机会。

对企业来说，从把一件商品卖给100个人，到把100件商品卖给一个人，这是单体客户的价值延伸，也是私域流量的基本逻辑。

公域与私域，作为两种截然不同的流量池承载形式，意味着两种不同的运营能力、团队架构，也适合不同的业务品类。

公域和私域的合体，不是粗暴地将流量打通，核心要解决的其实就是流量效率和留量沉淀的问题，也就是如何帮助品牌与用户建立起长远而忠诚的关系，最终实现持续拉动销售转化。

可以说，在公域、私域打通方面的布局上开挖出更多入口，成了这个阶段企业增长的关键。

我们发现，在众多流量抓手中，对外教育培训活动，这一企业开发客户、维护客户、增强客户黏性、输出产品服务、展现企业实力的传统工具，借助网课、直播、短视频等新技术手段，正在发挥越来越大的作用。从趋势上看，它将是无数企业转型升级的助手，更有可能成为企业品牌的"商业增长伙伴"。

"一年之计，莫如树谷；十年之计，莫如树木；终身之计，莫如树人。"人才是企业、行业乃至产业的战略资源与核心能力，谁能以教育培训为载体，定位最关键的课题，聚拢最专业的人才，输出最权威的内容，开展最广泛的合作，去"＋"其他企业共同培养人才、创造价值，谁就可以找到流量"新大陆"，实现自己下一阶段可持续的蓬勃发展。

海尔集团董事局主席兼首席执行官（CEO）张瑞敏有句话说得好，"与其预测未来，不如创造未来"。

"培训＋"，这个新兴的结构性大机会，才刚刚开始。

目　录

赞誉

前言

序章　｜ 1

　　企业的最高境界就是成为一所好大学　｜ 4

　　"培训+"的密码　｜ 12

第一篇　"培训+"为什么会成为好企业的新标准

　　那年，1999！　｜ 21

　　四次迭代：海尔大学螺旋上升之路　｜ 22

　　第五种角色＝学习自演进模式　｜ 25

　　没有成功的企业，只有时代的企业　｜ 30

　　工业互联网巨擘的进击　｜ 33

第 1 章 "培训+"是什么样的风口 | 37

在线教育培训的第三次浪潮 | 37
巨头混战新赛道：谁的梦想，谁的流量 | 39
2020，中老年线上知识付费成新趋势 | 45

第 2 章 "培训+"的时代特征 | 48

To B 领域"破"局 | 49
"培训+"时代，教育培训行业的七大蜕变 | 50
"培训+"时代，一个平台化的时代 | 53
"培训+"时代企业的新生存法则 | 55

第 3 章 万物互联时代，组织进化之门 | 58

从"零"开始，再度启"程" | 60
赋能者：新华三大学助力集团生态圈专业化 | 65

第二篇 用"培训+"链接未来

往后大家都得做更辛苦的事 | 75
要重视留量，而不是流量 | 76

第 4 章 为什么华为会成为一个超级学习体 | 79

华为大学一定要办得不像大学 | 80
华为大学：华为的"使能器" | 82

华为生态大学：军团型生态从合作走向协同 ｜ 85

第 5 章　为什么阿里会成为中国全面领先的培训公司 ｜ 94

阿里到底有多少板块涉足教育 ｜ 95
淘宝大学：看不见，看不起，看不懂，来不及 ｜ 101
淘宝教育：学习将像逛街一样简单 ｜ 112
湖畔大学：世界因你有何不同 ｜ 117
"刷新"教培行业的钉钉：阿里在下一盘什么棋 ｜ 127
阿里云大学：助力"数智化人才"培养 ｜ 131
阿里巴巴商学院：阿里想留给世界的东西又多了一件 ｜ 135

第 6 章　对外赋能，成就伟大企业 ｜ 138

腾讯的教育版图到底有多大 ｜ 139
腾讯课堂：打造在线终身教育"立交桥" ｜ 143
青腾大学：腾讯的"创业者丛林" ｜ 149
腾实学院：探索校企合作新形态 ｜ 155

第 7 章　"破界共生"模式探索备受瞩目 ｜ 158

乘风破浪，科技"大厂"跨界 ｜ 159
争相出圈，"后起之秀"布局 ｜ 163
搅动风云，地产"龙头"加码 ｜ 166
生态驱动，京东众创升维 ｜ 167
入驻淘宝，字节跳动发力 ｜ 171
革新者来，百度黄埔树旗 ｜ 176

第三篇 "培训+"正在重新定义企业大学

第8章 "培训+1.0":从企业大学到生态大学 | 188

如何形成一个生态 | 189

将小米模式"种"入各行各业 | 196

第9章 "培训+2.0":从企业大学到行业大学 | 200

搅拌学院:匠心智造薪火相传 | 201

嬉戏谷大学:为一个行业建一所大学 | 203

中国鲁班大学:全球 Mall 王的"神器" | 205

携程酒店大学:"酒店+"版图下半场 | 208

第10章 "培训+3.0":从企业大学到产业大学 | 212

打造产业大学,建立产业级平台 | 213

新希望六和:农牧行业"没有围墙的大学" | 216

临港新片区产业大学:既是生产基地,又是学习工厂 | 218

鲲鹏产业学院:价值共创的生态共同体 | 221

第11章 "培训+X" | 227

平安知鸟:培训+智能平台 | 227

三一学院:培训+上市 | 230

将才学院:培训+军工 | 232

商汤教育:培训+AI | 233

沙丘学院：培训 + 创投 | 235

建行大学：培训 + 新金融 | 237

混沌、得到、高山：培训 + "新大学" | 243

第 12 章 站在新十年的路口 | 248

结语 | 254

后记 | 258

序　章

　　2020年下半年，国内的消费需求预期开始恢复，行业内的企业开始去弱留强，逐步洗牌。在这个阶段，多数企业为了生存下来，开始采用多种方式加强企业的核心竞争力。其中，企业培训作为长期的提升手段，对企业寻找资金和人才帮助较大。因此，企业培训的需求端开始进一步放量。

　　自20世纪90年代开始，中国企业培训业勃然兴起，到今天已经成为一个引人注目的行业。培训业给中国企业带来的影响，或许比几百所大学更为深远。回看中国的企业培训行业，它主要经历了七个阶段。

　　第一阶段，蛮荒时代。这个时期的培训属于自发式。早在改革开放之前企业就已经有了培训，不过多是技术类的培训，还有社工部门文件要求的一些培训。改革开放之后，随着竞争的加剧和需求的增加，企业自身也开始零星地引进培训，但基本上还是以内训为主。

　　第二阶段，启蒙时代。20世纪90年代，民营企业和外资企业迅速发展，不过企业员工的职业素质较低，急需专业的知识技能培训帮助他们成长。于是，培训市场诞生了。有了培训需求，市场上的各种培训力量开始试探性地寻找更多生机。正规的企业培训于90年代初期由外资企业引入，后来经由传销公司和保险公司的带动衍生出了"成功学"。"成功学"的流行又催生了一批自由讲师和培训公司。由于这个时候的市场处于启蒙期，因此培训市场很容易进入，但想壮大起来很难。此时，培训形式、培训内容不规范，培训机构不专业，培训项目虽数量多但质量很差。

第三阶段，"大师"时代。紧接着，台湾和香港的一大批培训师来到了大陆，行业进入了以陈安之、曾仕强为代表的"大师"时代，培训行业进入了热潮阶段。尽管对这些所谓的"大师"的追捧，代表着那个时代的不成熟，但客观上"大师"提升了培训的地位，众多培训公司如雨后春笋般冒了出来。

第四阶段，规范时代。培训行业的基本发展规律是，机构的发展逐渐完善后，便开始出现咨询公司，进而推动整体的企业培训流程和内容渐趋完善，最终出现大型管理咨询公司，例如全球四大咨询公司麦肯锡公司、波士顿咨询公司、贝恩咨询、德勤咨询。中国也是如此。2016年，麦肯锡在上海成立中国创新中心。同期，市场上逐渐诞生了咨询公司的雏形，例如天元鸿鼎、企顾司（中国）、凯洛格、北大纵横等一批早期的企业。

第五阶段，系统时代。2008年前后，市场上的培训机构开始能够为企业培训提供越来越多的有效协助；企业培训的理念呈现出更为体系化的趋势；企业大学的数量快速增加，直至进入井喷期。在这段时间里，企业规模的扩大尤其是本土企业的跨越式发展，使人才获取越来越难。因而，人才队伍的建设必须更多依赖于企业内部培养，这让很多企业真正意识到培训的重要性。2008年美国次贷危机对大多数企业造成了极大压力，企业在寻求转型的同时也不得不更加重视人才。商业环境的这些变化，使国内的培训行业逐步发展。此时整个中国培训市场进入了相对专业化和理性化的时期，这个时期的特征，更多的就是系统化。这个时期的企业培训不仅要能够满足不同层级人员的能力需求，也要能帮助他们完成复杂的学习任务。企业高管也纷纷去读 EMBA 和 MBA，接受更加系统化的教育，以期对企业管理有更全面和系统的认识。多元化的学习方式在企业中被很好地整合成了系统的工程，使员工学习更为便捷、有效。

第六阶段，大学时代。2015 年以来，国内又掀起了新一轮的企业大学建设热潮。企业大学开始从组织"对外学习"，转变为提炼自己的管理经验，搭建自己的课程体系，开发自己特有的课程。从这个时候开始，国外的标杆企业大学相比中国本土企业大学，已经不再有太大的优势。中国的经济经过二三十年的发展，和世界发达国家的差距越来越小。

第七阶段，移动时代。随着互联网的发展和智能手机的普及，微学习逐渐占领了企业员工学习的高地。这一时期的学习比较轻量，通常是对某一个知识点或某一个技能比较透彻的解析，借助优秀的学习 App，使学习更加容易——可以随时随地发生，随需随用。云集各类"大咖"的 App 也很多，包括李善友的混沌大学、罗振宇的得到等平台，上面汇聚的优质 IP（知识产权）会极大冲击传统的培训市场。现在大多数员工的个人学习时间已经远超过企业组织学习的时间。此外，UGC（用户原创内容）的兴起也是移动互联为学习带来的变革之一。借助互联网，人们以非常低的成本获取优质资源，聆听诸如陈春花教授这一级别的专家讲授知识。

下一个阶段，企业培训将迎来什么时代？

"未来已经到来，只是尚未流行。"首先接触、预判或是影响未来的，永远都是少数人。然而，谈及行业发展，永远避不开对未来的展望。科技的飞跃、理论的更新、事业的需要、经验的沉淀、研究的成果……这些都在牵引着培训人的实践变革。

近年来，企业培训表现出的一个重要特征是，越来越重视如何去贴近业务。过去,企业的人才培养以能力提升为主导,现在转变为以解决问题为主导,而且不仅仅局限于内部员工的发展问题,已经延伸到了企业生态、行业生态直至产业生态。比如,在华为生态大学的平台上,与华为合作的解决方案伙伴已经突破 1000 家,打造了 1200 多个联合解决方案。因此,华为生态大学获得如下评价:"华为 ICT(信息通信技术)人才生态的新载体,致力于成为中国数字化转型的人才引擎"。2019 年年报显示,华为企业业务稳健增长,实现销售收入 897.1 亿元人民币,同比增长 8.6%。生态伙伴的发展已经与华为息息相关,彼此的"双赢"局面表明这个生态的力量已经迸发。

由此可见,企业培训已经转变为组织发展的赋能者。伴随市场环境的变化,企业培训板块的职能定位已发生了变化——从单纯的人才培养中心,转变为企业创新的推动者和企业生态的链接者。

接下来就是,"培训+"时代!

现代管理学之父彼得·德鲁克说:"没有人能左右变化,唯有走在变化之前。"企业唯有把握发展趋势,充分激发人才动力和活力,打造面向未来的组织能力,才能更好地适应环境,决胜商业战场并延续辉煌。

不变革,即淘汰!

企业的最高境界就是成为一所好大学

VUCA 时代,一家企业想要立于不败之地,落脚点在于自身组织能力的持续提升。组织能力的提升,则需要持续不断的学习。

知识结构的丰富和进化,是专家级员工应对职场竞争的必要策略,也是适应当下生态竞争环境的必要举措。知识结构的更新迭代其实需要员工摄取、实践、消化、吸收知识并将之转化为经验,逐渐落地为生产力,进而带来商业效应、社会效应。

那么，究竟怎样的知识和实践才能转化为生产力？企业以"大学"的形式建立起该领域的学习、培训、考核系统，其实是一个比较好的尝试。目前，几乎所有大企业都在推行这个方案。尤其是平台级企业，它们周边的合作伙伴很多，需要通过企业大学或者生态大学的方式，创造知识协同效应。

于是，学习型组织的概念离今天的企业实践越来越近，所有企业都已经是或者正在成长为学习型组织。学习活动也从以往只具有辅助支撑功能上升到战略层面，成为战略活动。但很多企业的培训工作和业务在实际运作中是两层皮，很难支撑业务和战略的发展。

培训工作需要重新定义和升级，"企业大学"就是在这种需求推动下的必然焦点。

企业大学的前世今生

企业大学是企业组织进化的产物，是传统的企业培训中心的升级和迭代。1955年，世界上的第一所企业大学——通用电气公司克劳顿管理学院诞生。这所学院的使命是，激励、联结和发展GE全球范围内的"今日精英"和"明日之星"。它成功之后，企业办大学成为一种风尚，全球不断涌现出优秀的企业大学，包括麦当劳汉堡大学、摩托罗拉学院、苹果大学，迄今为止，《财富》世界500强企业中，已有超过70%的公司成立了企业大学。

把"企业大学"这个概念带到中国的是外企。1993年，摩托罗拉成立了摩托罗拉中国区大学；1997年，西门子管理学院和爱立信中国学院成立。

之后，中国本土的企业纷纷成立了自己的企业大学。1998年，中国本土第一所企业大学海信学院成立；2001年，平安成立了平安大学；2003年，中兴通讯成立中兴通讯学院；2005年，华为成立了华为大学。此后，在国内，企业大学如雨后春笋般涌现，并蓬勃发展。

"前瞻经济学人"的一组数据显示，2012年中国企业大学的数量达到1186所，2019年则超过了3000所。

方太文化研究院：让方太成为一家伟大的企业

在当今"百年未有之大变局"的形势下，创新乏力、市场萎缩、利润下滑、人才流失等问题正在严重制约企业的发展。在这样的背景下，一家企业能经营成功，实现盈利本身就不容易，如果还能因为企业文化而被树为典范，成为业内研究、学习的榜样，就更难得、更值得尊重了。

创业24年的方太，正是这样一家企业。

1. "心本经营"造就百亿强企

在中国的家电企业中，方太是"另类"般的存在。2017年12月27日，方太宣布，方太厨电当年销售收入（不含税）突破100亿元，成为首家销售收入突破百亿元的厨电企业。方太成为行业第一，靠的不是规模，而是在高端市场的绝对领先。在市场上，方太的产品一直以贵而著称，行业内对方太有个公认评价：卖得比外资品牌贵，但卖得比外资品牌多得多。

如此"另类"的业绩，源于方太这些年在经营模式上的"另类"追求。2008年，方太开始实践具有中华文化特色的中西合璧企业管理模式，以"心本经营"文化管理解决西方现代管理理论在中国的水土不服，取得了显著的成果：17 000名员工的违纪行为数量在最初的几年每年下降50%；员工流失率明显下降，连续两年获怡安翰威特最佳雇主特别奖；10年间销售业绩从十几亿元跨越到百亿元；每年收到用户表扬信、锦旗1000余件。

方太集团董事长兼总裁茅忠群指出：所谓"心本经营"，就是以心为本的经营，要以修己心、安人心，乃至建设他人的心灵品质为本。方太文化总体上由三大部分组成：核心理念、基本法则、四大践行体系。核心理念就是企业的三观：使命、愿景、价值观。方太的使命是"为了亿万家庭的幸福"；方太的愿景是"成为一家伟大的企业"；方太的核心价值观是"人品、企品、产品，三品合一"。方太文化的基本法则有心本经营、以道御术、品德领导、德法管理、组织修炼、智慧思维、行于中道、美善创新、精诚品质、无为而治。方太文化的四大践行体系是用户得安心、员工得成长、社会得正气、经营可持续。

关于企业文化，茅忠群还有两个心得。第一，不学习中华文化，很难成为真正优秀的企业家。企业家自身的境界格局是事业发展的天花板。通过中华文化的学习修炼，企业家才能提升心性，心性提升了，境界格局才能提升，事业发展的天花板就能提升，事业也就能跟着提升。第二，中华文化应当与西方管理相结合。方太文化的核心理念是，中学明道，西学优术，中西合璧，以道御术。方太的实践已经证明，只学习中华文化，或者只学习西方管理，都是不够的。

2."培训+"解锁方太文化传播新模式

茅忠群认为，一家伟大的企业不仅是一个经济组织，要满足并创造顾客需求，而且是一个社会组织，要积极承担社会责任，不断导人向善，促进人类社会的真善美。

在这个理念的推动下，方太以"为了亿万家庭的幸福"为使命追求，以修己安人、导人向善，"成为一家伟大的企业"为愿景，致力于创造美善产品、打造中国精品的同时，于2016年发起成立了方太大学。

在思维的高度上，方太大学思考中国企业培训能否超越西方，机会点在哪里，而不只是一味地学习西方企业培训管理；在视野的宽度上，方太大学开始忧心于中国培训行业"家中有宝而不以为宝"的现状，而不只是看到自己和自己所在的企业；在眼光的长度上，得益于一些名人志士和机构的觉醒与倡导，方太大学开始看到越来越多的中国良知企业家明心悟道，企业家自身的改变也一定会牵引中国企业教育中西合璧、以道御术，改变行业发展的方向。

2018年，方太在方太大学的基础上发起成立了"方太文化研究院"。拥有自己的文化研究院，是方太文化的博大和影响的体现之一。

方太文化研究院，不仅是一个企业文化研究机构，也是一个企业文化传播机构。作为中国首个由企业发起的中华企业文化研究与推广平台，依托于方太独特的企业文化和管理实践，方太文化研究院面向外部企业家传播中华优秀文化和方太中西合璧企业文化的实践经验，围绕中国企业的管理与发展需求，从中华优秀文化中汲取智慧，探寻更适合中国企业的企业文化体系，开发出了一系列适合企业家群体的企业文化学习体验项目。

为期两天两晚的"方太文化体验营"可以帮助企业家重新认识中华优秀传统文化，树立文化自信。该体验营围绕四门核心文化课程展开："走进方太"，展示方太20余年的发展历程；"方太文化"，全面展现方太文化框架体系；"方太文化实践"，以时间轴线为切入视角详细回顾了方太文化的发展历程，并以丰富动人的文化案例展示了方太文化落地的各项实践；"中医文化实践"，分享方太推行中医文化两年以来的做法与实践效果。

该体验营还给予现场的企业家同修丰富文化的体验，如每日清晨进行经络锻炼以促进身心舒畅和内心平和；每日诵读经典《大学》，感悟古圣先贤之智慧；每日晚间的善乐学习，展现礼乐文化的独特魅力；午间安排食礼环节，带领大家品悟一米一粟之清甜与来之不易；同时，全程体验素食，课间配以中式糕点及中医茶饮，现场设立中医健康咨询台，让到场的企业家更加真切地体验到中医的理念及效果。学习体验期间，企业家之间的多次交流与分享让现场充满浓厚的互学共进氛围。

为期两年半的"方太文化修炼营"，旨在帮助企业家明了人生真理、觉悟人生大道、促进身心健康、构建幸福家庭、迈向伟大企业，成就圆满幸福、觉悟自在的人生。

"方太文化修炼营"在师资上有专门的思考和规划，具有三个独一无二的特点。

方太集团董事长兼总裁茅忠群亲临解惑。茅忠群拥有扎实的传统文化理论功底，以及20余年企业经营管理实践和10余年中西合璧企业文化探索的经验，带领方太成为百亿级企业，他是修炼营的核心师资和独特优势。15次课程，茅忠群都亲临课堂，对企业家在企业经营、文化学习等方面的困惑进行答疑解惑，相信企业家会受益匪浅。

不是选择名师，而是选择明师。在经典学习环节，修炼营邀请对方太有深入了解，对中华优秀传统文化有深度领悟和真修实证的老师授课，重点不在于有"名"，而在于要"明"。

实学实修、中西合璧的方太高管团队。在以道御术环节，作为中西合璧方太文化体系建设者和践行者的方太高管团队也参与授课。他们大部分来自《财富》世界500强企业，对西方管理非常熟悉，也经历了对中华优秀传统文化从不熟悉到真心认可、从文化业务两张皮到文化业务相结合的探索过程，能更贴近企业家的实际需求。

至今，方太文化研究院已成功举办体验营、修炼营共计25期（次），影响600余家企业、2000余名企业家和高管。

2020年7月，方太文化研究院重磅推出"方太文化践行营"，首次原汁原味对外呈现方太十大业务领域的经营实践与真实演进历程。该践行营通过对方太业务方式系统的学习，让企业家和高管深度理解以道御术；通过个性化问题的答疑与现场研讨，帮助企业家和高管群体优化自身业务单元管理，提升组织能力，提高经营质量。

方太践行中华优秀文化10余年，总结出了一套独特的具有中国特色的企业发展经验。方太文化研究院将其整理成一套完整的方法论，走进各个城市，举办"方太城市分享会"，与各地的企业家一起分享企业发展经验，助力各区域共同发展。

"方太城市分享会"是由方太文化研究院发起的一项公益活动,以现场主题分享、交流互动、企业走访三种形式为主。主要分享内容包括"中西合璧方太管理智慧""心本经营的方太文化""面对不确定性,如何激活组织能量""五个一提升组织能量"等。

目前,分享会已走过8个城市,参与者达800多人,走访企业30余家,得到了当地企业家的高度认可。

3."十年让十万企业家迈向伟大企业"的宏愿背后

在中西合璧的定位下,方太认识到自己肩负引领中国企业教育培训行业探索中国自主模式的责任和使命。

正如《方太儒道》一书所述:"作为主推社会向前的企业组织,更应该发善愿、担责任,以真正的文化软实力实现永续经营。"方太文化研究院是企业家传承中华优秀文化、探索儒家思想与西方管理精华有机结合体系的交流平台,助力方太在"十年让十万企业家迈向伟大企业"的目标指引下砥砺前行。

如今,方太的"培训+"行动获得了业界内外的一致赞誉。

"把以儒家思想为核心的中华优秀传统文化作为载体,这是一般的管理课程没有的。"国内管理培训界知名人士认为,这正是方太文化研究院和文化体验营的首创性或者说独创性。

"方太文化体系和中西合璧的管理思想在中国实体经济中具有很高的推广价值。"在知名媒体人秦朔看来,方太文化体现了中国企业发展中"质"的价值,这远远超过了中国企业创造多少利润的"量"的价值。他认为,从这个意义上说,方太应该成为中国高端制造行业的商学院。

"中华企业文化并非否定西方管理文化,而是与之相辅相成,将中国传统文化的优秀结晶与现代企业先进的管理制度结合起来,共同构建人类命运共同体。"国务院参事、中国与全球化智库理事长、欧美同学会副会长王辉耀博士表示,方太文化体系非常有意义,是中国企业管理的一个创新之举。这种中西合璧的管理思想更好地体现了中国智慧,让中国企业管理更加人性化。

在众多管理学者看来,作为交流平台,方太文化研究院不仅承载着企业家传承、传播中华优秀文化的宏伟目标,更顺应了当下的文化自信潮流,肩负着探索与实践以中华优秀传统文化管理现代企业的时代使命。它依托于方太强大的品牌力,加上更多企业的参与,将让中西合璧的管理思想在中国经济发展中创造更广泛的价值。

肩负使命与更多企业聚力同行,方太文化体系的价值将从质变走向量变;通过"培训+"与"十万企业"相关的高端客群链接融合,方太品牌的价值将从量变走向质变。

每家好企业都应该是一所好大学

韦尔奇先生认为,"学习力"是组织最核心的竞争优势。换句话说,忽视培训的后果,就是丧失企业的最核心的竞争优势。

那么,企业是不是一定要发展到方太甚至《财富》世界500强企业的规模,才适合创建企业大学呢?是不是一定要像平安和阿里那样,圈一块地,邀请一批名师、大咖授课,才叫企业大学呢?国内很多小微企业,对于"企业大学"四个字,一直抱有这种"可望不可即"的认知。其实,这是对企业大学的误解。

每家企业都可以是一所大学,都肩负着传道、授业、解惑的责任,也都有能力创办一所符合自己需求的"大学"。这所大学,我们不看山清水秀的校园,不看包罗万象的教学形式,也不看占地的规模,更不看重金聘请的名师、大咖,甚至不看门前的那块金字牌匾。大中型企业可以凭实力创办高规格的大学,小微企业则可以创办迷你型大学,麻雀虽小,也可以五脏俱全。企业大学的内核,绝不是肉眼可见的那些高规格"配置",而是一套科学的"培训管理机制"。这套机制需要根据企业自身的规模、业务类型和培训需求，量身定做。有了这套完善的培训管理机制，企业大学即便只有三间茅屋，也能培养出符合自己发展要求的人才，照样是了不起的企业大学。

每家好企业都应该是一所好大学。每家好企业都有自己的特色，我相信它们在培训方面也能体现出自己的特色。企业大学和培训中心最大的区别就在于，大学要从人力资源部的框架里跳出来，聚焦于战略，成为企业的一个战略伙伴，把企业的人力资源转化成人力资本并为战略服务。既然为战略服务，企业大学就一定要让业务发展方向基本定型，有明确的使命、愿景、价值观和战略规划。好企业还应该通过不拘一格打造一所属于自己的大学，来主动承担培养人才、提高就业质量的社会责任。企业在履行这份责任的过程中，既让社会、员工受益，又让企业本身成为受益者。

企业这所大学，不仅是在为自己培养人才，更是在为社会培养人才。赠人玫瑰，手有余香——企业这所大学，培育的是玫瑰，留下的是芬芳。

总之，一所好的企业大学，将成为未来区别优秀企业与一般企业的标志。

"培训+"的密码

2020年3月17日，一则消息迅速传遍网络：口碑饿了么宣布成立阿里本地生活大学，未来三年将输出1000门精品课程，助力本地生活1000万名从业人员进行数字化能力升级和发展。

不了解阿里的人可能会奇怪，阿里这家做电商的企业，什么时候开始搞教育了？

事实上，阿里在教育培训领域已经耕耘了很多年。早在2004年，阿里就成立了自己的第一家企业学院——阿里学院。从此以后，阿里一发不可收拾，截至目前，它在教育培训领域的布局基本覆盖了集团旗下的各条业务线：淘宝大学、淘宝教育、阿里云大学、阿里巴巴商学院、阿里巴巴新商业学院、1688中小企业商学院、新商业学堂、湖畔大学、万堂书院、云谷学校……其中，作为阿里旗下的核心培训平台，淘宝大学一直在为商家、企业、品牌等提供多元化的学习资源，并为它们赋能，线上平台总共提供4500余门课程，全年线上直播公开课20 000余场，累计培训超千万名淘宝卖家。阿里，俨然成了中国最大的培训公司。

从阿里开始，对一批领先企业进行扫描，结果令人大吃一惊：华为已经成为一个超级学习体；海尔大学不仅是国内企业大学的"NO.1"，还能孵化创客、助力小微；建行大学"有无限文章可以做"；美团、饿了么纷纷"不务正业"，办起了大学……

原来，伴随着市场环境的变化，企业培训板块的职能定位已发生了变化，从单纯的人才培养中心转变为企业生态的链接者、企业创新的推动者，最终将成为组织发展的赋能者。一个必须引起广大企业家重视的趋势——"培训+"，将成为企业下一阶段发展的关键，让企业必须重新审视企业对人才发展、客户拓展及整体运营的基本认知和布局。

"培训+"正火力全开，快速渗透到线上线下各行各业。"培训+"的本质到底是什么？面对即将到来的"培训+"时代，企业要如何应对才能找到自己的阳光大道？

解密一："培训+"的使命就是"连接一切"

数字化时代，所有公司的本质都是数据公司，公司的业务就是在生产数据，所生产的数据越多、强度越大、维度越丰富，进化力就越强，公司就越有价值。我们再深入思考，连接为什么可以促进进化？连接这个动作本身和进化并没有关系，但通过连接，公司获得了大量的数据，正是这些数据促进了公司的进化，因此所获得的数据越多、维度越多，公司进化的潜力就越大。在数据时代，一家公司所拥有的数据是其最宝贵的资产，也是它持续进化的源泉。

马云就曾反复强调阿里是数据公司，而不是电商公司，2017年年底他接受采访时说："九年前，当阿里巴巴从电商公司转型为数据公司时，我们内部有过巨大的争议，最终才决定转型。数据对于人类社会发展来说太重要了，就像20世纪的石油一样珍贵，所以我们必须着眼于数据。"阿里这几年的企业运作（包括在教育培训领域的探索），看起来眼花缭乱，但其实有非常清晰的脉络，那就是疯狂获取商业各个维度的数据。

解密二：企业大学的职能定位已发生了变化

伴随市场环境的变化，企业大学的职能定位已经发生了变化，已由单纯的人才培养中心，转变为企业生态的链接者和企业创新的推动者。

近几年，企业大学呈现以下五大发展趋势。

第一，从人才培养到组织赋能。当下，企业大学已超越组织人才培养的单一功能，逐渐转变为整个组织发展的赋能者。

第二，从内向型服务到生态型服务。企业大学已从内向型服务向生态型服务延伸，为供应链上的企业（代理商、客户等）提供培训，深度融入产业链。立足企业，解决企业"痛点"和满足企业需求。

第三，从成本中心到价值中心。企业大学由需求服务的提供者逐步聚焦业务价值，转变为企业创新的驱动者。服务内容由战略对接向组织变革推动延伸。地位从跟随走向前置，力求成为组织变革和创新发展的赋能者。

第四，从学习地图到成长地图。企业大学的人才培养模式已由构建学习地图向打造成长地图转变，由员工工作能力的培养向幸福能力的培养转变。企业大学可以激活企业人才的成长动力，激发企业人才发展的自驱力，打造幸福组织。

第五，从传统管理到游戏化思维。企业大学已经开始脱离传统培训管理，开始完善激励机制，实现重点培训项目与员工的晋升、加薪、发展机会联动；建立学分制和积分制机制，积分可用于积分商城的礼品兑换；建立以认证培养体系为主的组织基础能力培养方式。在培训中加入趣味性学习体验设计，游戏化思维让学员学习起来更加轻松、有趣；竞赛制模式，持续时间更长，影响范围更广。

解密三：培训管理者认知改变决定价值地位

随着经济发展和商业竞争全球化趋势的到来，以及新技术、新模式的应用，在企业面临内外部变革与转型的形势下，培训日益被企业认为是一种促进和引领业务转型的工具。

为此，企业培训管理者需要对企业培训从认知定位到落地实践进行一系列的改善与提升。企业是否把培训作为业绩改善与提升的一种干预手段，是否把培训提升到战略的高度，主要受三个核心因素的影响：企业发展阶段、企业培训成熟度、利益相关方。

企业对培训的定位已经趋向于"助推业绩、引领战略"。能否将这个定位落到实处，取决于企业中培训工作开展的优先排序方式，即培训管理者把哪些工作事项作为工作重点并且为这些重点工作设定明确的目标。

一些企业大学校长以及业务方管理者认为，培训管理者应当精通培训专业，将培训融入业务过程，把培训做到专业化、系统化。

解密四：构建终身学习体系和学习型社会已成共识

党的十八大早就提出，"完善终身教育体系，建设学习型社会"。这是实现全面建成小康社会和中华民族伟大复兴宏伟目标的根本保障，突出强调了建设学习型社会、构建终身教育体系的重要性。《国家中长期教育改革和发展规划纲要（2010—2020年）》明确要求："到2020年，构建体系完备的终身教育。"这为下一步教育改革发展、构建终身教育体系指明了方向。

　　从宏观上看，建设终身教育体系和学习型社会都是教育发展的新视野和新境界，是社会化教育、学习化社会的集中体现，是未来创新型社会结构的一个重要层面。具体而言，终身教育体系和学习型社会是一个主体（教育、社会集合体）的两个层面——目标（学习型社会）和基础（终身教育体系）的关系，两者本质一致，各有侧重。终身教育体系建设完善之时，也是学习型社会建成之日。

　　在科学技术高速发展的新形势下，以现代信息技术为支撑的企业"培训+"，有利于整合全国乃至世界的优质教育资源，进一步突破传统教育的时空限制，解决长期存在的扩大教育规模、提高教育质量与降低教育成本三者之间难以平衡的矛盾，为广大社会成员提供更加灵活、便捷的学习途径和接受高质量教育的机会。

解密五：科技创新驱动、万物互联互通、经营跨界融合是新时代的特征

　　这是一个科技创新驱动的时代。数字革命正深刻影响和改变社会的经济形态及人们的生活方式。大到智慧城市、智能制造、智慧家居，小到无人汽车、智能家电、智能门锁，数字技术正在不断带给人们惊喜。因此，对于组织和机构来说，依托科技创新驱动，推进数字化转型已不再是一种选择，而是唯一的出路。

　　这是一个万物互联互通的时代。随着互联网、大数据、人工智能和实体经济的深度融合，全球数字化和智能化的转型正在急剧加速，在这个由数据驱动的物联网（IoT）产业和数字化转型共同引领的"万物互联"新时代，连接无处不在。

　　这是一个经营跨界融合的时代。由于商业竞争环境随时代而急速变化，因此商业创新成为企业跟随时代潮流的关键。商业创新驱动力的主要来源有两类：一类是科学技术突破，另一类是商业模式创新。对于企

业而言，可以更多在后一方面主动发力。

当然，商业模式创新，是有前提条件的。

首先，跨界的行业要逐渐达到一定的数字化标准。行业内许多原本需要通过实体交互的环节，都需要逐渐实现数字化、互联网化和移动化，这样才能给创新公司提供大展拳脚的舞台。

其次，人才的多样化。商业模式的落地，需要优秀的人才。过去，我们强调术业有专攻，那是因为工业革命之后，人类的知识总量迅速扩大，为了解决庞大的知识负担带来的问题，采用"分科治学"的方式，即划分学科领域。现在，互联网时代，信息的爆炸式增长以及信息传播的高速便捷，使得我们每个人都在主动或被动地进行跨界知识储备。如今，社会越来越强调跨界的技能，通才胜于专才，因为不同领域的思维碰撞能产生更亮的火花。跨界融合已经成了未来的一个必然趋势，它深刻地重塑着这个时代，改变着我们的生活方式和价值观，也必然成为推动未来商业创新的重要力量。

第一篇

"培训+"为什么会成为好企业的新标准

什么样的企业可以称为好企业?
有经济学家给出了这样的画像:

- 拥有广阔的市场。
- 身处朝阳产业。
- 是行业中的标杆,占据龙头地位。
- 有业内最优秀的管理团队。
- 有优秀的领头人。
- 企业业绩及其增长长期超过行业平均水平。
- 有稳定的现金流。
- 有较强的盈利能力。
- 有超前性和科学性的企业发展战略。
- 企业股权结构合理,治理结构优良,能保证科学决策。

- 商业模式和盈利模式业内领先。
- 注重研发投入,具有较强的科技创新能力。

有管理学家给出了以下标准,即6个20%。

- 转正员工年度平均流失率不超过20%。
- 员工平均工资高于行业基准线20%。
- 员工年平均收入增长率不低于20%。
- 企业营收与利润增长率均超过20%。
- 企业利润率保持在20%或以上。
- 对企业持负面评价的员工人数占比低于20%。

有社会学家给出了这样的定义:好企业不在于它多大、多强、多有钱,而在于它深深地融于社会生活和实体经济中,以能力为基础,做出贡献、体现担当,不只是股东的企业、用户的企业,更是社会的企业。

有成功企业家给出了这样的概括:好企业的标准很多,但简单来说,只有两个,一是要赚钱,持续赚钱,二是要不断成长,在管理、产品、创新等多方面成长。

我认为,如果把企业视为"人",比照古圣先贤"立德、立功、立言"的"三不朽"目标,那么好企业除了为社会贡献社会价值和经济价值外,还应该贡献自己的知识价值,奉上自己独有的商业智慧、运营逻辑、专业技能和创业方法论等。因此,具备"培训+"的体系和能力,应成为新时代好企业的标准之一。

2018年,在海尔青岛总部的海尔文化展上,出口处的场景让我至今印象深刻——一个人在满布荆棘的道路上前行,墙的右边是鲁迅先生写在《生命的路》中的一句话:什么是路?就是从没有路的地方践踏出来的,从只有荆棘的地方开辟出来的。

是的,海尔这些年蹚出来的"路",体现在产品创新、管理变革、模式升级方面,它在企业培训领域的成就也让人赞叹不已。

海尔，就是一家好企业。

那年，1999！

1999年，美国《财富》杂志发表了一篇文章，名为《中国海尔的威力》，文章中说道：在中国现代经营管理的发展历程中，1985年夏天，青岛一家电器厂发生的事颇具传奇色彩，其意义不亚于亨利·福特把排气阀的生产步骤改为21个，或者盛田昭夫用一只平底锅制造出了索尼的第一段录影带。高度评价的背后是海尔艰难的摸爬滚打。

1999年，中国正积极地尝试加入世界贸易组织，处在国际化战略阶段的海尔，决定紧跟时代，开拓国际市场，美国南卡罗来纳州海尔工厂正式建立。对于当时的美国，海尔的品牌知名度并不高，海尔要进入美国市场非常艰难，但它依旧坚持以用户需求为导向创新市场。美国大学生的公寓比较狭窄，但他们有用冰箱的需求，于是海尔在冰箱旁边设计了一个可以折叠的桌面供他们摆放电脑，深受当地大学生的欢迎。从"中国制造"到"中国创造"，海尔创造出自己的品牌走向国际化。就这样，海尔细分用户的需求，以缝隙产品一步一步地进入发达国家的市场。

在以市场链为纽带的业务流程再造的背景下，在新经济的浪潮中，为满足集团国际化战略转移的需要，1999年12月26日，海尔大学成立，这是国内最早成立的企业大学之一。

海尔大学位于海尔集团高科技工业园——海尔信息产业园，依地而建，成不等边三角形，占地面积达12 000平方米，总建筑面积达3600平方米，拥有17间类别不同的多媒体网络教室，能同时容纳800人学习、互动、研讨。海尔大学内一湾小小的池塘，也取了一个十分别致而又耐人寻味的名字——"勺海"，寓意海尔是海，构成了海尔大学有机的整体。

正门门厅位于东南侧，整个顶部用琉璃瓦覆盖，呈孔雀蓝色调，远远望去，如一波缓缓的海水。整个海尔大学按明清时代的苏州园林风格而建，建筑多采用木、砖、瓦结构。置身于门厅，环顾四周，古色古香的气息迎面而来。从门厅望去，首先是一座假山，其造型相当逼真，似一座缩小的山峰。门厅两侧是长廊，沿右侧前行，走十几步，映入眼帘的是一湾池塘。池塘雅称"勺海"，"勺"在佛语中是无限大的意思，此名称也寓意"海尔是海"。池塘的四周有些许柳树，春、夏、秋季呈现一片绿色。

依据功能，海尔大学的主体建筑分 A、B 两座，由中心位置的"勺海"相簇而拥，四周零星点布着日新轩、镂金舫、源头瀑布、曲水流觞、扇厅、致远亭等，一草一木、一亭一阁、一山一水，处处都散发出浓郁的海尔文化气息。

四次迭代：海尔大学螺旋上升之路

在一次线上交流会上，国际著名管理大师加里·哈默抛出一个问题：像海尔这样的时代大企业如何保持创新力？而且，互联网时代，一切都在改变，并没有所谓的成功模式可以借鉴，如何去做创新探索，尤其是在企业大学这样一个新领域？

创建伊始，海尔集团董事局主席兼首席执行官张瑞敏就提出了海尔大学的定位：不在于其有多少好的设施和硬件条件，关键在于其内涵和软件。由此，海尔大学把自己的校训定义为"创新、求是、创新"，就是要求每位学员都带着创新的动机和现有的创新成果到海尔大学，通过互动、学习，寻求事物发展的普遍性规律并总结成模块，然后回到实践中，在新的创新模块平台上进行更高水平的创新，从而形成不断循环、螺旋上升的过程。

在这样的理念驱动下，20 多个春夏秋冬过去，海尔大学从一个为内部员工兴建的培训基地，演变为能力提升的"黄埔军校"、企业界的"哈佛商学院",还是世界上首家通过 ISO10015 国际培训管理体系认证的企业大学,并联合中企联发布了《物联网范式企业大学标准》,实现了模式的全球引领,更助力集团转型为平台型企业。一路走来,海尔大学已经经历了四个阶段的迭代,角色随着海尔战略和用户的变化,从最开始的事务专家依次变为业务合作伙伴、变革推动者、员工发展顾问以及创新孵化器。

前期角色定位

1999~2002 年,为顺应时代背景,海尔大学承担起了事务专家的角色。开展提高市场效果的技能培训,是海尔大学这一阶段主要做的事情:以培养技能型人才为主,教育由注重知识转变为注重能力,培养学员的职业胜任力,强调完成工作任务所需的操作技能。

第一次迭代

2002~2007 年,海尔大学进行了第一次迭代。这五年,海尔大学的角色变为业务合作伙伴,从培训中心迭代为认证中心。海尔大学根据产品的生产流程,来改进员工的工作行为和理念,并在培训期间努力发掘员工的潜力,激发员工的潜能,寻找企业未来的接班人。

第二次迭代

2007~2009 年,海尔大学进行了第二次迭代,变革推动者是海尔大学的新角色。海尔大学已经能够独立运作关键岗位培训。海尔大学给企业变革提供了理念和理论支持。学校往往是新思想的发源地,在海尔大学里,员工可以接触关于企业的各种知识,各种知识的碰撞促进新知识、新理念的产生,从而推动企业变革。

第三次迭代

2009~2012 年,经过第三次迭代升级,海尔大学的角色转变为员工发展顾问，可以实现全流程、全方位的培训运作。海尔大学的主要模式是基于人才发展的培训体系，分为新员工培养、通用能力提升、专业能力提升、梯队领导力发展四个方面。海尔大学基于岗位、对象和层级设计相应的课程与学习项目，再配备相应的师资，每年根据人才发展计划开展学习项目与课程。

第四次迭代

2012～2019年，在物联网时代的发展变革中，为承接集团构建物联网时代的生态品牌战略，海尔大学进行了第四次迭代，扮演创业孵化器的角色，致力于创客加速及小微生态圈体系建设。过去的企业培训都是单向的，学员往往是被动接受；海尔大学探索自组织、自学习、自迭代的模式，通过激发学员的学习动力，实现人才转型与业务增值。

创客、小微最缺乏的是同创业有关的前沿知识与信息，如互联网商业模式、融资、合伙人信息、创意与产品设计等。认识到这一点，海尔大学的第一个切入点就是公开课。公开课打破了传统线性培训模式，通过搭建社群实现"内容众筹、资源众包、形式共创、活动众扶"，邀请学员参与公开课主题的定制设计、嘉宾邀约和活动设计，同时通过公开课链接学员需要的外部优质资源，促成业务合作，助力产出实际业务价值。

为帮助创客创造商业价值，实现小微加速发展，海尔大学相关学习项目的设计主要围绕新产品开发、成本质量改善、创业融资等展开，陆续开展了"创客+"训练营、创客联盟、微课大赛等项目。

其中，"创客+"训练营分以下几种。

- 海创营：为创业者定制"实战用户研究+创新工作坊+成果转化"的赋能方案，提升创新能力。
- 海客营：创新创业学习地图共两大板块18个主题，其中创新版图分为6个主题，创业版图分为创业姿态、创业之路、初创公司运营三大模块12个主题。创新版图围绕增强初创者的创新精神，从创新思维、商业模式、产品设计、智能制造、销售营销、社群思维六方面开发、设计课程。

- 海学营：聚焦帮助执行者转型为创业者、创业能力提升、资源连接。
- 海院营：搭建固定私董会小组，采用结构化主题私董会及落地工作坊和案例复盘实战结合的形式，达到知行合一。

海尔大学还搭建了创客自助、用户定制的学习生态新模式——Hi-study平台，通过差异化的产品吸引终身用户，吸引资源方在Hi-study平台上共创产品，进而形成满足用户终身学习的社群生态，最终成为物联网学习交互平台。这个数字化、场景化、智能化的驱动成员自升级的学习平台，将学习资源及用户社群开放，通过线上学习平台和线下学习社群的数字化充分结合的方式，进行互联网时代的非线性学习探索，推进新型社群学习模式。

物联网时代，海尔基于"人单合一"模式做了众多探索与实践，海尔也由一个传统家电制造企业转变为孵化创客的平台，海创汇便是其中的杰出代表。

2014年海尔投入120亿元创投基金，打造了创新创业平台——海创汇，其核心是开放海尔产业资源为创业者加速赋能，让企业成为创客快速成长的沃土，把员工的内在驱动力牵引出来，利用自组织的原理，让CEO自行浮现。目前，海尔已在全球布局了20多个创业创新基地，拥有了全社会3600多个创新创业资源，与1333家风险投资基金进行合作，与开放的创业服务组织合作共建了108家孵化器空间。

第五种角色=学习自演进模式

在持续创业创新过程中，海尔坚持"人的价值第一"的发展主线,首创物联网时代的"人单合一"模式,颠覆西方传统经典管理模式,并以其时代性和社会性实现跨行业、跨文化的输出与复制。上承海尔集团的发展战略,海尔大学也在不断进行共创知识平台的探索实践。

传统企业大学的角色定位分为四种:事务专家、业务合作伙伴、变革推动者、员工发展顾问。海尔大学通过与北京大学、清华大学、山东大学等高校在创业培训方面的全面战略合作,形成了包含"创客学院公开课""创客+训练营""高校创客联盟""创客读书会""创客模式输出"等多样化、全流程的培训服务体系。

该体系推动了企业大学角色的转变,凯洛格在《企业大学白皮书10.0》中发布了企业大学发展角色模型中新加入的第五种角色——创新孵化器,使用的唯一一个案例就是海尔大学。

在这个过程中,海尔大学聚焦于知识资源的共创共享,颠覆了传统的线性培训体系,创新了"自组织、自学习、自迭代"的学习自演进模式,搭建起了场景化、数字化、智慧化的线上学习交互平台。

自组织:从封闭到开放

学员参与设计、资源共享、自发组织,即"自组织"。

从前的培训是企业组织、单向学习,企业负责培训规划、寻找资源、组织实施、评估反馈,学员单方参加学习。在海尔大学,学员参与设计、多向学习,体现的是用户思维。

这就破解了"单向链接"的难题——从封闭到开放,学员参与设计、资源共建,找准培训中的刚需、高频、痛点内容。

1. 学员自组织,共创微学习

学员自主组织学习活动,共创学习价值。以微课大赛为例:2017年,海尔集团的学员自发组织并共创学习内容,产出1300门微课,全部沉淀到海尔大学的学习平台上，全体创客可登录学习。

在 2018 年的微课大赛中，海尔大学更进一步将活动做成了"平台"，链接海尔生态圈和多方资源进行知识的共创共享。海尔大学聚焦于知识体系沉淀、样板案例萃取、学习生态营造、创客情感链接。由于此前的项目效果显著、口碑良好，本次微课大赛吸引了 5 大平台、14 个产业的创客加入，通过分赛场的形式共创微学习体系 14 套，产出微课近 3000 门，实现小微模式复制和创客个人升级。

2. 运营自组织，抢单"学习官"

在学习项目实施过程中，海尔大学会发起学习官的抢单活动，即学员抢单成为"学习官"，采用轮值班委制，自主运营学习项目。以 2017~2018 年小微训练营为例，有三种"学习官"供学员抢单。

- 学习路线官：负责项目学习需求的调研、学习内容的规划。
- 学习鉴定官：负责学习内容的提炼、学员问题的收集。
- 学习实践官：负责学员学习成果的收集、成功案例的推广应用。

在此过程中的项目启动、课程通知、作业收集、效果评估等环节，都由学员自主自发执行。这让学员充分参与了学习项目的设计和实施，直观地表现为出勤率的提高；参与感和主人翁意识提升之后，学员也会主动分享案例和内容，组织对困惑问题的研讨。

3. 项目运营自组织，共创生态社群

海尔大学打造的生态社群共创项目，会与小微事前锁定目标，签订对赌协议，约定分享收益。项目引入了"创新创业商数测评"机制，对"酒知道""果蔬机"等创业团队进行认证显差，显示学员在突破常规、创意落地能力方面与他人存在的差距。

同时，在项目中，海尔大学据此定制社群共创方案，通过升维学习、工具导入梳理、资源对接等，助力学员实现认知观念迭代、路径创新升

级和并联协同共创。

通过生态社群共创项目，海尔大学帮助创业团队优化项目商业模式、明确关键运营指标、优化用户使用体验、提升终端动销，帮助"酒知道"、智能照明、食材净化等五个小微项目连续六个月达成业务对赌目标，实现销售收入4022万元。

自学习：从静态到动态

借助场景思维，海尔大学实现了按需定制、快速迭代、制造场景。过去的培训是标准课程实施，现在的培训则是创造个性化的体验。这体现的是"场景思维"，破解了"供需分歧"难题——实现从静态到动态。

1. 线上，智慧学习

海尔大学深耕培训领域，为全员提供线上智能场景化解决方案。运用个性化小数据，如用户的人员属性、测评结果、专业领域、工作经验、兴趣爱好、业务数据等，可以形成用户画像。通过人员标签、课程标签进行匹配，可以保证每门课程都有明确的定位，有助于精准解决问题。

目前，海尔大学已按照18个族群、112个序列，形成了工作经验、专业经验、行业经验、人才发展路径等284个标签。据此，海尔大学可以将适合的学习资源，实时推荐给需要的用户，让每一位用户都能按需学习。

2. 线下，场景学习

海尔大学结合小微实际经营问题，设计场景，搭建智囊小组，运用"量子说五步法"，为创业团队提供场景化方案，解决实际经营难题。这是基于海尔"人单合一"管理理念提炼的，适应网络时代的战略管理工具。

该工具从用户场景切入，通过协助用户找到用户价值、制定有竞争力的战略、打造开放的人力资源、预赢优化、价值共享五个步骤，帮助小微实现企业战略全流程管理。

自迭代：从线性到非线性

通过学习体系和学习形式的自迭代，海尔大学的组织学习实现了从线性到非线性的转变。立体、网状、动态的思维方式，强调自发与多元化的迭代执行方式，共享共治、强调跨界合作的组织方式，体现了海尔大学的"非线性"特征。

1. 学习体系自迭代：非线性火焰动能模型

海尔大学创造性地提出了"非线性火焰动能模型"。过去，企业对学员能力的要求是"指令、胜任现岗"；现在，企业对学员能力的要求是"自发、既要胜任现岗又要胜任未来"。

非线性火焰动能模型破解了"迭代被动"的难题——实现从线性到非线性，学员的学习资源、能力画像可以自主迭代，实现了共创增值、各方受益。

非线性火焰动能理论是指为适应不断快速变化的外界环境，组织中的个体从内到外动态更新自己的核心能力。该理论用火焰代表人的能力变化，包含以下三部分。

- 焰心自驱力：人的内在动机。
- 内焰认知力：在动态环境中解决问题的能力。
- 外焰实践力：在实际工作中提升的能力。

海尔大学将非线性火焰动能理论作为人单合一模式下，构建单人匹配的创客画像的理论依据，依托创客单人的能力数据、绩效数据，使能力项及能力标准动态迭代，以实现学员画像动态化、测评认证场景化、学习赋能智慧化。

2. 学习形式自迭代：吸引共创价值

以小顺商学院为例。

海尔大学于 2017 年正式成立了小顺商学院，承接国家聚焦乡村振兴、海尔触点网络建设的战略，成为农民创业的赋能平台和政府双创的帮手，通过学习形式的自发迭代，吸引利益相关方共创价值。

小顺商学院的学习形式，经历了三阶段自主迭代。

第一阶段，知识共创。海尔大学链接行业资源，赋能学员进行经验提炼和分享，帮助更多学员掌握生态产品知识，培养了学员创造更高收入的能力。

第二阶段，体系迭代。海尔大学组织线下训练营，学员通过学习和实践实现了个人升级，形成了更多的新榜样，完成了现有知识体系的迭代，提升了学员的社群经营能力。

第三阶段，品牌吸引。海尔大学对课程和模式进行优化升级，围绕生态品牌打造，吸引了银行、种子、化肥、日化、光伏、酒水等资源方蜂拥而至，共创共享。

目前，小顺商学院已经在全国 20 多个县域赋能了数千名农民创业。

没有成功的企业，只有时代的企业

张瑞敏一直推崇：没有成功的企业，只有时代的企业。

所谓成功的企业，只不过是踏准了时代的节拍。所有企业只有跟上时代的步伐才能生存下去，但是时代变迁太快，所以必须不断地挑战自我、战胜自我，要提醒自己：这一秒走在创新的巅峰，下一秒就可能就被别人超越。

正如古希腊哲学家赫拉克利特所说，"人不能两次踏入同一条河流"，原因在于这条河流流得太快。时代就是这样一条川流不息的河流，所以企业要想在时代的发展中立于不败之地，必须不断地"创新、求是"。

海尔大学是唯一一个两次获"世界最佳学习型组织企业"称号的中国企业。2018年6月30日,备受瞩目的ATD(Association for Talent Development,国际人才发展协会)BEST(最佳学习型组织)评选结果正式揭晓,海尔大学继2017年获得ATD BEST殊荣之后再次荣获该奖项。

国际人才发展协会的前身为美国培训与发展协会(ASTD),是全球最大的培训与人才发展专业协会,是企业培训和绩效评估领域首屈一指的资源提供者。

ATD成立于1942年,迄今已有70多年的历史,总部位于美国华盛顿。ATD拥有来自全世界120多个国家和地区的4万多名会员,通过其在美国的125个分会、全球战略合作伙伴以及会员网络,为全球企业提供专业培训、人才发展咨询、信息调研、数据分析和应用等服务,是人才发展领域公认的全球权威机构,它评选的奖项被誉为"全球培训业奥斯卡奖"。

获得该奖项意味着海尔大学在人才培训和发展领域的探索与实践已经得到了世界权威的认可,也表明海尔人才培养模式是具有时代性、社会性和普适性的物联网时代管理模式的引领者。

盛誉之下,海尔却冷静地看到,这个世界,没有什么是一成不变的。不变革、不创新的企业,迟早被后浪拍死在沙滩上;颠覆是早晚的事,与其被别人颠覆,不如自我颠覆。因此,海尔大学从未止步于此前的荣誉和成就。

2019年1月,海尔大学商学院打造全新品牌——"海尔大学U-net实验室"。

人(YOU)即企业,企业即人,也代表每个参与者。人通过裂变(U元素)塑造自己的竞争优势,实现自身价值的最大化。

在参与者之间形成深度链接(net),实现裂变、价值交换,共同打造物联网时代非线性管理生态圈。

该实验室针对物联网时代企业管理变革创新难题，陆续推出不同主题的实验室，共同打造管理变革创新平台；致力于打造海尔大学商学院交互平台，让参与者之间形成深度链接，助力组织能量裂变，实现共创共赢。

2020 年 6 月 10 日，继印度、新加坡、俄罗斯人单合一研究中心之后，海尔模式研究院在全球成立的第三家人单合一研究中心——人单合一欧洲研究中心，在伦敦正式宣布成立。该研究中心由 Thinkers50、欧洲一流专家和海尔模式研究院共创，立足欧洲，辐射全球。

官宣之前，人单合一欧洲研究中心已经举办了人单合一系列研讨会，"震动"欧洲学界和企业界，引发人单合一研究和学习热潮。人单合一系列研讨会的成功举办，使人单合一欧洲研究中心成立的消息迅速传遍了欧洲学术界，瑞士 IMD 商学院、伦敦商学院、西班牙 IE 商学院、IESE 商学院、瑞士圣加仑大学等欧洲知名院校的学者、教授，欧洲知名咨询机构无边界实验室、欧洲战略创新中心（ECSI）等纷纷被人单合一模式吸引，主动沟通加入人单合一欧洲研究中心的生态圈。由顶级专家学者共创的人单合一欧洲研究中心，一举成为欧洲一流的管理研究机构，共同打造人单合一模式研究欧洲生态圈。

Thinkers50 的联合创始人斯图尔特·克雷纳表示："过去我们向西方企业学习管理经验，现在我们从东方企业吸取管理智慧。人单合一模式是物联网时代的创新模式。人单合一管理模式强调赋予责任，利用技术消除与用户之间的距离，发展互利的生态系统。我们一直相信，人单合一是未来重要的管理哲学和体系。"人单合一欧洲研究中心为欧洲的企业和研究者提供了探索、学习人单合一模式的独特机会，以专家和机构共创共享的方式，从海尔的实践中提炼理论知识，进行相关研究，并将研究成果共享以指导企业的实践活动。

依托这些研究中心举办的全球企业人单合一模式学习班，人单合一模式越来越为国际所认可，截至 2020 年 7 月 9 日，全球已有 72 个国家和地区的 6.4 万家企业，注册成为人单合一无边界网络的会员，其中有《财富》世界 500 强企业 24 家。还有 100 多家企业正在复制与学习人单合一模式，从美国的 GEA 到欧洲的 Candy、澳大利亚的斐雪派克、日本的三洋，在不同文化土壤中的应用证明人单合一模式是物联网时代适用于全球的管理模式。物联网时代，从衣联网、卡奥斯（COSMOPlat）引领行业标准到生物医疗上市，人单合一模式在不同行业中引领时代潮流。目前，人单合一模式已在全球掀起跨文化跨行业复制热潮，大到"北极第一钢"谢韦尔集团、全球知名体育用品零售商迪卡侬，小到陆陆起旅行网，都在用实践证明人单合一模式是物联网时代最具创新性的模式。

凡是过往，皆为序章。物联网时代到来，海尔大学作为一所物联网企业大学紧跟时代的脚步，创新发展，锐意进取，成了新时代创业创新的孵化者、知识平台构建者、智能方案提供者、全球资源整合者、企业对外赋能者。

工业互联网巨擘的进击

生态发展的下一站，往往导致生态演变的密度和维度上升。

当前中国，新基建战略无疑是产业生态的下半场。2018 年 12 月，"新基建"被明确定义，即加快工业互联网、5G 网络、大数据等新型基础设施建设的进度。由此，我们可以看到，工业互联网已经成为中国未来发展路径的基础中的基础、关键中的关键。

作为实业界巨擘的海尔，则以其一贯的工业务实和互联网战略思维，书写着自身又一次的厚积薄发。卡奥斯就是海尔基于"5G + 工业互联网 + 大数据"的技术底层，加上企业智能化、网络化和信息化运维的丰厚积淀，打造出的可以广泛落地的工业互联网平台。

工业互联网不断颠覆传统制造模式、生产组织方式和产业形态，推动传统产业加快转型升级，同时也给人才培养带来了挑战。于是，海尔一贯擅长的"培训+"模式迅速跟进。

2019年8月27日，2019中国工业互联网大会暨粤港澳大湾区数字经济大会在广州举行。在工业互联网应用场景特色展上，海尔卡奥斯行文智教平台首次亮相广州，吸引了众多观众驻足咨询了解。

海尔卡奥斯行文智教平台是一个以人才培养为核心，专注于智能制造及物联网时代人才培养的"生态品牌"平台。该平台聚焦职业教育"1+X"改革和产教融合、智能教育双创模式，提供智能制造、物联网、人工智能、大数据和工业互联网五大专业的技能培训，实现网络课程资源的共享，并采用人才培养大规模定制模式，将企业各类需求进行整合，将院校打造成开放的生态，融合线上线下，理论结合实训，精准匹配资源，快速迭代人才培养方案及课程体系，培养高素质劳动者和技术技能型人才，实现人才供需精准匹配。

其后，卡奥斯积极与全国范围内中高职、本科院校开展教育合作。

合作中，卡奥斯与院校共建"产教融合实训中心"，培养高素质技术技能型人才。双方将依托卡奥斯旗下教育子平台"行文智教"，通过课程上平台、课程共建、资源服务等措施，推进专业标准、人才培养方案、核心课程的建设，实现行业认证体系的教学转化，形成可复制的专业建设解决方案，建设具有国内一流水平的专业。

在学生教育方面，双方将以人才为中心，共建智能制造、工业互联网、智能家居实训中心。该中心可满足学生实习实训、认证鉴定、技术培训、创新创意孵化、科研服务等需求，并为其他院校或企业进行师资培训、学员培训、认证鉴定，实现收益共享。

在师资培育方面，卡奥斯将为院校提供各类双师培养方案，以适应院校应用技术型人才培养目标的需要，促进教师实践能力的提升。目前已计划开展暑期"双师"培养赋能营、入企挂职"双师双能"素质历练岗、"双师"修养轮岗历练等项目。

在培养适合工业互联网技术技能型人才方面，卡奥斯为院校提供工业互联网应用场景，为学生、教师创造零距离的岗位实训机会，不仅实现了产教需求零距离对接，也实现了人才需求零距离、供给零延误、匹配零差错。

卡奥斯已经和青岛电子学校、山东文化产业职业学院、南京航空航天大学、重庆电子工程职业学院、江苏电子信息职业学院等 100 多所本科院校、50 多家科研机构以及全国上千所中高职院校开展教育合作，围绕工业互联网细分领域建设了数十家实训基地。

2020 年 6 月 24 日，青岛市教育局与海尔集团战略合作签约仪式在海尔举行。双方将围绕"共同推进职业教育创新发展"项目，联合组建海尔工业互联网职教集团、共建工业互联网公共实训服务平台等，构建起企业、院校、社会等生态共赢的全球教育生态云。

根据合作内容，双方将以海尔集团为主，组建海尔工业互联网职教集团，打造山东省骨干职教集团和全国示范职教集团。依托职业教育联盟，双方共建行业首个面向职业院校、社会培训机构、企业等开放使用、功能齐全、技术先进的工业互联网公共实训服务平台。双方围绕工业物联网和人工智能教育，共同开发课程和人才培养方案。

为实现打造"世界工业互联网之都"的目标，青岛正全方位发力，集聚人才、企业、资本和技术。卡奥斯从培养体系的搭建、课程的开发、实训基地的共建、人才的就业等多个维度展开产教融合合作，创造一个共创共享的大规模定制人才培养模式，成为国家产教融合的样板。

詹姆斯·卡斯写的《有限与无限的游戏》非常畅销。这本书于 1987 年出版，到现在 30 多年，已经被翻译成多种语言出版。

这本书的开头有以下这么一段话。世界上大致有两种游戏，一种是有限的游戏，一种是无限的游戏。有限的游戏以取胜为目的，而无限的游戏以延续游戏为目的。比如说一场球赛就是有限的游戏，而一场婚姻则没有所谓赢家，就是无限的游戏。无限的游戏以延续游戏为目的，为什么呢？因为没有终点，所以它无法重复。

"培训+"就是海尔无限的游戏，为什么它是无限的游戏？因为秉持"自以为非"的理念，不断自我颠覆、变革的海尔，它的下一次进化永远没法琢磨，你只能不断地去观察、不断地去认知。

相信：唯有学习，才能让我们遇到更好的自己！

第 1 章

"培训+"是什么样的风口

21世纪企业竞争的目标是什么？竞争的标准是什么？我比较认可的观点是，看谁的终身用户更多。

说到用户，那自然属当下最热门的新经济公司最为敏锐。于是，列位看到了百度抓技术、阿里投场景、腾讯布流量、字节靠效率、美团抢市场、华为重生态，巨头们轰轰烈烈地开始了它们的"战略布局"，大有千军万马"培训+"的趋势。

在线教育培训的第三次浪潮

2010年，可汗学院的运营模式于美国诞生，欧美顶尖高校的网络公开课在国内引起强烈的反响。

2012年，美国三大MOOC（大规模开放在线课程）平台Coursera、Udacity、edX横空出世，为在线教育培训提供了更多可能性，新的商业模式也开始迅速萌芽。

国内市场的第一次在线教育培训浪潮涌来，直播式教学打开了教育的新模式，很多互联网公司开始投身于在线教育，希望从这个巨大的市场中分一杯羹，粉笔网、第九课堂、多贝网应运而生。

2014年，第二次在线教育培训的浪潮伴随着O2O（online to offline，线上到线下）这一概念的出现而出现。滴滴和美团的出现，让人们对O2O充满了想象力，线上企业渗透线下，线下企业被迫在线上寻求出路。在转型的纷乱期，O2O吸引大量人才和资本涌入在线教育，YY（欢聚时代）甚至喊出了"颠覆新东方"的口号。在这一时期内，阿里推出了"淘宝同学"，腾讯也上线了"腾讯课堂"和"腾讯精品课"，主攻课程交易平台。

但这两次在线教育浪潮，都在2~3年内迅速化为泡沫破灭。无往不胜的互联网利器，似乎在教育行业失去了神力。

2020年新冠肺炎疫情的出现，迅速推动在线教育培训的全民化普及，第三次浪潮席卷而来。

巨头们当然不会放过这个千载难逢的机会。经过自由市场的沉淀，互联网大佬们基本把目光锁定到了教育培训的线上平台。

2020年3月，猿辅导成功完成了10亿美元的G轮融资，这是在线教育培训有史以来的最大一笔融资。

2020年6月8日，字节跳动将平台教育培训植入一系列平台，并在抖音、西瓜视频、今日头条等平台启动"学浪计划"，将重点推荐百亿流量扶持线上平台教育培训者。

2020年6月22日，淘宝正式宣布进军线上教育培训板块，计划在未来3年内为1000家教育培训机构和知识付费机构每家获客10万人次，预计总用户超1亿。

2020年6月29日，作业帮顺利完成7.5亿美元的E轮融资。

…………

一时间，线上教育培训真可谓红火得发紫，各大平台仿佛重新认识到了这个赛道的蓝海市场。2019年，线上教育融资总额同比下降33%，这个行业几乎跌入冰点似乎还是最近的事。但是一场疫情，真的让线上教育又活了过来了！这一次，连人力资源和社会保障部都向社会推荐了一批职业技能培训线上平台机构，其中包括不少知名互联网企业开办的"大学"，如美团大学、淘宝大学、腾讯课堂、滴滴课堂、58同城大学等。

巨头混战新赛道：谁的梦想，谁的流量

基于中国与海外的互联网科技公司的概念，之前我们对于中国互联网公司都有一个传统认知：腾讯是一家社交公司，阿里是一家电商公司，美团是一家外卖公司……然而突如其来的新冠肺炎疫情，让本来熟悉它们的用户有了一个重新认识它们的机会，也让这些蓄力多年的中国企业，有了一个展现自己被隐藏的实力的舞台。

赛道上集齐了几乎所有互联网科技头部公司，除了新BAT[一]，还有华为、网易、百度、快手、美团，K12（学前至高中教育）、成人教育，多年龄段、多学科，产品品类齐全。

基因不同，各家的打法区别很大。

美团：不一样的职业教育

2019年10月15日，美团大学成立。在王兴"无边界"的战略下，美团正通过大学的模式，进军职业教育及培训领域，职业教育将迎来新的搅局者。

目前，美团共有八大学院：餐饮学院、袋鼠学院、美酒学院、美业学院、结婚学院、配送学院、闪购学院、客服学院，涵盖餐饮、外卖、美容、结婚、亲子、酒店管理等多个生活服务品类的培训。

[一] 即字节跳动、阿里、腾讯。

美团大学开课三个多月，各式课程浏览量合计超过 9000 万人次，线下课程培训也已经覆盖全国超 455 个城市。

疫情期间，为了缓解恐慌与压力，美团大学联合外部专家，推出了针对生活服务从业者和骑手的抗疫心理健康系列课程。课程上线短短两周，有超过 500 万人次学习。

2020 年 9 月 24 日，美团教育发布了"春风行动"教育商户成长计划，计划未来三年内帮助 10 万家中小教育机构实现线上数字化转型。这也是美团"春风行动"百万商户成长计划在教育行业的落地和实践。

"春风行动"教育商户成长计划由新店推广计划、流量扶持计划、智慧经营计划和商户培训计划四部分组成，分别对应推广、获客、经营、成长这四个环节。与此同时，美团教育也将投入 10 亿元专项扶持资金，推动整个线下教育行业的数字化转型升级。

与美团同在餐饮界的麦当劳也推出了自己的项目。

2020 年 9 月 22 日，麦当劳中国宣布启动"青年无限量"人才培养计划，2020～2022 年将投资超过 1 亿元，与全国逾 100 所职业院校合作，帮助超过 1 万名年轻人提升就业能力。在这项计划中，麦当劳中国将通过教育部推行的"现代学徒制"办学模式开展培训，课程包括餐厅运营知识，涉及楼面管理、盘存管理、食品安全以及人力资源管理等，也包括沟通、协调、合作和领导力提升等方面的培训。截至 2020 年 9 月，40 多所院校已与麦当劳中国达成合作意向。

阿里：构建更高频的用户流量场景

教育，是阿里流量战略下的重要延伸。1.5 亿的中小学生，背后是数亿的家庭人口；3000 多万家企业，背后是更多的就业人口。抓住这些流量，对于阿里的意义不言而喻。

教育基础设施，是阿里教育行业布局的核心。钉钉在疫情期间意外出圈，支持了全国 30 多个省份的 14 万所学校，300 万个班级的 1.3 亿学生在线上课，人数接近全国学生的一半。600万名老师在钉钉上累计上课超过了6000万小时。蚂蚁金服和阿里云同样为教育行业提供必要的基础服务。

对进入教育圈这件事，阿里似乎想得很明白。比如，淘宝大学、商学院服务于淘宝的商家，主要课程内容和网店运营相关；湖畔大学服务于企业家圈子；云谷学校更像是一次大创新之前的MVP（minimum viable product，最小可用产品）。淘宝教育作为电商平台，实际是阿里电商业务在教育领域的延伸，引入了更多的课程内容入驻。

2020年6月22日，淘宝发布"一亿新生计划"，宣布将搭建全新的在线教育培训基础设施，依托淘宝8亿活跃用户，在未来三年帮助超1000家教育培训和知识付费机构，获取10万名以上新生。

淘宝教育事业部总经理黄磊表示："万能淘宝从来就不缺少教育产品。2020年年初在线教育大规模爆发，淘宝也顺势而为加强运营，用平台方式加速教育行业数字化。"昔日在教育培训领域碰过壁的阿里，看来想要围绕基础设施和营销渠道，在教育培训领域重现"让天下没有难做的生意"的愿景。

腾讯："投资+自营+梦想"

2018年"腾讯没有梦想"的舆论危机后，马化腾多次重提，要让腾讯真正成为"最受尊敬的互联网企业"。

借助成立20周年的契机，腾讯反思了自己的使命和愿景。要成为"最受尊敬的互联网企业"，腾讯决心做到三点：第一，要与时代同呼吸，与国家共命运；第二，要用产品和服务去改善老百姓生活的方方面面；第三，要跟生态中的开发者、产业合作伙伴和谐相处、共同发展。

赋能教育行业，帮助它进化升级，最终让更多的学生和家庭受益，这就是切实地与时代同呼吸，与国家共命运。涉足教育行业，是腾讯走向"最受尊敬的互联网企业"无法避开的选择。

以投资见长的腾讯，2018 年以来投资的互联网教育企业接近 10 家，且以 B 轮后的大额投资为主。看多了教育公司的玩法，腾讯打算做一个全能选手。

腾讯，在 To B 端打造腾讯云课堂、腾讯会议，适用于网课场景；面对复学后的校园管理需求，企业微信推出了复学码、晨午检，以及智慧测温硬件等新功能，帮助学校及相关教育部门做好复学后校园疫情防控工作；更是在教育圈全民利用社交渠道获客的关键时刻，封禁了教育机构常用的微信营销插件 WeTool，把朋友圈的获客业务逐渐回收到企业微信。

腾讯，在 To C 端围绕社交渠道打造 QQ "群课堂"方便学生上课，推出腾讯作业君 App 和微信小程序，适用于作业场景。

腾讯一手投资并购，一手自建产品，目的只有一个：快速上轨道、上规模，抢占先机。

字节跳动：有一颗做教育的雄心

早在 2017 年，张一鸣就公开表示："科技公司跟教育机构合作是必然的趋势，这才是实现技术和数据的最优化结合。"此后字节跳动就开始推出自己的教育产品。

从 2017 年的 "好好学习"，到 2018 年的在线英语学习平台 gogokid、AI 智能英语教学平台 aiKID，再到 2019 年的汤圆英语，字节跳动在教育产品方面的探索与布局从未停止。

字节跳动不只在 To C 端发力，也在 To B 端进行布局。

2018 年 7 月，字节跳动收购了学霸君的 To B 业务。

2019 年 1 月，字节跳动表示已收购锤子科技的部分专利使用权，探索教育培训领域的相关业务。

2020 年 3 月，字节跳动宣布今年将在教育培训业务上招聘超过 1 万人；3 月 17 日，它注册成立教育公司"博学互联"，至此其旗下教育培训企业超过 10 家；3 月 24 日，它又被曝出近期谋划收购两家亿元级营收的线下教育培训机构。

如今，字节跳动至少完成了 23 起教育培训行业并购，涉及 aiKID、清北网校、晓羊教育，占公司公开并购量的近 1/4。字节跳动的流量打法使它与腾讯系存在较大的正面竞争，腾讯不仅自身掌握大量 C 端流量，参股公司的流量能力也非常可观，比如早在疫情前，腾讯系的快手就拿出 66.6 亿流量扶持教育培训类账号。

"视频 + 直播"成为互联网内容平台切入赛道的抓手，但教育培训行业远非获取流量这么简单。字节跳动高级副总裁、教育业务负责人陈林表示，近三年内，字节跳动对教育产品没有盈利预期，将持续加大投入。张一鸣也多次公开表态、亲自站台，重视程度非同寻常，甚至可以认为，张一鸣把教育行业视为字节跳动的下一个核心增长点。

百度：不慌不忙的"AI+ 教育"

2013 年，百度整合百度文库的资源成立百度教育。令人扼腕叹息的是，虽然百度文库上的海量备课、作业资源是其他大型互联网企业没有的，但这些优势却没有成为百度教育的业务核心。

2015 年，百度拆分作业帮，推出"百度优课"，百度传课和百度文库合并成立"百度教育事业部"。如今看来，孵化出作业帮，或许是百度经营教育业务这几年来的唯一亮点。

2018 年，百度开始"All in AI"。2018 年 5 月上旬，百度教育事业部被撤销。整合后，原有 To C 业务文库和阅读并入搜索公司用户产品；To B 产品百度智慧课堂并入百度智能云。百度从 To C 领域撤回到了 To B 领域，用 AI 技术优势切入教育赛道。

2019 年 2 月，百度教育正式发布"AI+ 教育"四大产品：百度教育智慧课堂解决方案、人工智能教育解决方案、VR 教育产品和面向高校的人才培养合作方案。

2020年，在各家为了教育培训"打"得火热的时候，百度依旧不慌不忙地"All in AI"，除了教育信息化的布局以外，主推智能机器人，并推出了"共度计划"来帮助中小教育企业获得技术、流量支持。

华为："硬件+软件"构建闭环

华为作为信息技术大厂，技术实力毋庸置疑。近些年，华为的消费电子产品也占据了相当可观的市场份额。华为借助自有优势正在学习苹果，以硬件（平板电脑、手机）为切入口，逐步构建软硬一体的生态体系，同时基于巨大的用户基数开启了教育领域的拓展。

2019年8月，华为消费者业务云服务总裁张平安做题为《全面开放HMS构建全场景智慧新生态》的主题演讲时，首次提出构建华为教育中心。华为已联合众多开发者和合作伙伴，提供涵盖K12到成人教育的内容品类。

2020年4月23日，"华为教育中心"在华为旗下首款全面屏智慧学习平板MatePad上首发。"华为教育中心"是华为构建全场景智慧生态的重要一环，通过企业入驻的方式，提供包括K12全年龄段在内的全品类内容，并延伸至成年人业务板块，平台连接家长和教育机构两端，提供包括学习前后的全流程智慧服务。

得到：走向"终身学习"，赶超大学课程

在很多人看来，罗振宇或许将成就"知识付费第一股"。招股书显示，截至2020年3月底，"得到"App月活用户数超350万，累计用户数超3700万，付费用户数超560万。"罗辑思维"微信公众号的关注用户数超1200万，不少文章的阅读量依然能维持在10万以上。

我们在招股书中搜索后发现，罗振宇一次都没有提及"知识付费"，反倒是"终身教育"被提到了104次。

我们还发现，"罗辑思维"微信公众号的简介，不知何时变成了"让

我们一起终身学习"。

很显然,"知识付费"的风口已过,"终身教育"这四个字的想象空间看起来更大一些。

招股书显示,2018 年推出的"得到大学",为职场人士提供线上、线下课程,以及社交学习空间,截至 2020 年 9 月已经录取学员超 7000 人。

此外,北京大学教授薛兆丰投奔"得到",由他开发的"薛兆丰经济学讲义"课程,截至 2020 年 9 月已经覆盖近 50 万名用户,实体书销售超过 100 万册。

与此同时,"得到"也宣布正在和部分高校合作,比如华东师范大学成人教育学习者在"得到"App 学习指定课程,可以免修学分、减免学费。

2020,中老年线上知识付费成新趋势

2020 年是中国经济发展史上前所未有的一年!

疫情对经济的影响正在从短期冲击变成长期冲击,这种剧烈的影响促使很多行业进行结构性重建。

比如,受新冠肺炎疫情影响,教育部提出了"停课不停学"的号召,短时间内,2.76 亿名在校生基本完成从线下到线上的迁移。这种大规模的"迁徙",也正发生在中老年教育领域。

由于疫情期间线下中老年教育课程和活动均无法开展,因此为维护用户、保持黏性,一批之前迟迟不敢发力线上教育的老年教育领域创业者开始集中进入线上领域,催生出许多创新的形式和玩法。

行业普遍认为 2014 年是中国的在线教育元年,2020 年则可能是中国的中老年在线教育元年。

这六年里,一边是时间的累积和教育,使中老年群体互联网化程度不断提高;一边是防疫环境的逼迫,长时间"宅家"使得很大一部分有

获取知识、娱乐等精神需求的中老年"触网"。他们几乎无师自通，接受并学会了使用各个微信小程序，学会了从微信群和朋友圈点开教学直播，学会了刷抖音、快手等短视频App。

据统计，2020年春节前后教育学习行业新增用户中，41～45岁用户增长了27.9%，46岁以上用户增长了33%。

在此次疫情中，教育学习行业典型App用户画像中41岁以上中老年用户占比达到21.1%。而从2019年开始，资本和媒体对老年教育领域的兴趣猛增，相关创业企业的曝光度也大幅提高。

大厂创业者不断入局中老年教育领域，尤其体现在对小程序等线上应用的开发上，比如老淘淘、红松学堂等。

2020年3月15日，支付宝宣布开办了一所老年大学，主要通过线上网课来授课，课程包括手机支付、无接触乘车、保险理财常识、网红UP主①直播体验等，还与深耕老年教育的嘉兴图书馆推出的"15分钟包学会"系列科普课，同时发挥本地KOL（关键意见领袖）的影响力，推出"三分钟包看懂"系列手机课。

多个中老年教育领域的创业者均表示，老年用户的知识付费习惯正在加速养成。而疫情期间的探索结果显示，老年人的付费需求远超预期。

比如，有的教育机构此前从未尝试过线上教育直播，疫情期间直播上线20多天，在"朋友的朋友推荐转发"的私域流量扩散过程中，其付费用户自然增长了约6000人。

针对需求较高的一小部分铁杆儿用户，组织精品内容和服务——以前线下一节课50元，20人小班；现在金牌教师的线上直播课，一节80元，能卖出几百份。

对中老年教育创业者而言，要打通知识付费这一层，重要的不是经营流量，而是经营超级用户。

该领域的某创业者透露，其线上课程年消费超过1000元的忠实用户

---

① 网络流行词，指在视频网站、论坛、FTP站点上传视频、音频文件的人。

有约 2000 人，这能为其带来每年较为固定的 200 万～300 万元收入。

中老年群体的知识付费主要发生在养生课堂、听书栏目、各种线上兴趣班以及新冠肺炎疫情期间兴起的线上直播教学中。

养老管家旗下的"乐活课堂"，其线上课程分为"学员专享"和免费课程。其最高观看量的教学视频均来自需要付费的"学员专享"，比如"跟著名女高音歌唱家学唱歌"共有超过 28 万人学过，"零基础跟中国音乐家协会的副教授学电子琴"共有超过 10 万人学过。

信任和专业，让中老年用户心甘情愿地买单，成为知识付费的积极分子。

"很多线上用户，他们连你的面都没见过，凭什么给你钱？"线上和线下不是割裂开的两件事，它们是一体的。

正是因为之前在线下认真经营了用户，疫情期间才有用户会主动要求续上课时费、付费参加线上精品课程、在直播互动过程中打赏。

本来，"50 后""60 后"的信任成本很高，想要他们付费可能需要 3～6 个月，完全获取他们的信任可能需要 1～3 年。在疫情的"催化"下，用户对线上直播课的信任度获取时间大为缩短，让他们付费比几年前快得多，也容易得多。这一部分来自此前线下的积累和铺垫，一部分来自口碑推荐。

有投资人士分析，未来，综合型、规模化的知识付费新玩家将减少，"线上老年大学"恐怕难有成果，但面向特定领域、场景、用户群的"小而美"垂直知识付费平台仍有较大发展空间。

第 2 章

"培训 +" 的时代特征

肆虐全球的新冠肺炎疫情、变幻莫测的国际形势、风声鹤唳的金融市场……在 2020 年这个特殊的年份，全球生活方式、商业逻辑、产业形态和科技趋势都发生了广泛而深刻的变化。

单说教育培训行业，突如其来的疫情确实打乱了传统的行业格局。一方面，在线教育受疫情催化出现了爆发式增长。第 46 次《中国互联网络发展状况统计报告》显示，截至 2020 年 6 月，我国网民规模达 9.4 亿，其中在线教育用户超 3.8 亿。另一方面，线下教育培训机构全面停课，众多机构挣扎在"生死线"上。

与此同时，我们又发现，互联网科技巨头和不少传统非教育培训企业"冲进"了教育培训行业。它们以培训为载体，以数字化为工具，以丰富生态、促进行业、提升产业为目标，为教育培训行业带来了新鲜的视角——"培训 +"，并助力质变，推动行业进步。

变化的潮流不可阻挡。

传统企业通过"培训+"的革新迎来新机遇,"互联网+"业态经过"培训+"的洗礼迎来新升级,甚至新兴产业通过"培训+"的整合正开展着产业链的重构和增效。正如尼葛洛庞帝在《数字化生存》中指出的那样:"一种前所未见的共同语诞生了,人们因此跨越国界,互相了解。"

To B 领域"破"局

后疫情时代,中国经济增长的动力可能会由外向型进一步转向内需型,进而刺激产业链全面升级。其中,中国消费品牌拉动经济增长已成为重要趋势。以消费升级为例,不论北、上、广、深等高线城市,还是四、五线下沉市场,不同消费群体都有强烈的升级需求。

一方面,数字化转型将成为各行各业的新趋势。它来自对更高毛利、更高效率的追求,关乎产业链的安全。因此,产业的数字化转型不仅是长期需求,更是短期亟待落地的方向。

另一方面,全社会将转向效率的提升,这为企业服务带来发展机会。在美国,To B 投资在 VC(风险投资)/PE(私募股权投资)中基本占到半壁江山;在中国,To B 投资相比于 To C 投资只占很小一部分,向产业互联网转型尚需时日。

很多大型企业包括银行、电信等国企以及头部民营企业都开始采购更多的企业服务,以此提升运营和服务的效率。

伴随以上变化,未来,第三产业服务业将成为拉动经济增长的重要力量之一。在这个过程之中,互联网、O2O 将起到非常重要的作用,它们连接不同行业,使产业整体结构充分地信息化,从而实现效率的提升。

最后,产业结构升级促进劳动力结构变化,大量人群会产生技能提升甚至从头学起的需求,因此教育培训会受到更多的关注。

"培训+"时代的经济环境日趋成熟。

"培训+"时代，教育培训行业的七大蜕变

2020年的教育培训行业在疫情的惊涛骇浪中前行。

这一路上，不仅有线下培训机构的紧急转在线、求生存，还有在线教育机构在巨大流量红利下面对的全新挑战，更有作为桥梁搭建者的ToB机构的业务迭代转型……

"培训+"的冲击实际上为教育领域的未来打开了一个新局面，或许会引发整个教育界的一次革命，包括学习方式的革命、人们接受教育方法的革命、企业探索"无边界"的革命、行业游戏规则制定的革命、产业生态的革命，以及地面教育从原来的纯地面变成了OMO（online merge offline，结合线上线下的平台型商业模式）这样一种崭新方式的革命。

现在，我们试图回过头去，看看疫情笼罩下的2020年，"培训+"给教育培训行业留下了什么。

1. 蜕变一：进入新增量市场竞争的时代

在线教育尤其是在线大班课品牌在疫情下承接了一大批免费流量，这也使得在线教育品牌三、四、五线城市的用户被激活。

在线教育正从过去的增量市场竞争状态迅速向存量市场竞争状态过渡。

如果说增量市场的打法主要靠营销先铺量，那存量市场的打法更倾向于通过品牌战使用户建立深层次认知，提高被选择的概率。

从实际表现来看，在线教育品牌正在种类、频率等方面下大功夫，各品牌动作应接不暇。

2. 蜕变二：线下机构中心组织能力升级

对于不少线下机构而言，此次转线上的难点之一就在于在线组织管理能力的严重缺失。传统的线下管理多以招生任务分解，各部门各司其职进行，线下机构并不具备在线教育公司"大中台、小前台"的组织

能力。

这种传统的管理思路正在疫情的刺激下逐步转变。大部分线下机构意识到了做一家"组织在线的机构"的重要性。

诸如建立网校中心、搭建专门的线上教务组、线上教师培训组、直播服务组、辅导服务组等动作,开始在线下机构的组织架构搭建中出现。

3. 蜕变三:甲方入局倒逼内容的优胜劣汰

疫情使在线教育的渗透率前所未有地升高,下沉市场用户也被激活。

但多元化的在线产品对用户进行了一定程度的教育,这也将抬高下一步用户选择在线产品的门槛。

对于教育产品,家长只会为"学习效果"这一件事情买单。因此,在线教育产品的质量,本质上决定了未来在线教育的流量浪潮会不会退去,退去的程度如何。

4. 蜕变四:OMO 成为常态

线下机构商业模式升维。对于线下机构而言,在集体在线大练兵之后,用户结构正发生变化。即使疫情结束,在线业务依旧会是线下机构的必备业务之一。

在疫情倒逼线下机构发展出在线招生、在线教学、在线管理、在线数据留存等能力之后,培训行业 OMO 的迭代正进入快车道。

OMO 迭代后对于线下机构的反哺也是切实可见的:打破线下机构供应链打造的地域限制;提高与用户之间的亲密度、提高留存率;线上线下结合的教学模式提高课频、学生学习效率。

从商业模式的角度来说,这一改变也使得线下机构拥有了线上 × 线下的全新商业模型,规模边界被打破。

5. 蜕变五:行业哑铃状结构的形成

在过去几年,随着教育培训行业整顿、全国性头部品牌的大举下沉,线下教育培训行业的洗牌一直在持续进行中。

在疫情对机构的现金流、组织能力、应急能力进行多重考验之后，这一洗牌的过程也在加速演进。

因行业洗牌，部分倒闭、关店的机构释放出的生源大多因为"不安全感"而选择流向全国性大品牌，这些大型机构亦会采取密集动作收割市场，构成哑铃状结构的一端。

在哑铃状结构的另外一端，则是一些非常小、非常灵活的个人工作室。这些机构因为具有较强的生命力、关门压力小，所以疫情后会迅速"吹又生"。

相较而言，中型机构的生存空间将被进一步压缩。

当然，这也就意味着，线下培训机构的头部效应将越发集中。

6. 蜕变六：巨头入场改变B端市场格局

教育的生态和共同体初步形成。对于B端市场而言，不能否认的是，互联网巨头的入局，使得这个赛道中选手的对决等级提升。

另外，随着线下机构对于各种在线能力（包括教学服务基础设施、内容基础设施、工具基础设施等）萌生需求，借助B端的服务补足基本能力成为必然；在这样的需求导向下，B端机构也在探索服务多元化的可能性。

这种变化，也使B端市场的整体服务水平、广度、宽度得以提升。

7. 蜕变七：结构性变化带来创业新机会

过去相对稳固的行业格局也会在疫情后迸发出创业的新机会。除了触目所及的本地化网校、同城在线小班等新业态之外，线上线下的结合还将催生出哪些新物种，值得期待。

与此同时，随着长周期的抗疫措施产生的优胜劣汰效应，大量的市场需求从一些濒临倒闭、破产的机构中释放出来。这部分生源除了被大机构吸收之外，也为新入局者带来了新机会。

姜文的电影《阳光灿烂的日子》里有这样一句台词："记忆中，那年夏天发生的事，总是伴随着那么一股烧荒草的味道。"

的确，疫情下的教育培训行业正在洗牌，对很多机构而言这也是一场生死局。但当凤凰涅槃之时，教育培训行业也会脱胎换骨，迎来美好时刻。

"培训+"时代，一个平台化的时代

在大数据、云计算、移动互联等技术优势的基础上，再加上"免费使用"的互联网思维，"互联网+"犹如一场海啸，席卷整个人类社会，当然也在教育培训领域掀起了一场改革的浪潮。"互联网+"教育模式下的人机交互、数据服务、云计算支持等不仅为教育改革提供了可能性和可行方式，也对原有的教育体制、教育观念、教学方式、人才培养模式产生了较深的影响。

"互联网+"把大家聚合在一起只是第一步，下一步一定会形成各种各样的平台，所以平台经济将会是未来10年的主旋律。未来是一个平台制胜的时代。这几年不管是互联网新秀还是传统企业转型的成功者，基本上是平台型的，从BATJ[一]到TMD[二]，也包括小米、苏宁等。

本质上，"培训+"是一种新的平台化手段，使"互联网+"思维和OMO技术广泛应用于各实体经济领域，进而改造传统企业生态拓展模式，实现跨企业、跨行业乃至跨产业的链合，形成聚合效应。无论是"互联网+"还是"培训+"，其本质都应该是促进信息化和实体经济的相互融合。

伴随着互联网和信息技术的快速发展，平台经济正成为驱动世界经济增长的新引擎，引发了人类生产方式、生活方式、消费方式前所未有的深刻革命，所以"培训+"将成为中国互联网巨头和传统头部企业抢

[一] 即百度、阿里、腾讯、京东。
[二] 即今日头条、美团、滴滴出行。

占未来发展制高点的战略选择。

"培训+"时代是产业链式平台化的时代。这是指借用"培训+"的手段，通过产业链上下游或者产业链同一层面的整合而形成的创新平台模式，其发起者通常是已经在原行业占据领先地位的企业。产业链式创新是当今创新非常鲜明的特点，无论是从传统产业，还是从新兴产业发展的角度，产业链式平台化都是重要的创新模式。近年来，产业链式整合也越来越受到国家的重视。产业链式平台化包括横向平台化、纵向平台化以及横向纵向混合平台化。

"培训+"时代是生态链式平台化的时代。生态链是比产业链更大的概念，既包括产业链上下游或横向的与本产业紧密相关的企业，又包括市场环境等。生态式平台化是指借用"培训+"的手段，通过整合生态链中的供给方和需求方，以及市场环境（包括软环境和硬环境），使之共同进行有机创新。

实际上，无论"培训+"是产业链式平台化，还是生态式平台化，均是通过不断地分工和整合，通过组织智慧的输出和渗透来实现的。每一次分工都带来一次社会进步。分工有一个切入点，一旦寻找到这个切入点，就可以携自己的优势用"培训+"去整合他人。因此，由分工理论入手，然后挖掘自己的核心技术，再基于此实现整合，具体包括纵向整合、横向整合，或是互联网平台式整合，甚至生态链整合等，从而做到"第一"。所以，只要找到了自己的分工模式，就可凭借核心技术去整合别人，否则就会被其他企业所整合。当然，即使被整合，也要坚持自己的比较优势，如传统意义上的质量、品牌、效率等。"被人整合说明你有价值，整合别人说明你有能力。"

"培训+"时代还将是"中国智慧""井喷"的时代。十九大报告指出："中国人民愿同各国人民一道，推动人类命运共同体建设，共同创造人类的美好未来！"构建人类命运共同体、建设持久和平、普遍安全、共同繁荣、开放包容、清洁美丽的世界，是中国的一贯主张，也是中国智慧。为了构建人类命运共同体，我们不仅提供了中国方案，也展示了大国担当。中国作为一个负责任的大国，正在推动国际社会不断走向"共商、共建、共享"的新时代。同样，大量中国优秀企业以自身的组织智慧，正在推动中国中小企业走向"共生、共创"的新时代。

"培训+"时代更将是高质量发展的时代。十九大报告指出："中国特色社会主义进入新时代，我国社会主要矛盾已经转化为人民日益增长的美好生活需要和不平衡不充分的发展之间的矛盾。"面对新时代的新矛盾，如何完成中国经济高质量发展的新使命，考验着中国当下的智慧与勇气。如今，大量中国优秀企业通过"培训+"获得平台化加持，带动行业和产业的发展，从而推进经济高质量发展。这会让人民群众拥有更多、更强的"获得感"，更会为我国第二大经济体地位的做实、做强保驾护航。

"培训+"时代企业的新生存法则

2020年4月，基辛格在《华尔街日报》上发表了一篇文章。作为尼克松时代的美国外交家，这位近百岁的老人苦苦告诫世人："即便疫情过去，世界也不会是之前的样子了。"

那么，在新发展格局中，我们应当如何看待和把握"培训+"这个数字化时代的机遇与挑战？关于"培训+"时代的企业生存法则，我们给出三点建议。

1. 建议一：快速判断，调整策略

第一，认清自己所在的位置和所受的影响；第二，需要相对客观、理性地判断；第三，需要坚决地付诸行动。一旦决定了要做，就应该非常坚决地去做。

企业首先需要判断自己到底处于什么样的位置，会受到什么样的影

响：正向还是负向，主要是受益还是受挫。受益的企业，要更多地思考如何抓住机会，获取客户。受挫的企业，首先要想方设法度过最艰难的时刻。

2. 建议二：更重视人才投入和组织进化

在未来二三十年的经济发展过程中，"人"可能会成为更特殊、更稀缺的生产要素；随着内需和企业效率的提升，企业在人才尤其是核心人才方面进行投入所带来的改变将更为显著。

在互联网这类信息充分对称的平台上，个体将发挥更大的价值。比如疫情期间，相比传统企业，互联网科技公司在开展远程、灵活的组织协作方面更有优势。

因此，无论对内提升的培训输入，还是对外赋能的培训输出，企业必须在战略高度考虑自己的"培训+"布局。

3. 建议三：拥抱变化，强者恒强

疫情也是促进行业重新洗牌的因素，短期压力下需求的萎缩，以及激烈的行业竞争和进一步整合，可能使很多企业经历非常痛苦的过程。

后疫情时代，强者效应将凸显，最终可能产生一些规模更大、更具技术优势和团队人才优势的超大型企业，这样的企业将在全球范围内拥有更长期的竞争力。

经过这次疫情，中国已经不再有纯粹的"传统产业"，因为每个产业都或多或少开启了数字化进程。加速进程的关键在于，利用智能科技把"数据"这个新兴生产要素，投入"传统产业"的全链条改造中。

企业在教育培训过程中输出产品，增强用户的兴趣和购买欲，实现留存客户的有效开发。将企业视频直播运用在对外教育培训场景中，企业客户开发活动在创新传播方式、降低客户教育成本、把握客户兴趣点、提高产品广告转化率等方面取得了良好的效果。

通过视频直播，企业打破地理空间的限制，简化客户邀约流程，实

现多个客户在线实时同步学习，创新客户教育开发方式，避免了不必要的客户教育开发成本支出。

同时，在直播过程中，客户可以就讲师授课内容中的知识点实时举手提问，讲师实时解答，减少客户疑虑，提高培训效率。此外，企业采用如评论/弹幕、邀请有奖、边看边买、打赏、问卷/投票、签到、抽奖、红包等线上直播间互动方式，在活跃的互动氛围中引入专家主播对品牌产品的案例讲述，以"软形式"增加客户对品牌产品的购买量，提高广告转化率。

企业可以通过线上直播平台对客户行为数据的分析，挖掘客户兴趣点，把握客户投资习惯和投资兴趣，为客户开发、维护和产品开发提供重要依据。

新时代必定是中国人民更加出彩、更加自信的时代。中国已经成为全球经济增长的重要引擎，面对中国的快速崛起和世界现状，我们有理由对祖国，对自己的前程，充满信心。

第 3 章

万物互联时代，组织进化之门

信息社会正在从互联网时代向物联网时代发展。如果说互联网把人作为连接和服务的对象，那么物联网就是将信息网络连接和服务的对象从人扩展到物，以实现"万物互联"。据预测，到 2020 年年底，全球物联网连接设备将超过 500 亿台。

物联网已成为全球新一轮科技革命与产业变革的重要驱动力。历经概念兴起驱动、示范应用引领、技术显著进步和产业逐步成熟，物联网正加速转化为现实科技生产力。如果说影响生产工具和产品的技术会带来量变，那么物联网技术将带来质变，因为它将重塑生产组织方式。物联网科技产业在全球范围内快速发展，正与制造技术、新能源、新材料等领域融合，步入产业大变革前夜，迎来大发展时代。

与其他高新技术融合发展是物联网技术的重要特性。当前，物联网正促进 5G、窄带物联网、云计算、大数据、人工智能、区块链和边缘计算等新一代信息技术向各领域渗透，引发全球性产业分工格局的重大变革。在组网方面,全球范围内低功率广域网技术正快速兴起并逐步商用,面向物联网广覆盖、低时延场景的 5G 技术标准化进程加速。

同时,工业以太网、短距离通信等相关通信技术快速发展,为人、机、物的智能化按需组网互联提供了良好的技术支撑。

在信息处理方面,信息感知、知识表示、机器学习等技术迅速发展,极大地提升了物联网的智能化数据处理能力。

在物联网虚拟平台、数字孪生与操作系统方面,云计算及开源软件的广泛应用,有效地降低了企业构建生态的门槛,推动全球范围内物联网公共服务平台和操作系统的进步。

由于前景可观,因此世界各国都在加速抢占物联网产业发展先机。在产业层面,相关大型企业纷纷制定物联网发展战略,并通过合作、并购等方式快速进行重点行业和产业链关键环节的布局,提升自身在整个产业中的地位。阿里、腾讯、百度、亚马逊、苹果、英特尔、高通等全球知名企业,均在不同环节和层面上布局物联网。

当下,线上线下的进一步融合与企业数字化转型将是大势所趋,出于企业对效率提升的"刚需",企业服务将迎来春天;医疗健康业、文娱产业、教育培训行业也有望突破原有天花板,迎来新的发展机会。此外,不少行业可能出现新一轮的整合机会。

北京大学王宽诚讲席教授、国家发展研究院 BiMBA 商学院院长陈春花指出,在个体价值崛起、组织边界模糊的今天,连接比拥有更重要,协同比分享更有价值。开放边界、共生成长是领先企业的核心特征。面向未来,"共生"将成为企业组织的进化路径。

"培训+",应该是"共生"的最优选择。换句话说,谁能通过"培训+"的锤炼,全面突破组织的舒适区,进化组织机制、提升运营效率、优化资源配置,谁就能更好地应对当前不确定性剧增的经济形势,把管理实力发挥得淋漓尽致,确保组织可以穿越下一个周期。

从"零"开始,再度启"程"

疫情之下,旅游业备受打击。一片悲观情绪中,2020年8月28日晚,同程艺龙发布2020年第二季度业绩报告,为愁云惨淡的旅游行业带来了一丝不一样的声音。数据显示,疫情影响下该公司关键指标低于去年同期,但业务整体恢复情况令人欣慰,保持盈利,实现净利润1.96亿元人民币,净利润率恢复到与2019年第四季度的水平基本持平。在这个特殊时期,信心比黄金更重要,业界此时释放积极信号尤为难能可贵。

线上教育培训赛道的一匹黑马

2020年2月22日,从8点开始,"30万+旅游人自救赋能计划"16小时不间断直播,创下了中国旅游业有史以来单场直播时间最长的纪录,吸引了超过30万人观看,成为一场旅游人的知识盛宴。梅花天使创投创始合伙人吴世春、创业黑马董事长牛文文等投资人在线为行业"指路"。这场超长直播,也是零程大学的首次公开亮相。

2月29日,零程旅学院和零程酒学院双会场同播,8+8小时不间断,17位酒店行业大咖和20位旅游行业大咖,与500多万名酒店从业者、30多万名旅游从业者高频互动。

3月7日,直播再度升级,旅学院、酒学院、餐饮学院、文旅学院、教育学院、商学院、HR学院、户外学院,八大学院举行八场直播,时长最长的场次更是16小时不间断直播,近150位来自八大行业的大咖,与百万从业者再度共话疫情难关应对之策,让众多从业者大呼过瘾,希望再来一次。

3月14日9点至24点,九大学院九场直播交相辉映,旅学院、酒学院、餐饮学院、文旅学院、教育学院、商学院、HR学院、户外学院、求职学院,近200位来自各大行业的大咖莅临直播间,与百万从业者再度共话疫情难关应对之策。

就这样，零程大学以黑马之姿在线上教育培训赛道杀出重围，很快吸引了全国上万名优秀创业者。由同程资本发起设立的零程大学下设旅学院、商学院等九大学院，覆盖旅游、酒店住宿、经商创业、母婴等各个行业。

以学会友，以友促商，打造全球最有价值的创业者和管理者学习与社交平台，是零程大学的愿景。

零程大学号称拥有五大独家优势。

1. 品牌优势

零程大学由同程集团孵化。同程集团从零创业到香港上市，市值近500亿元。未来10年，同程集团规划了"干出1000亿元，投出1000亿元"的战略布局。

2. 团队优势

同程集团创始人、董事长吴志祥亲自担任零程大学校长，并亲授商学院课程，同程18年创业的精锐部队在幕后倾力打造零程大学。

3. 战略优势

零程大学集"阿里+腾讯"双基因，同程18年独家创业心法全套体系化输出，更有"孵化+投资+赋能"的创新打法加持，专为创业者、企业高管量身打造。

4. 人脉优势

创业近20年的同程集团，沉淀了丰富的行业、政府资源并拥有较深远的影响力。创始人、企业高层等拥有丰富的各类型资源，可以连接全国企业家领袖和一线知名基金投资人、产业大咖。

5. 产品优势

同程商学院：吴志祥校长结合近20年创业的经验教训亲自打造课程，结合丰富案例、实战教训、实操方法，打造销售、组织能力、战略、创始人等 12 大体系化模块，涵盖企业经营核心。

精英特训营：吴志祥校长亲自主持开营仪式，采用实力教练团队持续三个月的一对一月度精准复盘指导，四周一个主题深度培训，学＋问＋练等方式，让学员全面掌握企业成功方法论。专业投后团队协助企业制定核心 KPI（关键绩效指标）及报表体系，做到高频督导、定向辅导。

同程联创营：吴志祥校长领导联创团队全情投入一对一赋能，同程资本 1 亿元天使基金锁定投资，中国一线资本加持。开放企业入驻，与同程团队近距离办公，成体系的打法毫无保留输出，用联创的方式加速好项目落地。

目前，零程大学已经集聚了全国超过 10 万名各行业创业者。

同程资本推动零程大学

为进一步服务零程大学珠三角的学员，营造地区学习氛围，聚集更多优秀创业者和管理者一同学习交流、共享资源，零程大学广州分社在广州成立。

未来，零程大学广州分社将依托同程商学院的课程体系和服务架构，基于广东创新创业的发展需求及粤港澳大湾区建设的历史机遇，以"全球产业生态链"的发展视野，为广东创新创业孵化载体及创新创业企业提供更广阔的学习交流成长平台。

零程大学广州分社执行社长林俊泽表示："我们认同同程的出发点和理念，包括其背后的资源势能，坚信借助同程商学院的势能，能够将零程大学广州分社打造成为粤港澳大湾区的超级链接者。"

在"大众创业，万众创新"国家战略指引下，全国掀起了创新创业的热潮。广东孵化服务体系建设已取得了明显成效，截至 2018 年年底，广东省已有超过 2000 家科技企业孵化器及众创空间。

广东省的孵化器在发展以及运行过程中，在培育和扶持中小企业成长上仍然存在短板，多数机构并不具备创新创业指导和培育能力，缺乏创业技能的输入与补充，而专注于创业实战教育的同程商学院正是最佳的"调和剂"。

同程商学院隶属于零程大学，是同程集团投入全集团产业、社会资源，倾力打造的标杆型商学、咨询类项目。同程商学院中的课程均由同程集团创始人、董事长吴志祥亲自打磨，汇聚了吴志祥近20年从零起步发展到300亿元的创业心法，以及从5个人发展到1万人的管理心得，全年12期主题课程手把手教学员创业，真正从实战中来，到实战中去。

零程大学广州分社成立后，高实战性的课程也能助推当地学员及辐射区域大学生创新创业。

同时，零程大学广州分社将依托已有的用户资源开展线上线下运营工作，以服务学员为目标，搭建广东地区学员微信社群和校友会圈子，开设并策划"每月导师开放日""线上课程讲座""创业研修班"等主题活动，率先完成落地和打造当地影响力。

零程大学广州分社期望经过3～5年的努力，用好同程商学院的课程体系和服务架构，对接当地企业服务机构，达成区域性的战略合作，与创新创业孵化器、众创空间和商协会等小微企业服务机构深度开展课程和导师输入合作，深入服务本地区创业者，为各种创业孵化载体、服务机构、创业者提供创新创业全链条服务，打造本地超级链接者角色。

零程大学广州分社将持续挖掘10～20个优秀创业项目，对接总部的投融资平台同程资本，全力辅助完成同程资本"10年、100人、1000亿元"的总目标，帮助中国1000万名优秀创业者与管理者成长。

零程大学广州分社的成立，是同程资本启动"零程大学全国城市合伙人招募"的关键落子。

零程大学背靠全球第五大OTA（online travel agency，在线旅行社）同程集团，集"阿里+腾讯"双基因的创新打法，倾尽近20年从零到上市公司的创业经验，专为创业者、管理者精心设计、打造了零程大学行业学院、同程商学院、零程大学精英特训营、零程大学联创营、同程众创空间等产品。

其中，同程众创作为同程集团旗下的天使投资加速器，为种子项目赋能的战绩尤其显著。社区团购平台同程生活完成了2亿元的C轮融资，估值从1000万元涨到50亿元，实现了500倍以上的增长；内容社交电商平台习惯熊，同程投资加速6个月后，公司单月GMV（gross merchandise volume，成交总额）从零增长至1000多万元；女性品质健康生活新消费品牌别漾生活，在同程孵化6个月，公司增值超6倍。

"培训+"是破解流量困局的良方

在线旅游至今仍是比拼流量的赛道。因此，外界认为背靠腾讯的同程艺龙是由于坐拥微信海量的流量池，才得以维持盈利状态。

在嫁接微信九宫格和小程序这个"流量池"之后，同程艺龙的用户有了显著增加。虽然接入微信端口给了同程艺龙很大的流量支持，但是单纯依靠外部扶植的"输血"并不能从根本上解决流量拓展问题。

财报显示，同程艺龙来自腾讯旗下平台的平均月活用户数量，由2017年的0.8亿增长至2018年的1.75亿，占总用户的比例由66%增长至80%。不止于微信支付里的九宫格，还包括搜一搜、下拉框、朋友圈广告、社交分享裂变等，同程艺龙几乎无死角全面布局。

2020年全球旅游业不景气，行业整体显示出下沉市场的状态，然而同程艺龙在微信强大的流量红利下，用户数量也会十分显眼，但是这种纯依靠微信流量维持的现状难免有些尴尬，一旦与微信"翻脸"，同程艺龙就会陷入很大的危机。

好在同程艺龙看到外部助攻机会的同时并没有完全故步自封，不断寻找在线旅游业新的增长点，终于在"培训+"这个新风口找到了发力点。10多万的会员数，真是羡煞同行。

此外，同程艺龙还调整数字业务，开始推广同程生活。

在浙江，因为阿里的影响力，大多数人知道盒马鲜生，之前确实没有听说过"同程生活"，而在疫情下，同程生活开始快速拓展"社区团购"业务，打通社区的最后 100 米，并通过社交电商的模式，迅速推广"同程生活精选"小程序。

在疫情下，所有旅游业务几乎都按下了暂停键，在这个关键时刻，现金流很可能断裂，同程发动员工卖生鲜，一方面解决疫情期间家庭的需求，另一方面补充了同程的现金流。同程生活的负责人称，他们一直就是想踏踏实实地做事，很少去推广，他们希望保持低调，有成熟模式和成绩的时候再告诉更多人。

目前，同程生活精选已是实践社区团购模式的佼佼者，且每天都在为同程贡献接地气的收入。

2020 年下半年，旅游行业仍处于恢复期。在出境市场冰封的前提下，国内市场成为 OTA 唯一的战场。至于未来是携程这样的老牌 OTA 能够及时调头转型成功，还是同程艺龙这样的新平台弯道超车，就看谁能够抓住下沉市场与产业数字化的新机遇了。

赋能者：新华三大学助力集团生态圈专业化

伴随数字化时代的来临，中国迎来了数字经济的高速发展。各行各业的企业亟待数字化转型升级的现状，也催生了其对数字化人才的旺盛需求。

与之相对应的是，虽然中国高等院校在数量上和学生人数上均位居世界前列，但是我国的数字化人才市场依然存在巨大的人才缺口。尤其是在数字化人才的职业素质与实践技能方面，传统高校教育培养出来的毕业生与广大企业的用人需求之间，往往存在巨大的鸿沟。

那么除了高等院校之外，是否有专门针对数字化人才的培养机制和实践体系，能够有效缓解目前这样的尴尬局面？回答是肯定的。

在 2019 Navigate 领航者峰会上，新华三大学以"智绘双新蓝图　实践产教融合"为主题举办了论坛。面对来自全国各大高校和教育合作伙伴的 300 多位嘉宾，新华三首次在业界提出了"新职素，新技能"的"双新"理念，并且一口气发布了三大产教融合项目——数字工匠、协同育人、H3C 新技术认证体系。一幅数字化人才培养与实践的蓝图就此展开了。

初衷：跨产业链"赋能"数字化经济

新华三大学成立于 2016 年 11 月，虽然时间不长，但是整合了惠普大学、杭州华三培训中心以及内训支持团队的整体资源和能力，一开始就形成了与全生态协同的发展模式。

首先是自生态协同。新华三集团内的云计算技术公司、信息安全技术公司、大数据技术公司的新 IT 人才比较集中，新华三大学利用集团优势与公司前沿部门合作办学，推出了适合新华三进一步深入数字化行业的企业大学构建方案。

具体分析来看，对培养数字化产业人才的职业素质，新华三大学会发挥重要的作用。在每年招聘应届毕业生和社招人员时，新华三集团十分重视素质教育与技能培养这两个方面。

应届毕业生和社招人员到新华三集团上岗"最后一公里"的突破，由新华三大学来助力完成。新华三大学通过面向场景化的职业教育，使得所有受训学员成为符合职业素质标准的数字化人才。

其次是全生态协同。依托紫光集团与新华三集团的资源与平台支持，新华三大学全面覆盖数字化人才供需的创新型教育实践，推动数字化人才与数字化产业需求的紧密衔接，形成企业大学与全生态的协同。

新华三大学执行校长李涛介绍："应该说新华三大学继承了原惠普大学和原杭州华三培训中心在数字化领域的优势，从最早的对内教育延续到对整个产业链上下游的赋能，现在还将跨越产业链对学历教育赋能。"

新华三大学提供涵盖全系列路由器、以太网交换机、无线、网络安全、服务器、存储、IT管理系统、云管理平台、大数据等产品的各类培训课程，包括技术认证培训、产品技术专项培训和定制化培训解决方案，并形成了从IP基础到顶级H3CIE专家的完整知识体系架构。

新华三集团完善的技术认证体系，是中国第一个走向国际市场的IT厂商认证，成为权威的IT认证品牌，获得教育部"十大影响力认证品牌""最具价值课程""高校网络技术教育杰出贡献奖""校企合作奖"等数项专业奖项。

实力：四大解决方案

"我们的愿景就是要培养数字化人才，新华三大学立足于新华三的数字化产品和解决方案，由此推出了四大解决方案。"新华三大学执行校长李涛说。

- 数字化领导力解决方案，包含数字化思维、数字化战略、数字化执行、数字化文化。数字化领导力解决方案，是新华三集团与包括麻省理工斯隆商学院、清华大学经济管理学院的教授、专家碰撞，开发的从认知、行为到文化的全新金字塔数字化领导力模型。

- 数字化专业赋能解决方案，包含三大一云人才赋能、物联网人才赋能、IT基础设施人才赋能。数字化转型如今已成为中国企业面临的严峻课题。新华三大学在该方面进行调研之后，将中国企业划分到26个行业，提取每一行业的应用并跟客户深度交流之后，总结了数字化专业赋能解决方案。

- 深度校企合作解决方案，包含数字化大学专业建设、数字化职业教育基地、高校协同创新平台。新华三集团自2003年成立至今，已与500余所中国高校展开合作，在实验室、校企合作、教师认证培训等方面进行深度校企合作，并在课程设计、实训设计、就业等方面取得了一定成果。

- 数字化实训室解决方案，包含网络实训、云计算实训、信息安全实训、大数据实训、SDN（software define network，软件定义网络）实训、物联网实训。新华三集团作为设备提供商和解决方案提供商，也致力于帮助学校学生在"最后一公里"通过实训环节补足短板。

如今，新华三大学拥有四大解决方案、16大类赋能内容与800多门课程，还有400多名H3C中高级资深培训讲师、2000多名培训合作讲师，已建立起数字化人才培养、输送与继续教育的完整体系，可满足高校学生、企业普通员工、中层管理人员和高层领导等不同层级人才不同阶段的进修需求，并实现了高校、新华三大学和用人企业间的高度联动与协作，在缓解数字经济发展中的数字化人才供需结构矛盾方面发挥了积极作用。

在推动就业、企业用人选人方面，新华三集团履行企业社会责任，建立人才资源池平台，每年为各行各业输送上万名优秀人才。

此外，新华三集团连续四年成功赞助和支持教育部"全国职业院校技能大赛"高职组计算机网络应用赛项，连续七年组织举办"H3C杯全国大学生网络技术大赛"等重大赛事，取得了良好的社会效益。

雄心：从企业培训向"教育"转型

新华三大学的立身之本是为新华三集团把内训做好，通过对中高层管理者开展各种各样的培训，一年下来几乎覆盖到公司的每一个干部。把内部赋能做到位后，新华三大学紧接着就是要赋能产业链上下游。

在这样的基础之上，如何完成"企业培训"向"教育"的转型成了李涛校长最关注的课题。在他看来，"培训跟教育是不一样的，培训是按企业的标准做，教育则有教还有育"，这样的转型的确对新华三大学提出了挑战。

为什么还要做"教育"这件事？那是因为新华三大学有个"想办实体大学"的梦想。众所周知，区域经济的发展依赖于人才，依赖于产业。只有把教育办好，把产业办好，才能真正把年轻人吸引来，区域才会有价值，未来才有希望。新华三大学从中看到了自己的使命，也找到了自己的机会。"产、学、研以及政府合作，多方才能滚动发展。新华三大学希望通过深度的产业融合，培养出与产业需求贴合更紧密的人才。"

硕果：新华三大学职素教育新模式

新华三大学从 2003 年起推出网络学院教育合作计划，在全国已经拥有 520 余家网络学院、40 余家云学院。截至 2018 年年底，累计已经有 16 万名国内学员在新华三大学接受过培训，40 多个国家和地区的 27 万余人次接受过培训，逾 14 万人次获得 H3C 认证证书。

谈起新华三大学在数字化人才培养上的成绩，李涛如数家珍："新华三大学已经连续四年支持教育部'全国职业院校技能大赛'高职组计算机网络应用赛项，并且自己连续七年举办'H3C 杯全国大学生技术大赛'等重大赛事，取得了良好的社会效益。像 2018 年决赛的现场直播，线上观众最多时达到了 71.5 万人，效果还是非常惊人的。"

李涛表示，对于新华三大学举办的各种赛事，在校大学生参与的积极性非常高，而获奖学生进入新华三集团以及新华三生态体系就业，也就成了一件水到渠成的事。除此以外，新华三大学还获得过很多奖项，譬如教育部及行业权威机构颁发的"中国企业培训十大品牌""十大影响力认证品牌""高校网络技术教育杰出贡献奖""亚洲教育贡献奖""高校信息化创新奖"，并连续九年获得"培训服务满意度金奖"等多个专业奖项。

传统高校教育侧重于基础教育，而企业大学更多是从行业应用的角度来对学员进行培训，在应用贴近客户的层面具有天然优势。这几年随着数字经济的发展，各大院校也围绕数字经济开设了一些专业课，但无论是云计算、大数据还是人工智能，在专业设置上都相对滞后，跟整个行业应用的实际需求也有差距，所以难以满足企业的数字化转型需求。弥补高等教育应用专业的学生与行业应用之间的"最后一公里"，正是新华三大学在产教融合中实践的目标。

如今数字经济发展已经进入了以生产为导向的阶段，数字化人才培养正从学科导向转变为产业需求导向，从专业分割转向跨界交叉融合。人才培养的目标，也从服务数字经济转变为支撑、引领数字经济发展，这就对数字化人才的培养提出了新的挑战。

为了应对这些挑战，新华三大学采取了一系列举措，包括进一步深化校企合作，实践产教融合，提出"新职素，新技能"的"双新"理念。

新职素。在高等院校中虽然也有职业素养教育，但是如何将其融入具体的教学过程一直都是一大难题。为此新华三大学围绕这方面做了很多的尝试和思考，并通过设立一些课程将职业素养教育融入高校的教学过程。

新技能。目前，许多高等院校在专业设计和实践环节的刷新度上，与一线企业实际业务中的需求还存在较大的差距。譬如，课程从教材的设计和编写到最后出版，可能花去了半年时间，而半年之后IT行业的技术，很可能已经与当初大相径庭。那么怎样才能让学生接触一线的实际案例，更快更好地学习和掌握最领先的应用？作为业界的先驱，新华三大学结合产业技术趋势以及自身在各个领域的优势，推出了全新的H3C新技术认证体系，在认证项目上几乎涵盖了当前IT领域所有的技术线，同时用认证培训和认证考试两个通路，协助院校对学生进行"最后一公里"的培养，确保学生能够与最新的应用标准和技术同步。

为了提升数字化人才培养的质与量，新华三大学在加强产教融合的基础上，还对数字化人才的培养模式进行了持续创新。

一方面，为了加强数字化人才培养的实践，新华三大学通过与高校携手合作，推出"数字工匠""协同育人"两大项目。其中，"数字工匠"

主要针对高职教育，通过专业合作、教研赋能、实训基地与社会服务四大服务闭环项目，建设 50 所"数字工匠"示范学院和 50 个"数字工坊"示范基地，培养大批数字技术型与应用型融合人才；"协同育人"则主要面向本科高等院校，并将与首批 31 所高校围绕新工科建设进行深度合作。

另一方面，为了对数字化人才培养的效果进行检验，新华三大学还推出了"H3C 新技术认证体系"，在质与量的维度上满足数字经济对数字化人才的需求，实现了院校人才培养与企业人才需求之间的无缝对接。

"与过去相比，H3C 新技术认证体系主要有三大升级和优化。"李涛表示，"第一是新的技术布局，针对市场上主流的技术线做了全匹配的部署，目前市场上最旺的技术人才类别需求，我们都有技术认证对应；第二是新的体系架构，主要体现在对原来的体系进行了升级，在工程师、高级工程师、专家这三个级别的基础上，推出了业界最高级别的跨领域数字化融合型认证——数字化解决方案架构官认证，这不仅是业界首创，而且在内容方面嵌入了云计算、大数据、安全等最新能力；第三是新的认证项目，在这次领航者峰会上我们一口气推出了十几个新的认证项目，就是要让不同层面需求的数字化人才，都能通过认证项目，获得赋能，获得认可。通过这些创新，一来院校的学生在技术线上可以有更多选择，在'最后一公里'做好实践性学习，对接好企业需求；二来企业可以通过多项认证做好人才筛选，极大地降低了人才筛选的难度和复杂度。我们的星火计划和人才联盟，就是用 H3C 新技术认证体系作为桥梁，来实现供给侧和需求侧的对接。"

引擎：让企业大学成为价值中心

2019 年 10 月，第九届"新华三杯"全国大学生数字技术大赛预赛盛大开赛，全国 29 个省份 520 所院校的 16 500 名大学生参赛，是 2018 年参赛人数的两倍多。参赛人数达到了历年的最高水平，广泛参与和公平公开的竞赛精神，引发了业界的热烈讨论。其中，最令人关注的还是新华三集团构建数字化人才的创新之道。

新华三集团借助一系列对内、对外的数字化人才培养机制，通过深化"产教融合"的模式，强化校企、企企、校校之间的产业协同，以数字化人才培养为目标，契合产业发展的大趋势，最终形成推动产教融合创新与进步的持续动力。

在产业化协同体系的构建上，新华三集团长期身体力行，通过一系列策略与行动，吸引院校与企业广泛参与，以形成产业、院校、企业的互动效应。一个良性循环的产业协同的数字化人才培养综合体系正在逐渐形成。

在研究型、应用型、职业型人才的培养方面，新华三集团分别和不同类型定位的院校合作，采用不同的实践、教学与合作模式。在研究型人才培养方面，新华三集团与清华大学等院校合作，开展面向未来技术的研究合作，构建产业技术的前瞻能力；在开发型人才培养方面，新华三集团与偏应用型的院校合作，在技术项目创新上引入高校力量；在技术技能型（职业型）人才的培养方面，新华三集团与高职院校合作，为大学生提供社会实践与实习机会。

与此同时，一年一度的大学生数字技术大赛，也进一步丰富了多元化人才的培养体系。"以赛促学习，以赛促教学，以赛促就业"，产教融合的大策略也需要"新华三杯"全国大学生数字技术大赛这样的大型活动来带动，况且深入推进校企合作与产教融合，为产业界培养与输送最优质的数字化人才，正是"新华三杯"的初心所在。

此外，新华三集团还专门针对大学生就业开通了人才联盟直通车，并和联盟企业形成"校企、企企、校校"之间更好的互动。"星火计划"的实施，帮助引导优秀大学生就业，并做精准对接。

需要特别指出的是，针对应届毕业生和社招人员到新华三集团上岗"最后一公里"的突破，新华三大学长期肩负重要的任务，通过面向场景化的职业教育，助力所有受训学员成为符合"职业素质标准"的数字化人才。

针对生态合作伙伴，新华三集团依托合作伙伴学院，为全国超过10 000家渠道合作伙伴带来了多样化、系统化、专业化的实用培训。特别是针对云业务转型、大数据治理、新兴的人工智能与物联网技术应用等方面，不断加强合作伙伴的人才队伍升级。新华三大学以自身的综合培训能力，助推万家生态合作伙伴在数字化业务拓展方面获得切实可用的人才或能力，从而回报产业、回报社会。

针对百行百业发展，比如政府、电力等有庞大的客户群，新华三集团的整体覆盖能力直达区县。新华三大学以专业化、职业化、系统化的方式推动领导力、思想力、技术力的全方面赋能。

目前，新华三大学拥有上千名培训讲师，接受新华三大学商业领导和技术能力方面培训的客户、行业技术人员在2019年总计达到了约2万人次。这也是新华三集团强化生态合作体系，积极发挥企业主观能动性，充分推行人才培养整体效应的具体表现。

现在，新华三大学联合产业、生态多方力量，正在打造数字化人才培养、输送与继续教育的流程化、实用化与科学化综合体系，以期满足更多高校学生，企业普通员工、中层管理人员和高层领导等不同层级人才不同阶段的进修需求，并实现高校、新华三大学与用人企业间的高度联动与协作，协助缓解中国数字经济发展进程中的困难。新华三大学在数字化人才供需结构上发挥着越来越重要的作用。

面向未来的发展和目标，李涛给出了一个全新的愿景，新华三集团将进一步深入探索数字化行业企业大学的构建，为产教融合的实现做出不懈努力，最终将新华三大学打造成为在产业界、行业界、教育界中有影响力、水平、专业特色的数字化产业人才培养基地。

由此，新华三大学也将从之前的成本中心转变为价值中心。在实际行动方面，新华三集团不断投入人力与物力推动新知识体系的构建，助力数字经济的发展和产业转型,加速行业内企业的认知革命。

2019年,新华三大学加大了在资金、技术、设备、专家、师资、平台开发等方面的投入,总投资超过1亿元,并在教育项目合作、国际化、新数字技术产教融合、新数字技术认证方面做出了重要的努力,也取得了丰硕成果。

进一步分析来看,新华三集团正在努力让企业大学成为企业内部生态、企业外部合作伙伴生态、百行百业的社会生态的价值中心,依托人才创新培养的机制,彰显价值共享体系的作用。

新华三集团正在努力以数字化创新之道,成就人才培养的价值之美。新华三大学发展的最终目标是,在产业协同的基础上,发挥出生态合作的整体效应,让价值共享的企业大学成为回报产业、回报生态、回报社会的数字化人才"创新引擎",从而实现产业与生态的共赢发展,成就数字化人才的综合效应。

对一个国家来说,"综合国力竞争说到底是人才竞争。对一个企业来说,综合实力竞争说到底还是人才竞争。谁能培养和吸引更多优秀人才,谁就能在竞争中占据优势。"可见,国家的发展离不开产业的进步,产业的兴盛必然源自企业的蓬勃发展。因此,人才创新,关系到未来数字化的成败,关系到产业的兴衰,关系到综合国力的提升。

立足国家在人才培养领域的创新倡导,新华三集团与时俱进,顺应产业发展趋势,强化产业协同、生态合作与价值共享三大体系,正在为企业、生态、社会构建一个数字化人才的创新引擎,必将引领行业新发展,迎来新改变。

第二篇

用"培训+"链接未来

互联网红利将尽,什么样的企业能抓住下一个浪潮?

对于这个几乎所有新经济领域人士都在求索的问题,似乎很少有人能笃定地给出答案。

往后大家都得做更辛苦的事

2019 年 11 月 11 日,天猫的成交额 1 小时 3 分 59 秒就突破 1000 亿元,比 2018 年提前了 40 余分钟。往年常被人诟病的物流速度,也在预售机制和供应链的协作下实现了提升。菜鸟数据显示,2019 年 11 月 11 日上午 8:01,"双十一"天猫的第 1 亿个包裹已经发出。

淘宝作为电商平台,与卖家和数百万合作伙伴合作,共同完成零售、交易以及配送等复杂任务,是为网络协同。当数据越来越多时,大数据结合人工智能,提供个性化推荐等服务,是为数据智能。

网络协同与数据智能的结合，就是智能商业。阿里过去战略的成功，也是"智能商业"的胜利。

"这个简单的等式代表了阿里巴巴成功的秘诀，也代表了未来商业的所有密码。"在《智能战略》中，曾鸣详细介绍了这一理念。

在这本书中，除总结阿里的成功方法论之外，曾鸣指出"智能商业"还有更重要的意义——勾勒出未来商业的轮廓。但要面向未来，现在的创业者首先应该调整预期，因为流量红利退去，"容易挣的钱，肯定是没了，往后大家都得做更辛苦的事"。

更辛苦的事是什么？在曾鸣眼里，找下沉的机会不算，因为"这一浪肯定也过去了，再下沉已经没什么意思了"；看细分的需求也不算，因为真正的价值仍蕴藏在基本面里——改造每一个值得被重构的传统产业，就是一件具备创造力的"苦差事"。

"互联网的下半场，就是智能商业的主战场。互联网和 AI 技术可以被用来改造每一个产业，每一个产业本质上都会向网络协同和数据智能的方向演化。这就是产业互联网的概念。"曾鸣说。

虽然"互联网＋传统产业"的概念早已是老生常谈，但显然这件事的难度在过去被低估了。失败的经验表明，二者的结合不能仅靠简单的相加，这样的改造往往浮于表面，泛泛而终。

那么，具备怎样气质的公司最可能抓住这波机会？曾鸣的答案是，同时拥有深度行业经验和互联网经验的团队。这样的团队可以把互联网的加法进化为乘法，实现二者间的化学反应，真正做到改造传统行业。

要重视留量，而不是流量

在如今这个"流量为王"的时代，流量的获取和留存都不是一件容易的事，用尽办法获得了流量以后，更重要的是怎么把他们留下来，也就是"留量"。

对于初创期或者再次扩张的企业来说，流量思维是一个相对可行的方法。但从长期来看，流量更需要精耕细作，这就需要我们重视留量——因为留量有三大特征：可控性、低成本、可复用，只要用好留量，就能帮助企业实现长期稳定发展。

既然留量就是留下来的流量，那什么样的流量是已经留下来的？

"留下来的流量"是指那些经过外部引流后被使用和转化的流量，它可以以任何形态存在，线上留量则主要分布在App、社群、小程序、公众号等平台。

留量的第一个特征——**可控性**：无论流量以什么形态存在，只要经过使用和转化，这些流量就能成为企业的资产，企业想怎么用就怎么用。

留量的第二个特征——**低成本**：营销推广更容易，转化率自然就会随之提高，这里主要指有效用户的获取成本降低。

留量的第三个特征——**可复用**：主要体现在两个方面，一是复制流量，二是盘活流量。

先说复制流量。把流量从外部引入自有流量池，经过一系列精细运营或产品功能激活，流量黏性会显著提升，并产生很多活跃用户。此时只需经过适当的策略引导和行为激励，新的流量就可以自发地"生长"出来，扩展成新一层的留量。

对于以群为存在形式的留量，我们可以将一个群的活跃用户分配出去，组建多个小的留量群，并通过"号召"的方式，让用户主动拉人，使多个小群逐渐变大，成为新的大群，从而实现留量的成倍增长。

再说盘活流量。我们发现并非每一"滴"流量都会为我所用。很多沉默用户以及很活跃但迟迟不付费的潜在用户，都需要通过产品服务和运营手段才能激发他们的参与和付费意愿，这个过程被称为"盘活"。

还以群形态的留量为例，我们常常运营多个微信群，大部分因活动而被建立起来，经常在活动结束之后便被我们抛弃了。实际上，这些群可以继续用来宣传别的活动，以激活群里未触达的用户，经过多次新活动的刺激，剩余的有效流量就能被引导出来，充实到核心留量群中。

比如"跟谁学"，它拥有上百个公众号，累计粉丝达 850 多万人，这些公众号之间会有粉丝重叠的情况，原因是"跟谁学"会在各公众号发起以资料、直播课、训练营等为中心的群运营活动，用户进群后会被引导关注其他公众号，还会被引导进行分享，从而引进新流量。

比照留量和流量之间明显的区别——留量具有可控性、低成本、可复用三大特征，我们发现"培训+"这一平台化手段，非常符合留量的三大特征，当然也符合"更辛苦的事"的画像。

所以，"培训+"应该做，也值得做。

第 4 章

为什么华为会成为一个超级学习体

2020年3月31日，华为公布了2019年财报。亮眼的数字让大家眼前一亮，2019年营收超过8500亿元，相比2018年增长19.1%。考虑到2019年面临的巨大挑战，华为这个增长速度非常惊人。如果没有美国的强力遏制和打压，华为的增长速度可能会比现在快很多。

2019年美国打压华为，有记者采访任正非，任正非说一个国家要有硬的基础设施，同时一定要有软的土壤，没有这层软的土壤，任何庄稼都不能生长。要有"这层软的土壤"，就需要企业大学的不断耕耘，培养优秀人才，创造优秀业绩，确保企业战略目标的实现。

华为迅猛增长的核心原因是有一支强大的队伍。这支队伍有雄兵20万（华为员工总数接近20万）、猛将数千员，他们在全球市场上攻城拔寨，让竞争对手闻风丧胆。

华为这支铁军的建立得益于其强大的人才培养体系，而这个体系的中枢就是华为的"黄埔军校"——华为大学。

华为大学号称中国企业的"黄埔军校",也被人称为"最牛大学"。为了把华为打造成一个学习型组织,华为在各方面做出了努力,2005年正式注册了华为大学,为华为员工及客户提供众多培训课程,包括新员工文化培训、上岗培训和针对客户的培训等。

华为大学位于华为总部所在地深圳,总占地面积为27.5万平方米,分为教学区和生活住宿区,教学区占地面积为15.5万平方米,拥有9000多平方米的机房、100多间教室、500多个办公座位,能同时容纳2000多人接受培训。2016年9月,华为大学新校区在东莞松山湖高新区大学路开工建设,新校区总面积约30万平方米,新校区建成后华为大学将会从深圳整体搬到东莞办学。

华为大学一定要办得不像大学

华为大学在2005年挂牌成立,当时提出来一个口号——要把华为打造成一个学习型组织。

华为大学在组织运作上具有其独特之处。2004年,华为正在从国际化向跨国化转变,首次与咨询公司合作尝试诠释公司战略。这时候华为的发展脉络和方向相对清晰,战略和使命愿景也非常清晰。在这样的环境下,华为越发重视对新员工的培训。

华为下属的每个部门下都有一个培训中心,这解释了为什么说华为的成功有很大的成分是企业大学在其中支撑的。华为每年招收的新员工中的90%左右是应届生,这些应届生进入华为以后可以很快形成战斗力,正是因为岗前培训做得特别好。在这种组织架构下,华为决定成立华为大学。

华为大学的使命是:帮助中国企业共同提升管理能力,走向全球,赢得竞争;成为国际先进管理理念和实践的交流平台;成为华为集团战略实施的助推器。

华为创始人任正非在创办华为大学之初说了一句很经典的话："一定要把华为大学办得不像大学。"

任正非为什么能说出这句话呢？是因为他认为当前大学教育有问题吗？应该不是，这说明大学所承载的使命和华为大学还是不一样的，或者说任正非可能认为"华为大学"不是真正意义上的大学，只是一个培训技能的机构。

任正非对大学的理解还是非常准确的，大学有四大基本职能：人才培养、科学研究、服务社会及文化传承。大学的人才培养也不仅仅是传授技能，培养学生坚定的信念、优良品德、良好的习惯及创新精神才是最重要的。

在任正非看来，华为大学的定位是华为公司优秀人才的摇篮，甚至是华为的黄埔军校、西点军校和抗大[一]。黄埔军校大家应该非常清楚，培养了很多高级将领，任正非做这样的比喻意思已经非常明显，华为大学的初衷就是为华为培养优秀的高级人才。既然成立了，华为大学就应该学习这些知名院校的教育理念，以及人才培养的方法和逻辑。

对于华为大学，任正非从创立之初就提出过非常明确的目标，他说，华为大学的学员都是受过高等教育的员工，所以他们在华为大学中最主要的任务是进行训战结合。华为肯定是要奋斗的，但光有干劲肯定不行，还要掌握方法、不断学习，这也是华为大学创办的初衷。在华为大学中担任老师的都是华为的各层管理者和技术骨干，华为大学最大的意义就是为所有想学习的员工提供了一个学习环境。

任正非的管理思路无疑是有大智慧的。华为招收的人才都毕业于顶尖名校，尽管这些员工进入华为前已经接受过较好的教育，但是这并不意味着这些员工一进入华为就可以成为优秀的员工和领导者。华为大学是一个关键的孵化器，华为需要奋斗但是不能盲目奋斗，这也是任正非在管理上的特色吧。

[一] 一般指中国人民抗日军事政治大学。

华为大学：华为的"使能器"

华为大学是一个 SBG（service business group，服务业务单元），和消费者 BG[⊖]（面向个人用户，提供手机、平板电脑等产品）、运营商 BG（面向通信运营商，提供网络综合产品）等都属于一级部门。

华为大学自从 2005 年成立以来走过了三个阶段，分别是：2005～2009 年，通用素质能力挂帅阶段；2009～2012 年，朝向业务调整阶段；2013 年至今，战略预备队训战支撑阶段。总的趋势是跟业务的贴合越来越紧密，面向的业务场景越来越新、越来越复杂，例如平安城市、云场景、近期的 5G 战略预备队。

华为大学由大学指导委员会管理，指导员由任正非担任，轮值董事长和人力资源总裁共同担任委员。华为大学在面向全公司各级管理干部及员工进行赋能的时候，还要传递公司的思想文化和战略导向，所以华为大学不仅仅是一个能力机构，还是一个思想文化机构。

华为大学除了要提升员工的能力外，还要向员工传递公司的价值观。不管是新员工入职培训还是干部培训，价值观的培训都是华为大学教学内容的重要组成部分。价值观培训的目的是让全公司上下思想一致，使之从布朗运动变为有序运动。

知识管理也是华为大学的核心工作之一，它采取有效的管理手段，把零散的点整合成系统化、易学易用的知识，以便在公司内部传播。华为曾经提到最大的浪费是经验的浪费，而传承经验的有效方式就是把经验转化为易学易用的知识。知识管理工作由华为大学和相关部门一起推动，由最早的案例库、论坛，逐渐发展成了 WIKI（多人协作的写作系统）、众包等形式，从另一个方面为整个公司赋能。

华为大学作为华为人才的培养基地，为华为的大发展和腾飞，起到了保驾护航的关键作用。综合分析，华为大学至少发挥了八大功能。

[⊖] 即 business group，一般译为"业务组""业务单元""事业群""事业部"。

1. 业绩目标达成

华为大学培养了一批批具有"狼性精神"的营销实战人才。一上战场就"嗷嗷叫"的团队，让华为在营销方面不断创造奇迹。

华为认为，营销要打胜仗，必须培训在先，没有经过培训的团队坚决不允许上战场，坚决不允许去市场接触客户。这与"没有经过训练的战士一上战场就会被打死"的道理一样。

2. 战略目标实现

华为大学的核心任务非常明确，就是为华为成长为行业第一保驾护航。校长、执行校长、副校长、所有的教职员工最为核心的任务，就是为华为未来3～5年甚至10年的战略目标的实现保驾护航。所有人才培养策略和计划都是为了确保华为成长为行业第一、中国第一，乃至世界第一。

3. 全方位管理升级，提升管理软实力

任正非曾说："人才不是华为的核心竞争力，对人才的管理能力才是。"人才很重要，技术研发很重要，但是有一件事情比它们更重要，就是管理人才的能力和管理技术的能力。

管理是无形的，但它会转化为企业的巨大财富。华为大学为华为人才、技术的储备和管理，进行了全方位的系统升级，提升了华为整体的管理软实力。

4. 人才复制与梯队建设

未来的竞争就是人才的竞争。华为尤其重视战略人才的储备。华为大学为华为的人才复制和人才梯队建设做了充分的准备。

华为所有关键岗位的干部都有储备人选，为自身的大发展做好了人才储备。如果现任干部对工作投入不够，不能胜任，公司可以马上替换他甚至淘汰他。

5. 技术研发创新和智力支持

华为大学为技术研发、技术创新提供了人才保障，提供了智力支持，起到了保驾护航的作用。华为2019年的技术研发投入接近1000亿元。在公开的5G标准必要专利之中，华为拥有的最多，成为通信行业的世界第一。

6. 企业文化沉淀和价值观建设

华为大学承担的四项基本培训任务之一就是，建设统一的企业文化、价值观和行为标准，使员工形成核心向心力，保持华为的整体形象和竞争优势。

华为作为一家国际化的公司，拥有近20万名来自各大洲不同国家，文化背景不同的员工，因此企业文化的统一尤为重要。华为大学通过系统的培训，让富有战斗力的"狼性文化"深深根植在每个华为人的心中。

7. 理论准备和数据沉淀

华为大学将华为变革发展进程中的所有经验和教训进行总结、提炼，基于任正非的讲话、公司发展大事记、公司会议精神、管理经验等，沉淀了大量的历史资料和数据，提炼生成了大量的理论和思想框架，造就了华为大学独特的培训体系。"向华为学增长"6+1系统研修班就脱胎于此。

8. 统一员工思想，使其同频共振

华为认为，对价值观的管理是企业最重要的管理活动。一个新员工入职，首先就要改变他的文化DNA，先让他彻底变成一个华为人，然后再让他上"战场"。华为大学起到了改变员工文化DNA的作用，为华为新员工的入职培训、华为新企业生命的能量孵化保驾护航。

正因为华为大学具备了以上八大功能，华为才焕发出了不可思议的生命能量。

华为生态大学：军团型生态从合作走向协同

凯文·凯利在《必然》中写道："我们处在一个液态的世界，所有的东西都在不断地流动，不断升级。"这种流动和升级，带来了一种危机感。如果企业创新的速度和效率得不到保证，那么很容易顺流而下，被时代的潮流所击垮。

如何以正确的节奏走上创新之路，这已经不仅仅是科技公司思考的问题了，更是整个数字经济世界共同面临的问题。ICT人才作为建设未来世界最基本也是最重要的元素，决定了创新的效率。

遗憾的是，云计算、大数据、物联网、人工智能等新兴领域的发展过快，以高校为主要人才培养体系的ICT人才供给明显不能满足企业对ICT人才多样化的需求。ICT人才的缺口正呈现出越来越大的趋势。

人才错位，拖累数字经济建设需求

随着"互联网+"和数字经济的呼啸而至，此刻最大的矛盾就是全行业对ICT人才的渴求与ICT人才短缺造成的供求失衡和人才错位。

首先，巨大的ICT人才缺口带来了供需错位。《2017年全球人工智能白皮书》显示，仅中国人工智能人才缺口，就至少在100万人以上；预计到2020年，新一代信息技术人才缺口将达750万人。

我国正处于企业数字化转型的关键期，可想而知，ICT人才的供需错位，很可能成为制约产业数字化的最大障碍。

其次，区域经济发展不均衡带来了区域错位。据统计，2017年有55%的ICT人才流向了北上广深等一线城市，二、三线城市的ICT人才需求却难以得到满足。我们知道，实现数字中国不仅需要一线城市的推动，也需要二、三线城市的产业结构调整，而ICT人才的区域错位，可能会对二、三线城市的数字化进程产生不良影响。

再次，大量ICT人才被互联网公司和科技公司争抢之后造成了结构错位。正是因为 ICT 人才存在巨大缺口，所以互联网公司和科技公司凭借较高的薪酬，成了优秀 ICT 人才的首选，这导致传统行业和传统企业缺乏对 ICT 人才的吸引力，使其在数字化转型过程中缺乏足够的人才并发展缓慢。

最后，高校供应体系与社会对 ICT 的需求之间存在梯队错位。大多数高校教授的知识明显滞后于社会对新技术人才的要求，所以它们供给的 ICT 人才大多为实践经验较少、行业背景欠缺的基础性人才。他们没有一定的工作积累，很难满足企业对 ICT 技能的需求。

应该说，这些 ICT 人才供需的错位，进一步恶化了 ICT 人才的供应，并拖累了数字经济底层建设所需要的基本元素。

所以，企业、学校与教育机构之间应该多进行协同，建设可持续发展的 ICT 人才生态，培养成熟的 ICT 人才梯队。既可以提供实战舞台，又拥有足够技术能力的科技公司，更应该承担起培育 ICT 人才的社会责任。

看华为生态大学如何玩转人才生态

事实上，如何解决 ICT 人才缺乏问题，如何实现有质量的增长，不仅仅是政界、学界考虑的问题，也是产业界考虑的重要问题之一。生态大学，正是华为针对这个问题给出的答案。

为了推动"有质量的增长"，华为考虑更多的是提升产业链上的整体人员素质能力，帮助伙伴在数字化转型过程中实现可持续、有质量的增长。其中，人才无疑是重中之重。华为生态大学要做的，恰恰就是将政府、教育机构及合作伙伴等生态各方连接起来，共同构建开放、共享、共赢的 ICT 人才生态。

数字化、智能化，这些近两年被大家"叫烂了"的词依旧热度不减。毋庸置疑，数字化近年来正在源源不断地为大家提供各种红利。作为全球领先的 ICT 基础设施和智能终端提供商，华为始终致力于将每个人、每个家庭、每个组织带入数字世界，构建万物互联的智能世界。华为近年来的发展历程也直接印证，构建万物互联的智能世界，华为不仅是说说那么简单！

首先，华为生态大学是什么？

简而言之，华为生态大学就是华为ICT人才生态的新载体。这里所谓的新载体，是对比过去而言的。

过去，华为ICT人才生态的载体包括华为ICT学院和华为中国合作伙伴大学。

华为ICT学院是2013年华为推出的校企合作计划，基于华为领先的职业认证体系树立人才标准，与院校合作培养在校大学生。

华为中国合作伙伴大学成立于2016年，面向合作伙伴统一管理规划赋能工作，提供一站式的能力提升服务。

在2018年3月举办的"华为中国生态伙伴大会2018"上，华为生态大学正式成立。清华大学互联网产业研究院院长朱岩，上海交通大学学生创新中心主任陈江平，北京理工大学教授、长江学者王国仁，北京交通大学软件学院院长卢苇被聘为特聘专家，指导华为生态大学的长期发展。华为运用集体的智慧与经验指导华为生态大学的长期发展，策划并管理产教融合人才培养的战略发展方向，真正通过产、学、研相结合的方式为中国培养ICT人才。

与以往分散在不同层面的人才培养不同，华为生态大学作为一个新载体，是对华为ICT学院、华为中国合作伙伴大学等的全面整合，覆盖从高校到产业再到合作伙伴的人才培养各个阶段，在从学习到就业、进阶，再到成长为高级管理者的全生命周期中为人才提供帮助。同时，华为生态大学更加注重创新。

其次，华为生态大学有什么？

华为生态大学下设创新数字学院、应用技术学院和合作伙伴学院三大学院，依托认证体系面向学生及ICT从业者建立人才标准，为ICT人才终身学习提供全面的服务支持，通过人才联盟促进人才可持续性流动。

- 创新数字学院：分享新技术在行业中的应用实践，培养创新型人才，联合高校和科研机构进行专项课题研究，促进行业数字化创新。
- 应用技术学院：与国内高校和教育机构开展合作，通过各类校企合作项目，建立ICT应用人才培训基地。
- 合作伙伴学院：为华为合作伙伴提供最新、最权威的专业知识及技能培训，以及一站式的能力提升服务。

创新数字学院看创新，着重针对云计算、大数据、物联网、AI等前沿ICT，进行技术分享、课题研究等；应用技术学院重实战，面向在校大学生传递华为ICT与产品知识，为ICT产业链培养应用型人才；合作伙伴学院赋能力，为华为的合作伙伴提供专业能力和管理能力提升服务，覆盖解决方案（售前）、服务、商务、管理、销售等各种角色。

这样一来，华为生态大学既有面向新技术的理论研究，又将技术与实际应用结合起来，更重要的是，它还为合作伙伴"授之以渔"，真正让合作伙伴能够从中实现能力的提升。

最后，华为生态大学做什么？

综合华为生态大学成立的初衷和架构设计，我们可以发现，华为生态大学要做的核心工作，就是为整个ICT产业链培养发展中实际需要的人才，并在这一过程中，通过整合生态各方资源，真正实现产、学、研相结合，推动行业创新，使各方受益。

华为EBG（企业业务单元）中国区副总裁、华为生态大学校长杨文池认为："传统社会通过行业数字化转型向智能社会演进，ICT比以往任何时候都更重要。如何更好地培养ICT人才，是整个社会都需要重点考虑的问题。"

杨文池表示："只有持续的ICT人才培养、人才储备，才能够为智能社会发展提供源源不断的动力。华为愿意不断深化与政府、院校、伙伴等生态各方的合作，让产业受益，让人才获益，共同构建开放、共享、共赢的 ICT 人才生态。"

华为 EBG 中国区合作策略与运营部部长张静指出，华为生态大学是对华为原有人才生态载体的整合升级。基于对"创新"的重视，华为生态大学新增了"创新数字学院"，培育创新人才，促进 ICT 领域的创新合作。华为生态大学将加强标准建设、内容建设和平台建设，帮助伙伴构建能力，保持业务的可持续性发展。张静透露，"华为线上 ICT 人才双选平台"进入试运营阶段，这个平台在企业和华为 ICT 学院的学生间搭建起人才供需的直通桥梁，让人才招聘更加可信、优质、高效。

作为中国政企行业 ICT 市场的领先者，华为长期关注和持续投入中国的 ICT 人才培养。自 EBG 成立以来，华为每年投入数亿元用于 ICT 人才培养和生态伙伴能力提升。目前，华为已经与 31 个省或副省级城市签署了战略合作协议，都包括人才培养方面的内容。

据了解，通过"华为 ICT 学院"校企合作项目，华为面向在校大学生推广 ICT 与产品知识，鼓励学生参加华为职业认证。当前国内授牌的华为 ICT 学院超过 200 家，其中 985、211 校院有 34 所，年培养学生超过 1 万名。

带领合作伙伴"集体转型"：从生态合作迈向生态协同

华为 EBG 中国区总裁蔡英华说，业界对 ICT 生态有很多种定义，但归结起来其实可以分为三类：抱团取暖的企鹅型、短期合作的游侠型和罗马方阵式的军团型。

华为一直推崇罗马方阵式的军团型生态——单兵要求没有游侠型那么高，但个体技术和分工明确，罗马军团强大的关键还在于有完整的组织系统、指挥系统、后勤系统等，能够确保各成员在统一协调下行动一致、目标一致，可以应对不同战场环境并追求整体利益的最大化，这样的协同和应变能力是持续保持强大战斗力的基础。

"无论是生态建设者还是生态参与者，都需要更高效、更智能的生态合作模式来支撑庞大而复杂的生态系统，实现资源的有效聚合与价值的倍增，从而满足客户的需求。"杨文池说，"鉴于此，我们的战略已经从'平台＋生态'，演进为'平台＋AI＋生态'，华为希望通过 AI 技术加持于平台，基于应用场景形成新型生态合作关系，与生态伙伴实现更高效的生态协同。"

杨文池认为，要实现生态协同，还面临三个挑战：是继续满足于基于商业利益的浅层合作，还是更进一步，从战略协同层面加深合作；是继续基于做成单个项目匹配资金、技术等资源，还是基于做大产业蛋糕，建立一种互信互利的资源共享机制；是继续从短期商业变现出发培养人才，还是面向 AI 的行业应用，打造支撑整个生态体系长久发展的人才供应链。

"华为提出'四个主动、三个协同'，主动开放生态、主动让利伙伴、主动统筹资源、主动培养人才。"杨文池说，"在 2019 年通过各类伙伴差异化的政策、资源投入、强化生态运营等，帮助华为生态圈实现战略协同、资源协同和能力协同。"

针对 AI 时代的生态，华为计划打造国内第一个 ICT 行业的全周期人才供应链，以华为生态大学为平台，计划投入超过 10 亿元，联手超过 300 所高校来一起实施这个计划。有人预计，未来两年，通过华为培养计划并获得认证的人工智能人才将超过万人，通过华为生态大学、合作高校、网课等渠道接受专业 AI 培训的人才可达到 10 万人。

2019 年，华为生态大学从三个维度进行了人才生态的建设。

首先，建标准。华为面向工程师推出 HCIA-AI 认证，2020 年还会推出培养 AI 领域高级工程师和 AI 专家的 HCIA/IP/IE-AI 认证，甚至针对合作伙伴的授权和售后商务人员提供认证的标准，帮助生态伙伴快速签单。

其次，打造合作伙伴训练营，构建课程，训战结合，最后毕业面试。如果效果显著，华为还将根据人员的不同角色（如新人、售前、售后、商务）做试点训练营。另外，在 AI 领域，华为通过产销协作的方式在 4~6 个 AI 重点学科方向上推出了系列教材，并且不定期举办培训班，培训了 100 多名教师。

最后，华为持续与高校针对 AI 研究进行深度合作，未来将成立 AI 人才生态高校联盟，培养专业 AI 人才 10 万人，并且在三年内为社会输送 1 万多名具备各个不同层级 AI 认证的专业人才，满足生态对 AI 新技术的人才方面的需求。

在 2019 年的华为中国生态伙伴大会上，华为专门举办了生态大学年会，对过去一年生态大学的工作进行了总结，并分享了它在后续 ICT 人才生态构建方面的思路和规划。华为生态大学对人才培养实践的分享，非常有利于各方借鉴，通过人才推动行业数字化的不断创新。同时，通过与国内众多高校和教育机构展开合作，华为生态大学以"校企合作"的模式构建起了一整套高端 ICT 人才培养的方式、方法，助力国内的 ICT 人才发展，扮演了"领路人"的角色。

此外，对华为生态大学在课程、认证等方面的不断创新及探索，也从侧面加快了华为构建合作伙伴生态联盟的步伐。对于华为来讲，这将推动其业务的快速发展和行业化应用的不断落地；对于合作伙伴来讲，它们也通过华为生态大学等加强了自身技术实力，从多个维度壮大了整个生态的规模和专业度；对于高校来讲，它们能够更加全面、精准、有针对性地培养人才，使他们真正"学以致用"。综上所述，可谓"一箭三雕"。

自 2011 年华为 EBG 成立以来，华为生态蔚然成林。2018 年，华为在中国有了中建材和神州数码这两个百亿级合作伙伴，亿级合作伙伴数量达到 106 家；2018 年，华为与 700 多家合作伙伴联合发布了 900 多个面向行业的解决方案，覆盖交通、电力、园区、智慧城市等众多领域。

华为的云生态更是取得了长足进步：2018年云伙伴的数量增加了近1倍，从1800家增加到3500多家；开发者的数量增加了20倍，在线付费用户数增加了15倍。

正是得益于生态的快速发展，华为EBG迅速增长：2018年全球收入突破百亿美元大关，这一年成为具有里程碑意义的一年，平均年增长40%；中国的企业业务收入突破500亿元，实现了历史性的跨越。

创新赛制，做ICT人才的"黑土地"

为了丰富数字经济的人才生态，推动全行业创新效率的提升，华为生态大学每年都会举办"华为中国区大学生ICT大赛"，不断构建ICT人才生态。"2019华为中国区大学生ICT大赛"因为创新的赛制，吸引了众多高校的关注。

大赛分为实践赛和创新赛两种赛制。

实践赛面向现有华为ICT学院以及有意愿成为华为ICT学院的本科和高职院校，比赛分为云基础设施和企业网络两个赛道，以培养和考察大学生ICT技术实践能力为目标。

实际上，过去几年的ICT大赛都以实践意义大而著称，培养基础人才也是解决ICT人才供需错位的一个关键。实践赛，让高校学生从实战的角度理解技术，活用技术，缩小他们与社会所需的ICT人才之间的差距。

创新赛面向华为ICT学院创新人才中心高校，聚焦物联网、大数据、人工智能等方向，以考查学生的创新与合作开发能力为目标。

创新赛的目的是聚焦新技术，让高校毕业生掌握的技能与当下社会所需的最新技术能力进一步匹配，降低掌握新ICT人才的滞后性。

总体来说，无论是实践赛还是创新赛，其本质都是为了打破ICT人才的种种错位。华为通过这样的大赛，构建了一个清晰的ICT人才培养平台，让学生、院校能够通过这样一个平台提升自身的技能，提前与社会对ICT人才的需求接轨。

华为一直倡导构建开放、共享、共赢的ICT人才生态体系。作为全球领先的ICT基础设施和智能终端提供商，华为近20万名员工中的45%以上从事创新、研究与开发工作，所以华为非常清楚ICT人才的重要价值。华为EBG自成立以来，每年都投入数亿元用于中国的ICT人才生态建设。

在ICT人才生态这个维度上，华为一直是无私且积极的。华为生态大学源源不断地提供各种培育技术人才的有效机制，帮助高校培养ICT人才，真正做到了"授之以渔"。这源于华为的姿态。

第一，华为能够坚持以推动ICT人才生态构建为己任，并为满足全社会对ICT人才的需求而努力，这是华为作为ICT领军企业的一种担当。

第二，华为总是站在创新一线，所以它更敏锐，更容易发现ICT延伸的方向，并以此来推动培养人才的生态体系的构建，从2019年大赛的创新赛制亦可看出华为的用心。

第三，华为有"黑土地"的战略，其实ICT人才生态何尝不是华为的"黑土地"。华为生态大学倡导的ICT人才生态，就是聚集并共享高校、华为及合作伙伴等多方最优秀的学术、技术、商业能力，打造端到端人才培养供给链，孵化、培养创新型人才和应用型人才，为企业数字化转型提供可持续发展能力。华为生态大学成了当中的纽带和培育未来ICT人才成长的"土壤"。

"一年之计，莫如树谷；十年之计，莫如树木；终身之计，莫如树人。"人才是企业与行业的战略资源与核心能力。华为将以生态大学为载体，聚焦最专业的人、最权威的内容，开展最广泛的合作，与企业共同培养人才，创造价值，以期推动ICT产业可持续、蓬勃发展。

第 5 章

为什么阿里会成为中国全面领先的培训公司

有人说马云的创业是以终为始,始于杭州海博翻译社的马老师,终于教师节归于湖畔大学的马校长,从教师到教育,这是一种安排,还是一生的宿命?

1988年,马云从杭州师范学院外国语系英语专业毕业,获文学学士学位,之后被分配到杭州电子工业学院(现杭州电子科技大学),任英文及国际贸易讲师。之后,马老师成为杭州市优秀青年教师,发起西湖边上的第一个英语角,开始在杭州翻译界崭露头角。

1992年,由于很多人来请马云做翻译,因此他成立了海博翻译社,请退休老师做翻译。为了生存下去,马云背着大麻袋到义乌、广州进货,海博翻译社开始卖鲜花、礼品,还销售过一年的医药。1994年,海博翻译社营收持平。由此可以看出,马老师当年创业也是一样的辛酸,同样经历过多方位的磨炼,这也为后来阿里巴巴做大做强注入了强劲的动力。

1995年,"杭州英语最棒"的31岁的马云受浙江省交通厅委托到美国催讨一笔债务,结果是钱没要到一分,却发现了一个"宝库"——互联网。从此,他在互联网上一发不可收拾。

1997年,中国黄页最后归属于杭州电信,33岁的马云首次遭遇创业失败。

1999年,人生第二次创业失败后,35岁的马云婉拒了新浪和雅虎的邀请,决心南归杭州创业,团队成员全部放弃其他机会决心跟随。当年2月,马云在杭州湖畔家园的家中召开第一次全体会议。马云首先花了1万美元从一个加拿大人手里购买了阿里巴巴的域名。他们没有租写字楼,就在马云家里办公,最多的时候一个房间里坐了35个人。

1999年3月阿里巴巴正式成立,逐渐为媒体、风险投资者所关注,直至成为全球最大的网上贸易市场、全球电子商务第一品牌,并逐步发展壮大为今天的阿里巴巴集团。

创业功成的马老师,选择于2019年9月10日教师节这一天正式退休,并于湖畔大学任教。他用老师的方法创立和管理阿里巴巴,也用老师的理想主义成就了阿里巴巴。

然而,当马云"事了拂衣去"时,他深藏的除了"功与名"外,还有一个庞大的教育帝国。

阿里到底有多少板块涉足教育

做过六年的教师,马云一直存有"教育情结",连他的微博名都是"乡村教师代言人-马云"。

阿里早期,马云说过:"一个公司要成长,主要取决于两样东西的成长,一个是员工的成长,一个是客户的成长。我们自己成立了阿里学院,主要目的也是培训员工,培训客户。"

2017年成立杭州云谷学校后,马云表示:"未来比的不是知识,比拼的是智慧,竞争的是教育。"

除了创办杭州云谷学校外，阿里巴巴自有的教育培训机构还有很多：淘宝大学、阿里云大学、1688商学院、达摩院、阿里巴巴外贸学院、湖畔大学、阿里妈妈万堂书院、生意参谋数据学院、阿里本地生活大学、钉钉大学、阿里全球领导力学院、阿里巴巴商学院、阿里电影学院、阿里新旅游学院……在投资层面，阿里巴巴在教育板块上有作业盒子、VIPKID、CC英语等项目。

通过互联网"让天下没有难做的生意"的阿里巴巴，在教育领域动作频频、开拓教育新版图，只是为了满足创始人马云"壮志未酬"的教育梦，还是在为阿里巴巴谋求产业新布局、开启新未来？

马云的教师梦，从湖畔大学到云谷学校

"我们为什么要办云谷？这不是我们心血来潮，更不是为了挣钱。云谷从第一天起就是亏钱的，未来我们也没想过挣钱，即使有一天我们能收支平衡，每一分钱也都会投入云谷学校。"

以上是阿里巴巴创始人马云在2020年云谷第一课讲演时说的一段话。云谷学校是一所15年制（幼儿园到高中）的国际学校，能满足3000人同时就学。

马云对教育的情怀，更多地来源于他在创立阿里巴巴前曾当过大学教师。这也使阿里巴巴颇具教育情怀，尽管它在教育领域的成绩不像淘宝、天猫在电商领域和支付宝在互联网支付领域那么突出，但阿里巴巴一直坚持深耕，不停地投入。

早在2005年，淘宝网刚超越了易趣时，马云就开始关注乡村教育。他曾给母校杭州师范大学捐款100万元，用于乡村骨干教师的培训。2015年，马云又向母校捐款1亿元，设立"杭州师范大学马云教育基金"。

在杭州电子科技大学当过6年教师的马云，不止一次对媒体表示"教师是我最喜欢的职业"。对于商业，他则表示"我本来想玩两年，但做了20年"。也是因此，他被网友戏称为"悔创阿里杰克马"。他早就

想好了卸任后要做的三件事：马云公益基金会、湖畔大学和基础教育。

2013年1月，马云在宣布不再担任阿里巴巴集团CEO一职，全职担任阿里巴巴集团董事局主席时，就希望能出任淘宝大学第一任校长。

2014年在"世界互联网大会"上，马云曾发表看法，称："10年以后的机会是你会碰到什么麻烦，如果你知道就要准备。10年以后最大的麻烦是健康和快乐问题，所以我们投资教育、体育、医疗。假设我们今天开始准备，10年以后既解决社会问题，同时也是我们的机会。"

2015年1月，马云与另外8位企业家发起成立"湖畔大学"，致力于发现并训练具有企业家精神的创业者，马云任校长。

2015年9月，马云以个人名义成立马云公益基金会，重点关注乡村教育，现已为600多名乡村教师、校长提供奖金和培训支持。

2017年，马云与阿里合伙人共同创建15年制的"云谷学校"，涵盖幼儿园、小学、初高中，希望探索出一条具有本土特色的教育改革创新之路。

"我们不是要办贵族学校，也不追求物质上的贵族学校，但是云谷的学生要有贵族素养和气质。"马云如此表示，"云谷的使命不是追求成功，而是让每个孩子成为最好的自己。"

钉钉入局，一石激起千层浪

创始人对教育的"念念不忘"，让互联网巨头阿里巴巴对教育行业念念不忘。

教育培训，可是一个规模庞大且想象空间巨大的市场。

艾瑞咨询数据显示，2019年中国在线教育行业市场规模超过3300亿元，同比增速超过28%。

有数据显示，2019年国家财政教育经费超过4万亿元，家庭在教育上的消费支出约为2万亿元，除了非义务教育阶段支付学费、书杂费或者私立学校费用外，还有大量消费分布在学科课外辅导、兴趣班和教育软硬件工具等方面。

此外，企业培训市场规模达到 3467 亿元。

尽管阿里巴巴向教育培训行业进军的行动持续开展，但总的来说，都不温不火、不声不响。

直到 2020 年新冠肺炎疫情暴发期间，阿里巴巴专门为企业打造的免费沟通和协同办公的移动平台钉钉居然"火"出圈了，"点燃"了教育行业。

2020 年 2 月 16 日，B 站[1]上一条名为《钉钉本钉，在线求饶》的视频作品，以其鬼畜[2]、搞笑的风格，向在各大应用商店中对钉钉刷一星的用户"跪求"好评，火遍网络。

据悉，钉钉平台的用户，基本是企业高管、白领。2020 年疫情暴发后，全国各地学校"停课不停学"，学生在家"云上课"。大量学生用户加入了钉钉的用户群体。在这段时间里，钉钉不光支持了 2 亿上班族远程"云办公"，同时还支持了海量学生在家"云上课"。

在教育行业彻底火了的钉钉，现在已到了家喻户晓的程度。毫无疑问，钉钉成了 2020 年疫情期间的在线明星平台。

2020 年 1 月，钉钉发布"在家上课"计划走红教育圈；5 月，上线"家校共育 2.0"版，推出"家校群""师生群"等功能；7 月，推出学生号产品，提供更纯净的教学环境；8 月，联手支付宝，为教育培训机构提供多种场景产品。

钉钉的意外出圈，让阿里巴巴意识到进军在线教育领域的时机到了，并趁热打铁推出新品"帮帮答"，这是一个针对中小学生课业问题进行付费问答的平台。

基于钉钉的直播上课、打卡、监督及帮帮答的题目讲解，阿里巴巴正在努力形成一个在线教育的完整闭环。

一组数据显示，疫情期间，钉钉覆盖支持了全国超 30 个省份 14 万所学校、300 万个班级、1.3 亿学生在线上课，人数接近全国学生的一半。

---

[1] 指视频平台 bilibili。
[2] 一种视频网站上较为常见的原创视频类型。

600 万名老师在钉钉上累计上课超过了 6000 万小时。

就像神话故事中一不小心打开财富之门的阿里巴巴，红得发紫的钉钉，也一不小心成为阿里切入教育板块的新入口。

全面出击，阿里战略布局教育培训

纵观阿里的教育板块，我们发现早在 2006 年，阿里就成立了核心教育培训部门淘宝大学。

2012 年，"淘宝同学"上线，聚合了线下教育、O2O 和在线教育视频直播功能。

2014 年，又推出家校互动"阿里师生"平台，接着"淘宝同学"招生频道上线。

2015 年，阿里成立湖畔大学，将"淘宝同学"升级为"淘宝教育"并上线"乡村云端课堂计划"，后来"淘宝教育"还联合"农村淘宝"推出"淘宝小课堂"。

不难发现，在线上教育层面，无论是 To C 端的淘宝教育和淘宝大学，还是 To B 端的阿里云大学、1688 商学院，阿里在线教育，主要是为了反哺电商行业，可以简单地理解为"导流"——通过阿里各个在线教育平台的学习，达到最终的目的，即为电商导流、实现交易。

与此同时，阿里以及旗下的云峰基金，先后投资 10 多家教育公司，比如 VIPKID、宝宝树、TutorABC、作业盒子、兰迪少儿英语、CC 英语等。在这些教育项目中，阿里的投资集中于中晚期项目，并以学前教育、少儿英语为主。这不仅符合马云多次提出要特别加强中小学、幼儿教育的表态，还体现了阿里投资在线教育项目的一贯逻辑：为电商导流和教育产业布局，万千投资不离战略目标。

2017 年，阿里巴巴达摩院的成立，让人看到阿里的投资目光放得非常长远。据悉，达摩院是一家探索量子计算、机器学习、基础算法、网络安全、视觉计算、自然语言处理、人机自然交互、芯片技术、传感器技术、嵌入式系统等先进科技的研发机构。

在达摩院创立之初，马云就表示，2036 年之前，在进行基础知识研究和颠覆式的创新技术研究之余，达摩院不仅要解决 1 亿人的就业问题，还要在人类未来科技领域有所建树。

目前，达摩院已成为阿里聚集科技人才、进行技术研发和成果输出的"科技中心"。达摩院的科学家都是各个行业中的佼佼者，他们会把自己的科研成果转化为阿里持续的生产力，使它在未来未知的行业市场竞争中抢占先机，立于不败之地。

值得一提的是，除了钉钉之外，阿里还有一个技术撒手锏，就是阿里云。2017 年，阿里云联合多家国内知名 IT 教育机构，正式启动"阿里云互联网大学"，也就是阿里云大学。

阿里云大学重点打造基于网络化的人才培养矩阵，推出云计算、大数据、云安全、人工智能四个大方向的学习课程。此外，阿里云大学与各大高校合作，共同建设阿里巴巴大数据学院。

钉钉的爆红，给了阿里加码教育培训的信心。

2020 年 3 月，淘宝教育事业部正式成立，由发展 14 年的淘宝大学团队作为整个团队的骨干和基础架构，与聚划算、淘宝行业、C2M、内容电商等部门平行，向淘宝天猫总裁蒋凡汇报。目前，淘宝上有新东方、好未来、VIPKID、厚大教育等数万家机构，已经汇集了 300 万门课程。

6 月 22 日，淘宝发布"一亿新生计划"，正式宣布进军教育领域。淘宝方面表示，依托淘宝 8 亿活跃用户和直播、营销、小程序等工具，及"猜你想学"的能力，淘宝将搭建全新的在线教育基础设施，未来三年帮助超 1000 家教育培训和知识付费机构获取 10 万名以上新生。

淘宝教育负责人黄磊对外表示："我们短期不考虑赚钱，沿用淘宝的商业机制，主要是做好基础设施的复用和定制。我们在打通淘内各种流量场景，诸如聚划算、淘宝直播、猜你喜欢等，尽管不会像抖快[一]那样给

[一] 指抖音和快手。

一个所谓的几亿流量，但相信商家是可以看到转化率、商业化率的。"

淘宝发力，天猫岂能袖手。天猫教育依托阿里巴巴巨量流量和数据资源，帮助线上教育品牌获取精准用户，同时可以通过跨平台的营销工具与品牌活动一起打造消费者心智。2020年9月，天猫教育悄悄上线了"小程序"功能，帮助教育品牌在天猫搭建了能够直接学习的专属页面，构建了一套从用户获取、下单支付到在线学习服务的全链路解决方案。

某种程度上，天猫教育正成为品牌争夺蓝海地盘的"利器"。据公开数据，天猫教育目前已经成为国内最大的在线教育平台，付费用户规模超过千万。

在阿里推进教育培训的新基建中，钉钉是当仁不让的主力部队，淘宝教育的交易平台会成为服务B端机构营销获客的工具，阿里云和其他服务将提供必要的支持。

这既是教师马云振兴教育的夙愿，也是阿里流量战略的选择。

再造流量，深度绑定用户，阿里的教育新基建才刚刚开始。

淘宝大学：看不见，看不起，看不懂，来不及

淘宝大学成立于2006年，是阿里旗下的核心教育培训平台，为处于商家、企业、品牌等不同阶段的电商、新零售从业者提供多元化的学习和赋能平台。

淘宝大学以不断促进网商成长为己任，整合阿里集团内外及领域内的优势资源，历经七年的积淀和发展，每一步皆立足于电商成长之所需，打造线上线下多元化、全方位的电商学习平台。

看不见，看不起，看不懂，来不及——马云如此概括，商业生态的变革总是以这样的四节奏发生。

淘宝大学对应的恰好也是这样的发展节奏，不知不觉中，它累计培

养电商人才近千万，覆盖了 133 个国家和地区。

这个校长，马云一直想当

2013 年 1 月 15 日举行的淘宝大学年会上，时任阿里巴巴集团董事局主席的马云表示，他希望出任淘宝大学第一任校长，但他承诺会先当淘宝大学的老师，到 5 月 10 日看能否胜任校长。

对于这个过渡，马云给出的解释是，现在还在思考一个模式，思考如何把淘宝大学办成中国与众不同的学校，把学习变成一种乐趣，学习做人的道理、做事的原则。

尽管从后面的进程来看，这只能算马云的一个"愿望"，毕竟阿里还有那么多更重要的工作等着他，但无论如何，还是体现了淘宝大学在他心目中的地位。

在那个电商迅速崛起的年代，人才短缺现象非常严重，曾有专家预测，中国电子商务专业人才缺口至少有 200 万人，这一数字还不包括整个电子商务生态链的诸多岗位的人才需求。

传统企业急需找到路径进入电商领域，而网商卖家又急需发展壮大，瞬间让电商培训成为电商热后又一快速增长的新领域。

淘宝大学，就是针对网商这一需求为网商提供"一站式服务"的，其面向的学员涵盖了企业级网商高、中、基层，传统企业转型电商负责人，高校电商专业教师及学生，创业型网商，并且大部分课程都是实打实的"实战"内容，切实有效地提升了学员的电商综合能力，让商家在"实战"中解决问题。

淘宝大学最核心的能力模型体系有三个：师资体系、课程体系以及在线工具平台。

淘宝大学的讲师均是拥有丰富实战经验的电商从业者、商家、自媒体、红人，现有认证教师 200 多名。淘宝大学的师资体系不是由阿里员工构成，而是由生态伙伴构成的。"他必须在淘宝、天猫上有成功的开店经验,才能成为我们的老师,才能用成功的经验教别人。"

课程体系,则是围绕阿里巴巴整个业态所需的内容设置的板块,不仅针对中小卖家,也针对海外、农村市场以及高校市场。

淘宝大学有 PC 端学习平台,也有移动端的,并在钉钉上构建了云课堂。

"中小商家做跨境,云开店启航计划""618 全能备战官方学习阵地""直播主播创造营"……打开淘宝大学首页,满眼电商风。

2020 年疫情期间,淘宝大学推出的内容更加侧重于帮助商家度过困难时期,助其找到应对之法。

到了"618"大促时,淘宝大学为商家们准备了一箩筐干货。从 4 月开始,行业分会场、外围会场的报名就启动了。在营销日历上可以看到,经过招商规则解读等步骤,进入 6 月,高潮就来临了,6 月 13 日就开始预热。

一张营销日历还看不出什么,大学中怎么少得了各类教程。"小二官方直播"就是由各类店小二主播的课程,已经进行了多场直播,内容包括"短视频 618 玩法解读""淘金币 618 玩法解读"等,6 月 5 日、6 月 10 日和 6 月 12 日分别有"618 流量玩法""淘分销 618 玩法解读"和"如何做好 618 最后冲刺"三场直播。

实际上,不仅是"618",线上营销也是淘宝大学的大热课程之一,许多电商都在关注如何通过短视频、直播等形式实现营销突破,有一家车企就组织了 2.5 万名员工在淘宝大学云课堂上学习直播课程。

实际上,不少商家一边开店,一边学习摸索。淘宝大学数据显示,每天有近 3 万名新手淘宝卖家进入淘宝大学在线平台学习,有近 15 万名学员每日活跃在直播课堂上找老师在线答疑解惑。

在淘宝大学的"课程中心",有适合各种"口味"的推广公开课,比如"新店死店快速盘活技巧""新手小卖家零基础实操运营班"等,这些课程直击最紧迫的实际需求。

"精品课"则有比"课程中心"更高阶的课程内容，由职业讲师讲解，分为内容营销、运营之道、推广引流、视觉营销等几大板块，从网店美工到全网引流、打造爆款，包罗万象。"精品课"采取线上录播+互动直播的模式，先播放录播课程全面讲解每个知识点，过后老师会针对性地开设互动直播课程。当然，精品课是需要付费的。

三方融合，构建"大"淘大培训体系

"电商类从业商家对培训的需求越来越多样化，只有集中力量、整合资源，才能更好地服务商家。"基于日益凸显的学习市场需求，2018年3月，淘宝大学、淘宝天下、天下网商三方决定将培训业务融合，为商家赋能规划更大图景，共谋"大"淘大未来。

淘宝大学与淘宝天下、天下网商三方共同协作由来已久。

淘宝大学覆盖133个国家和地区的近千万用户，有认证讲师200多名，研发的课程内容丰富且贴近实战，是一个多元化、全方位的学习平台。

淘宝天下和天下网商在与商家共同成长的实践中，已为部分有学习需求的商家建立了特色培训体系。

三方既有自己的侧重点和核心竞争力，又都以客户第一为价值观基础，并将提升服务能力，更高质量地赋能商家作为共同诉求。通过培训业务的融合，三方分工协作，为商家提供全方位的学习平台，真正做到"让学习变得更简单""让天下没有难做的生意"。

2018年6月8日，融合后的新淘宝大学正式推出新的企业在线学习平台——淘宝大学云课堂。淘宝大学12年历史沉淀而成的课程产品、具有实战经验的讲师智识、组织学习的逻辑思维方式都将搬迁上云，以云端的学习使传统线下的企业培训升级。

"随着整个中国商业世界的发展、商业形态的丰富，商家成长需要的、商业世界中崭新的商业现象，即使是星星之火，淘宝大学也有责任和使命把它挖掘出来，继而在我们的平台上沉淀、萃取。我们希望星星

之火能够在商家的推动下形成商业变革的燎原之势。"阿里巴巴资深总监、淘宝大学业务负责人黄磊在发布会现场说。

对很多商家来说，学习场景多是碎片式的罗列，而淘宝大学云课堂的发布，标志着淘宝大学提供的学习内容将更为系统、互相关联。学习不再是课程的叠加和教室的堆砌，而是真正将学习链路变得系统化。一个新手商家可以从学习如何开店开始，到学习如何更好地做内容，再到学习如何拓展供应链，淘宝大学云课堂将为企业提供自动化的在线解决方案。

"学习力是企业的核心生产力"，淘宝大学运营负责人叶挺在介绍淘宝大学云课堂时说，在群体性作战阶段，已经越来越不依赖于单一技能的突围，而是需要企业整体的作战效能。在文化落地、销售能力提升、管理能力升级等诸多经营场景下，学习都是非常重要的方式。"在 100 个人的团队中有一个能力特别强的人不算厉害，真正厉害的团队是能将这个人的方法萃取出来并复制给另外 99 个人。"

如今，由阿里巴巴集团引领的商业生态爆炸性增长，从单一的开好淘宝店，到丰富的新零售、新金融、新制造、新技术、新能源的五新商业体系，"电商"已不再局限于"网店"的概念，变得越发多样。跨境消费、线上拍卖、新旅游等新电商将线上消费场景划分得更加垂直、细化与精准。样本增多、方法丰富、方向多元，淘宝大学在这一过程中扮演的"领路人"的任务更加艰巨。

黄磊提出："爆炸式的电商生态对于学习提出了非常高的要求，课程的实施能力能不能赶上'爆炸'的速度，课程的方向能不能赶上'爆炸'的维度，是淘宝大学需要解决的问题。"

淘宝大学通过与新场景下的行业进行共创，一起研发课程、培养师资，快速拓展课程领域，提升专业度。比如，淘宝大学与以飞猪为代表的新旅游电商共建线上学院，挑选了 61 门在线课程，提供给包括四川航空在内的三家航空公司的员工学习，学员总计完成课程 2000 多次，取得了可视化成果。

从深入农村到走向国际，淘宝大学的触达面越来越广。在扶贫攻坚战中，淘宝大学深入县域，在全国已经落地了 17 个培训基地，开展了百余场培训；在国际化方面，仅 2017 年，淘宝大学向包括泰国在内的 7 个国家输出先进的中国商业经验。但是，这仍然无法满足全球更多区域商家和企业向阿里学习经验的诉求。淘宝大学通过学习上云，打破了地理空间的限制，依靠系统开展广泛覆盖的技能培训，授人以渔。

2018 年年底，"云课堂"已完成 10 万家企业覆盖。

在淘宝网 15 周年的庆典上，淘宝网总裁提到，淘宝网要回归初心，简单、普惠和创造将成为未来淘宝发展的关键词，但是纷繁复杂的商业如何变得简单，学习又怎样更广泛地覆盖尽可能多的人去实现普惠？在单一的课程学习下学员的多维创造性到底能不能得到发挥？淘宝大学一直在寻找让学习变得简单的答案。

商业历史上的重大变革，阿里巴巴都是作为引领者和参与者出现的，改变商业面貌，赋能中小企业，"让天下没有难做的生意"。淘宝大学作为阿里巴巴生态中商家、企业的领路人，一次次通过学习，助力商家用更简单、更优化的方式取得更大能效。"商业飞速发展，淘宝大学需要做的事情有很多。今天，我们通过系统升级上云，要让学习变得更简单，要让做生意这件事变得更简单。"黄磊说。

88 学习节：知识狂欢 + 商家聚会

2020 年 8 月 17 日，淘宝大学第二届 88 学习节举办，千名新老学员齐聚杭州，迎来了一场精彩纷呈的学习狂欢。

为满足学员多样化的学习需求，第二届 88 学习节不仅安排了电商学习主会场，还特别设置了"双十一"闭门实操学习会分会场和企业组织力学习分会场。参与者包括阿里巴巴各个业务线小二、淘宝大学认证讲师以及优秀商家代表，8 月 17～22 日，整整 6 天时间，干货不断。

这是一场知识狂欢，更是淘宝大学学员的独家记忆。这届学习节还有不少创新。

1. 千万学习基金补贴

疫情期间，每天有 4 万人涌入淘宝创业；淘宝特价版上线 100 天内就已聚集了 120 万家产业带商家、50 万家外贸商家；天猫"618"期间，开直播的商家数量同比增长 160%，在 15 个成交额破 1 亿元的淘宝直播间中，9 个都是品牌、商家自己的直播间。

垂直赛道不断涌入新商家，竞争环境越发激烈，玩法规则不断更新升级，想要在下半场脱颖而出，只是把店铺状态恢复到疫情暴发之前是远远不够的，更需要在适应变化中挖掘新的增长点。88 学习节就是希望通过学习，帮助更多商家了解新趋势、新玩法、新流量，找对方向，找准自己增长的核心关键。

为了降低商家学习的门槛，在 88 学习节上，淘宝大学联合淘宝教育行业，向电商掌柜发放千万元学习基金补贴，掌柜们在活动期间报名淘宝大学"畅学卡"时可直接抵用。这是淘宝大学赋能商家的一大帮扶举措，让更多掌柜有机会通过学习有效提升店铺运营能力。

2. 奖学金计划

商业变革时代，行业快速发展，唯有学习才能保证自身或企业立于不败之地。但学习从来不是一蹴而就的事，需要日积月累。淘宝大学希望通过 14 年的努力，把学习场景日常化，让学员养成随时随地学习的习惯，以量变促进质变，最终用学习驱动一个人、一个企业甚至一个行业的发展。

淘宝大学"奖学金计划"应运而生。

每年，淘宝大学将从淘宝大学"畅学卡"商家学员中，评选出积极学习有实效、成长迅速的掌柜，给予奖学金奖励，以此激励更多电商掌柜不断自我成长，带动店铺的良性发展。淘宝大学高级培训专家九崖表示："这不仅是对学员学习成果的肯定，更是秉承着淘宝大学'卖家帮卖家'的核心理念，提炼出优秀学员背后的实践经验，赋能更多卖家。"

在88学习节现场，第一届奖学金获得者揭晓，并登台分享自己的开店经历和经验。获得"小白逆袭奖"的刘梦禹通过"畅学卡"的学习，2019年第三季度销售额增长了667%，第四季度增长了270%。2020年在疫情影响下，他店铺的销售额没有下降，依然保持强劲增长，7个月就完成了2019年全年98%的销售额。

斩获"弯道超车奖"的胡彬，店铺长期徘徊在第三、四层级，参加"畅学卡"学习后，仅用5个月就突破瓶颈，从第三层级一跃做到了类目最高层级。学员李春平根据课堂所学，2019年"双十一"实现了销售额1500万元的好成绩，冲入了化妆棉类目的前三和单品爆款的前三，拿下了"极致爆品奖"。现在，他不仅自己学，还积极安排员工学习，他说："只有全员进步，店铺才能全面提升。"

"对于今天的商家来讲，学习是不得不干、不得不面对的事。疫情之下，我相信现场这群人应该是在恢复的群体中最早觉醒和复苏的，淘宝大学愿意帮助大家，伴随大家，一起往前走。"淘宝大学运营负责人叶挺总结道。

新零售时代，中国经验输送全球

进入新零售时代，帮助全球的企业尤其是小微企业培养人才，是阿里巴巴全球化战略中重要的一部分，中国的成功经验是可以输出给全世界的，"让天下没有难做的生意"。

1. 中国香港地区

早在2016年12月10日，36名香港本地电商创业者通过考试获得"淘宝电商培训计划"结业证书。培训设置了"电商营运""电商外贸""电商推广""电商活动""本地电商营销"和"贸易融资"六大课程，每期授课40小时，旨在帮助香港企业培养相应的人才，让它们更好地在新零售时代把握机遇。这是淘宝大学继先前"海外商家CEO双11特训班"之后实施全球商家培育战略的又一举措。

众所周知，香港是购物天堂，其成熟的实体零售业蓬勃发展。然而受制于本地市场规模、发达的线下零售等环境因素，香港电商一直没有找到合适的发展路径。与此同时，在中国内地经济增长、低利率环境及"一系列利好"政策等有利因素的影响下，新零售时代背景下的电子商务、交易线上化有望成为香港最有发展潜力的行业和趋势。

为帮助香港培育更多本地电子商务人才，阿里巴巴创业者基金、香港青年协会以及阿里巴巴网络（香港）有限公司联合发起了"淘宝电商培养计划"，招收近百名香港本地的电子商务相关从业者参加培训，并请来阿里巴巴旗下的权威电商培训机构——淘宝大学设计课程进行培训，全方位打造适合香港当地的电商人才。淘宝大学针对当地电商基础普遍偏弱的现实情况，创新地采用了"翻转课堂"的教学方式，以学员为中心，强调学员个性化学习。几节课以后，学员纷纷点赞"翻转课堂"这种教学方式："课程很发散，很开阔眼界""老师由知识的灌输者转变为课堂的管理者，知识的交互由单向变为双向""课程的组织方式很灵活，而不是完全按照之前的计划设定好的"。

2020年5月28日，卓悦控股有限公司正式成为淘宝大学在香港的首家授权合作机构，在港推广淘宝大学相关课程，全面打造电商培训平台，带动本地零售走向新时代。

2. 马来西亚

2017年9月26日，淘宝大学全球首场"阿里巴巴环球课堂"在马来西亚新山开课。900名当地中小企业创业者在现场上了淘宝大学第一课。

马来西亚是阿里巴巴全球化战略中重要一站。2017年3月，阿里巴巴集团宣布在该国打造海外的第一个eWTP（electronic world trade platform，世界电子贸易平台）"数字中枢"，旨在帮助马来西亚乃至整个东南亚地区的中小企业参与全球贸易。淘宝大学紧跟集团战略，选择将阿里巴巴环球课堂的首堂课开在马来西亚。

"淘宝大学是阿里巴巴集团旗下的核心教育培训平台,而环球课堂作为淘宝大学的国际化项目,以培养互联网新商业时代人才为目标,希望帮助海外商家了解中国消费市场,抓住消费升级背后的市场机遇。"淘宝大学培训学院时任副院长刘国峰在现场致辞中表达了淘宝大学的愿景。

新山为马来西亚的第二大城市,马来西亚及当地政府对于本地电子商务的发展以及阿里巴巴的赋能都给予了高度重视。马来西亚交通部长拿督斯里廖中莱,柔佛州新山行政议员兼旅游、商贸与消费人事务委员会主席拿督郑修强专程到场,对淘宝大学来到新山表示欢迎。

在当天的阿里巴巴环球课堂上,来自阿里巴巴 B2B、蚂蚁金服等的业务代表,淘宝大学认证讲师分别对如何通向国际市场、如何做好电子商务做了详细解答。

通过此次环球课堂马来西亚专场,淘宝大学希望以阿里巴巴平台生态的洞察、消费趋势分析、电商运营方法分享等内容,让马来西亚当地品牌商、中小企业、创业者受益,在数字化时代提升商业竞争力,参与全球化贸易。

据了解,继马来西亚专场之后,阿里巴巴环球课堂又陆续登陆悉尼、墨尔本等地,让当地商家掌握更多电商技能,抓住中国市场的机遇。

3. 新加坡

2018 年 4 月 12 日,阿里巴巴环球课堂新年第一课在新加坡圣淘沙名胜世界举行,来自零售、金融、制造、能源等领域的 2300 多名大中型企业及政府代表来到淘宝大学课堂现场,其中不乏淘宝大学在过去一年中培养的国际学员。

"阿里巴巴集团的使命是让天下没有难做的生意,而新加坡是实现这一使命的关键。很高兴与在场的 2000 多名学员分享阿里巴巴 18 年来的电商经验和新科技信息。阿里巴巴会持续带给新加坡中小企业最前沿的商业信息和电商实战经验。"阿里巴巴副总裁黄明威(Brian A.Wong)说道,"在新加坡,有约 45 000 家中小企业,而帮助这些中小企业,让它们感受到新科技的魅力，在数字化经济中取得成功，是我们使命中的核心。通过这次课程，希望在场学员能有所收获，抓住技术更新给中小企业带来的商业机遇。"

借助此次阿里巴巴环球课堂，阿里巴巴商学院与淘宝大学将阿里巴巴经济生态的智慧力量带到了新加坡。来自阿里巴巴智能创新中心、阿里文娱、银泰商业、索菲亚家居、CBNData 的分享嘉宾和淘宝大学认证讲师将新科技下的商机、新零售背后的运营方法、大数据下的市场趋势和最先进的实战经验分享给现场学员，帮助当地学员发现新科技背后的新机遇，助力其爆发出活力，产生创意。

4. 泰国

2018 年 11 月 28 日，淘宝大学主办的以"新科技·新机遇"为主题的阿里巴巴环球课堂在泰国曼谷开班，现场吸引了来自泰国政府、电商和中小企业等的 800 多名学员参与。阿里云和达摩院的总监给泰国学员带来了阿里新科技的最新资讯。同时，阿里巴巴总监、淘宝天下总经理徐国法还为学员介绍了企业级学习工具——云课堂（AliClass），展示了科技如何为企业赋能。

越来越"大"的淘宝大学

随着中国经济的发展，淘宝大学已经远远不只是帮助个人创业者，更多的是在方方面面帮助企业乃至行业来完成新商业的升级。

2016 年 6 月，在网红风口中，淘宝大学第一个行业共建学院"达人学院"成立，现在活跃在淘宝上的大部分红人都去学习过。随后，淘宝大学和阿里巴巴集团各个部门携手共创出越来越多的行业共建学院。天猫美家、飞猪、ifashion 等业务部门都展开与淘宝大学的合作，定制了符合自己行业商家需求的课程。

以服饰行业为例，淘宝大学和 ifashion 合作，为不同层级、不同发展阶段、不同类型的商家设计定向线上课程，打造精准特色商家圈子和多样化成长体系。例如，腰部卖家渴望了解精细化运营、数据化运营、内容营销，头部卖家则迫切需要学习财税、股权、投融资、组织管理、人员管理等知识。线上+线下的结合方式，也精准地解决了商家痛点。

淘宝大学还与以飞猪为代表的新旅游电商共建学院，精选了61门在线课程，提供给包括四川航空在内的三家航空公司的员工学习，学员总计完成课程2000多次，取得了可视化的成果。

淘宝大学一直肩负商业心智开启、企业运营赋能、人才培养输出的使命。

2017年3月17日，在阿里巴巴西溪园区，淘宝大学携美的、罗莱家纺、三只松鼠、韩都衣舍、膜法世家、御泥坊、艺福堂、伊米妮、全棉时代、阿卡、林氏木业11家企业，联合发布《电子商务人才能力模型白皮书》，使电子商务行业人才发展的能力标准更趋清晰化。

2017年8月3日，在阿里巴巴杭州总部举行的"新零售人才发展研讨会"上，淘宝大学联合46家国内知名企业共同发起成立"新零售人才发展联盟"，旨在探索企业内部新零售人才的培养发展之道。

淘宝大学还和江苏师范大学正式签约，开设"淘宝写作与传播"课程，江苏师范大学成为全国首所与淘宝大学进行合作授课的高校。

扬州工业职业技术学院也与阿里巴巴集团签署合作协议，携手共建淘宝大学全国首个数字商业学院。

淘宝教育：学习将像逛街一样简单

淘宝对教育的布局，可以追溯到其2013年上线的"淘宝同学"。它通过搭建平台，把优质的平台商、机构、教师、课程等资源聚集起来，2015年，淘宝同学更名为淘宝教育，逐渐趋于不温不火。

尽管淘宝对教育的运营似乎一度"漫不经心"，但细看淘宝的"商品库"，其在教育板块早就埋下伏笔，教育类产品的庞大规模，已为教育生态的形成打造了一定的基础。

根据淘宝公布的数据，2020年1～5月，教育培训类商品在淘宝上的搜索量接近翻番，入驻的教育机构增加了5000家，相当于每月有1000家机构来淘宝开课办学。

在手机淘宝平台上，包括K12、考试考证在内的每条在线教育的赛道，都已有相应的教育机构作为店铺入驻。K12领域的独角兽"作业帮"、英语教育领域的"鲸鱼外教"、少儿编程领域的"西瓜创客"也都已在天猫开设旗舰店。目前，淘宝上已有新东方、好未来、VIPKID、厚大教育等数万家机构，集合了300万门课程。

眼看在线教育重新站上风口，阿里也开始加码入局。2020年6月22日，淘宝发布"一亿新生计划"，正式宣布进军教育领域。

据悉，淘宝计划依托8亿活跃用户和直播、营销、小程序等工具，及"猜你想学"的能力，搭建全新的在线教育基础设施，未来三年帮助超1000家教育培训和知识付费机构获取10万名以上新生。

在如此大的市场面前，淘宝顺势而为。以淘宝为基础平台聚合各家教育机构，依托淘宝平台海量的教育类产品供给，打造"商品+知识付费"的交易闭环，用户在淘宝搜索学习教育类课程后，直接下单购买实物。在这样的闭环下，聚合式平台的创建能为淘宝带来更多的流量与用户，教育机构则获得了用户与盈利。

淘宝=全年龄段学习班

2020年9月2日，淘宝教育发布"暑期在线教育创新势力榜"，最受关注的K12机构在淘宝售出的课程整体增长超过300%。成年人舍得为子女教育下血本，也不吝惜自己的深造支出，在成交额前10的品牌中，成人教育品牌占了8成。

榜单显示，在线教育独角兽猿辅导位列"学科辅导"机构头名，暑期在淘宝教育斩获430%的增幅。猿辅导电商相关负责人向记者表示，善于玩促销的淘宝天猫，加深了"剁手党"㊀对在线教育品牌的认知，即使日常的促销活动，也能带来成交量10倍的增长。

据了解，猿辅导旗下包括网校、斑马AI课，以及面向成人的教育品牌粉笔公考。后者因为公务员考试临近，也在精准人群中完成爆发，位列暑期成交总榜第4名。受一系列相关积极信号的影响，媒体报道称猿辅导近日获得12亿美元融资，投后估值将超过130亿美元。

当资本向全能的头部教育机构集中时，专业型教育机构该怎么办？业内人士表示，垂直赛道机构的招生投入应该更为谨慎，烧钱不可持久，降低获客成本势在必行。

2020年暑期，少儿编程品牌编程猫在淘宝上的增长超过了340%。编程猫创始人兼CEO李天驰表示："跟往年相比，在线教育的投资回报率在变大，因为在线教育的渗透率进入了冲刺期。从投入产出比来看，淘宝是其他渠道的两倍多。"

不光是给孩子买网课，成年人的学习热情同样高涨。2020年暑假，职业考试、学历提升等多个成人教育品牌成为淘宝上的黑马，职业教育品牌开课吧入围新品牌飙升榜，职业考试品牌中大网校进入增速TOP 10。

最不可思议的是，登上招生榜首的是财会考证机构斯尔教育。受疫情影响，2020年会计考试集中在8月底到9月初，成年人在"临时抱佛脚"式的学习上毫不手软。"课程主要面向的财务会计人群整体比学生少得多，但是每年大约都有1000万人报名会计考试，体量和高考相当，淘宝能够最快、最准确地帮我找到那1000万人。"斯尔教育相关负责人表示。

从"货找人"到"课找人"

2020年上半年，停课不停学让网课不再只是小众需求，越发完善的在线教育软硬件则在降低家长和学生选择的门槛。

㊀ 指沉溺于网络购物的人群。

教育机构间的赛跑也由此展开。老牌巨头新东方、学而思早就在淘宝布局多店，新独角兽字节跳动、猿辅导、作业帮也开始在消费意愿更强的电商平台上展开招生卡位。教育新品牌和中小教育机构，则以另一种姿势成为"黑马"。

入驻淘宝教育还不到一年，英语启蒙品牌叽里呱啦就在"618"完成百万元成交额，瑞思英语则在暑期和学习桌的跨界营销中，实现了平销的 300 倍增长。

"淘宝的直播、营销工具，精准推荐，让招生这个劳动密集型工作变得在线化了，效率高了很多。"瑞思英语相关负责人表示。

通过算法能力，猜你想学将"货找人"的逻辑复用到了"课找人"上。当美容、穿搭、乐理、减肥等课程恰到好处地出现在面膜、服饰、乐器、零食板块之间，用户发现了爱学习的自己，教育新品牌找到了弯道超车的机会。

淘宝教育运营总监叶挺表示，淘宝 8.74 亿名活跃用户是肥沃的新生土壤，在这个土壤里面，平台会帮助机构找到更好、更多、更精准的生源，也帮助学员找到更优质的机构、更匹配的教学内容。

靠运营和场景，走自己的路

这并不是 2020 年淘宝教育的首次露面。3 月，淘宝低调成立了教育事业部，与聚划算、淘宝行业、C2M、内容电商等部门平行，向淘宝天猫总裁蒋凡汇报。

淘宝教育并不是短期内紧急成立的事业部，而是由原淘宝大学团队孵化而来的，目前有接近 200 人。淘宝教育运营总监叶挺同时是淘宝大学的业务负责人。

淘宝教育虽然顶着"淘宝"和"教育"的标签，但事实上这个事业部包含淘宝和天猫的商家，与支付宝的"平台化"转型有所联动，其定位也不是教育产品这么简单——在消费者端，淘宝教育触达的是教育的群体对象，提供实体+虚拟网课的教育产品；在商家端，淘宝教育试图解决的是教育机构及品牌获客成本高的问题及线上转型需求。

换言之，比起"教育产品"，淘宝教育更倾向于把自己定位成淘宝生态中的场景运营者，这是挖掘碎片化场景的一次尝试。这也解释了为何淘宝教育与聚划算、C2M同为"事业部"等级的业务，却并不像前者一样具有模式创新的特征。叶挺认为，作为补全生态的一步棋，淘宝教育能够反哺给淘宝生态的是多元化。

在中心化入口拥挤、多业态竞争的背景下，淘宝教育没有赢得手机淘宝与支付宝的流量入口。但叶挺表示，新事业部的目标不在于流量的聚合，而在于场景的挖掘和运营模式的创新。

淘宝教育中的商家以前可能分布在母婴、图书等领域，教育相关的品牌获客成本比例大于30%，这一部分的商家在疫情后，寻找线上的机遇。淘宝教育做的事是把K12、大学毕业前后、初入职场等目标群体基于标签进行整合营销，把传统教育培训和知识付费进行组合搭配，在商家端降低运营成本，在用户端进行精准投放。

例如，在B站火起来的"网红"教师罗翔所在的厚大法考平台，在疫情期间，淘宝里的搜索数据翻了6倍，淘宝教育看到里面的机会，汇集了这一部分的用户数据，进行相关的推荐。事实上，这样的动作并没有跳出淘宝本身"千人千面"的算法推荐，这也是淘宝教育在5个月内能够纳入5000多家机构的原因。

不过，同是教育相关的业务，淘宝教育和钉钉难免有同质化的嫌疑。叶挺表示，钉钉偏工具，淘宝教育则偏场景，二者定位不同，但都是平台。在叶挺看来，淘宝教育对标的既不是教育类App、知识付费软件，也不是喜马拉雅、得到等"知识"型产品，而是淘宝本身——淘宝教育的终极目标是成为运营场景的平台。

问题在于，教育作为高频、刚需的生活场景，大型互联网公司的竞争早已进入白热化阶段——前有知乎、当当，后有京东、B站，就连淘宝直播的"死对头"抖音和快手也早就开辟了靠边"教育"的玩法。市场虽然火热，留给阿里的蛋糕却不多了。

电商从来都是阿里的护城河，这在淘宝教育上同样适用。算法推荐是淘宝的核心手段，也是淘宝教育挖掘电商"场景"边界倚仗的法宝。淘宝教育试图把对用户的了解转化成商机，因此越来越多的"商品+知识付费"组合形态在淘宝上出现。

天猫"618"期间，国货品牌完美日记用卸妆湿巾搭配科学洁肤课，孕婴品牌嫚熙搭配"哺乳内衣+职场妈妈背奶课"。据统计，完美日记卸妆湿巾单品销量超6万，带动近3万人进入课程学习。买乐器推荐乐理课程，买字帖被算法推荐书法课，下单法国旅行时，法语入门知识也出现在信息流页面上。

中心化的流量入口越来越少，淘宝教育"不可能让平台来养"，只有靠运营和场景，淘宝教育才能走出自己的路。

"淘宝是目前中国最大的互联网消费平台，除了数据推荐外，还能根据横向的品类进行联动推荐。一旦有一家在线教育品牌布局于此，其他品牌就很难甘于落后。"有业内人士分析，一度受困于高流量和高营销成本的中小教育机构，也可以通过淘宝教育完成在淘宝网的入驻发课、课程营销、在线教学等一站式运营，从而分得一杯羹。

这无疑使在线教育赛道上的竞争愈演愈烈，毕竟，在线教育面临的一直是存量市场，任何一方势力向前一步，都会带来利益格局的巨大变动。

不过，淘宝教育倒也并非高枕无忧，摆在其面前的还有如何做好巨大流量的转化，如何优化技术、产品以提供更流畅的服务，如何保证金融分期的信任度和售后等问题。

湖畔大学：世界因你有何不同

"湖畔不是教大家怎么成功，而是告诉你别人怎么失败的。"担任校长的马云曾这样定义湖畔大学。这所大学一出现，似乎就肩负着不一般的使命。

虽然早已陆续从阿里旗下多家公司卸任职务，但马云仍担任浙江湖畔大学创业研究中心的法定代表人，这家登记在浙江省民政厅的民办非企业单位，便是工商界"黄埔军校"湖畔大学的实体。

2020年7月15日，位于杭州市余杭区仓前街道的湖畔大学新校区主体建筑迎来竣工典礼。新校区毗邻梦想小镇，向南隔余杭塘河就是马云的母校——杭州师范大学仓前校区，再往南约2公里就是阿里巴巴西溪总部。南望处，是与西湖几近齐名的风景胜地西溪湿地。向西仅2公里，就是正在紧锣密鼓建设的杭州城西高铁站。湖畔大学的地理位置特别优越。

这所仅有3%的录取率，被称为中国企业家"黄埔军校"的大学，随着主体工程的正式竣工，也正式褪去了其神秘面纱。

校区规划面积约25万平方米，首期校区建设面积约4万平方米，计划总投资5.8亿元。

校区由苏州诚品书店、兰阳博物馆、乌镇剧院等众多"经典建筑"的缔造者，来自宝岛台湾的著名建筑大师姚仁喜担任总设计师。

校区内主体建筑俯视图呈圆形，主体建筑四面环水，其内园林交错，建筑皆粉墙黛瓦，既有中式江南意境，又不缺乏现代建筑理念，把中西合璧风格糅合得近乎完美。建筑风格突破形式的追求，以精神性、艺术性、人文性为设计切入点，淋漓尽致地呈现了中式建筑的新理念，也从某种角度体现了马云校长的太极思想。

步入湖畔大学校园内，仿佛置身于苏州园林，又处处可见现代建筑的气息。

从"种子"到开学花了9年

湖畔大学的"种子"的出现，据说远早于广为流传的2009年。2006～

2008年,那时马云正担任央视《赢在中国》评委,经常会跟选手分享自己的失败。湖畔大学研究失败,应该从那时候已经发端。

阿里巴巴本身有教育基因,高层中有好几个是老师出身,比如马云和曾鸣,对教育有感情。2007年,阿里巴巴创办淘宝大学,实践、积累办学经验。从某种意义上说,淘宝大学是湖畔大学的前身。

2009年,在一次飞往不丹寻找"甜蜜的空气"的途中,马云与同行的企业家朋友讨论,产生了创办民企自己的学校、培养创业人才的想法,希望培养令人尊敬的企业家,因此被称作"马校长"。

马云认为当下中国社会正处于向新经济形态的转型过程中,企业充当着改革先锋的角色,越来越多的商业创新来自企业内部而非研究院,湖畔大学想要做的就是搭建一个交流平台,总结这个阵痛过程中的企业知识体系,梳理企业家的价值感,并进行传承。

马云说,湖畔大学还应有"新四为"——为市场立心,为商人立命,为改革开放继绝学,为新经济开太平。

2015年湖畔大学挂牌成立,由柳传志、马云、冯仑、郭广昌、史玉柱、沈国军、钱颖一、蔡洪滨、邵晓锋九位企业家和著名学者共同发起创办,马云担任首任校长,曾鸣担任首任教育长。这些人个个来头不小,要么在中国的商业领域是能呼风唤雨的角色,要么曾是中国研究商业顶尖的学者。

"湖畔"二字,源于马校长创业所在地杭州湖畔花园小区,寓意"不忘初心,记住每一位创业者"。这个大学的使命在于发现并训练具有企业家精神的创业者,所以湖畔大学不是传统意义上的大学,其实是一所创业者大学。

国内入学门槛最高的大学

湖畔大学的录取过程,素以严苛著称。

在湖畔大学的最后一轮面试中,罗振宇说他的紧张程度已经超过了他三天后将面临的跨年演讲,因为不确定感格外强烈。

巨匠文化的创始人胡海泉则是先后两次来湖畔大学面试,他将第一次落选定义为自己人生中并不多见的一次失败,支持他再一次尝试的理由是"湖畔往来无白丁"。

湖畔大学的招生对象只能是企业决策者(创始人或CEO),其创业时间三年以上、企业年收入3000万元以上、企业纳税3年以上、公司规模超过30人、3位推荐人中至少1位是湖畔大学的指定推荐人(湖畔大学校董、保荐人及历届学员),满足这几项指标,才具有入学湖畔大学的资格。

候选者报名后由学长面试官面访把关,最终进入面试环节的候选者,将以"世界因我有何不同"为主题,采用相互选择的形式选拔。每位候选者均有权投票,最终由校董、保荐人和学员代表组成的面试团,共同商议并确定录取名单。

湖畔大学会考察报读者的三大核心能力。

- **使命愿景的能力**。考察组在跟报读者聊天的时候,看他多少时间在聊行业、社会问题,多少时间在聊自己。眼里只有自己的创业者,基本不可能进入湖畔大学。
- **反思失败的能力**。考察组看报读人能否把心里最柔弱的一面、犯过的错误打开来给他们看;面对自己时,能否自我纠错。
- **对新商业文明的洞察能力**。企业是否具有网络协同、数据智能的特征,不具备这种未来特征的创业者,暂时放一放。

对于二代接班人报名者,湖畔大学会审核其在接班前是否做成过事,有没有处理过跟老员工的关系,创业过程中给企业带来了什么。

除了面试录取,湖畔大学还创新设立了"保荐人制度",旨在寻找和发现优秀创业者,以更好地奠定湖畔大学企业家精神传承的基石。目前,新希望集团董事长刘永好、蒙牛乳业集团创始人牛根生、新东方教育集团创始人俞敏洪、光线传媒总裁王长田、新浪 CEO 曹国伟、华谊兄弟董事长王中军等 26 位国内知名企业家已受邀成为湖畔大学保荐人。

从 2015 年首届开班以来，截至 2020 年，湖畔大学共录取了 257 位企业学员，第一届 36 人，第二届 39 人，第三届 44 人，第四届 48 人，第五届 41，第六届 49 人。

以 2020 年的湖畔大学第六届招生为例，有 1500 多位企业家报名，进入最终面试的企业家有 145 位，是面试人数最多的一年。他们平均年龄 38.8 岁，平均创业两次，平均创业年限长达 10 年。能够被录取的只有 49 位，录取率不足 3%。世界上竞争最激烈的斯坦福大学的录取率为 4.4%，湖畔大学教务长曾鸣曾称湖畔大学是"世界第一"。

以人为中心的课程体系

湖畔大学的课程分为必修课和选修课，围绕训练创业者的"心力""脑力"和"体力"展开，结合典型案例，培养企业家的全局观、未来观与全球观。

- "心力"课程旨在传承企业家精神，训练企业家的品格、意志和领导力，由校董为代表的商业领袖领衔授课，同时也邀请人文、历史、艺术等领域的领袖开设系列跨界选修课。
- "脑力"课程重在训练远见、决策和看未来的能力，由兼具理论基础和商业实战的新型教授领衔授课，以学员公司为案例，教学相长，共同探讨未来商业变革。
- "体力"课程由各个领域中的资深从业者及管理者授课，从组织文化人才、技术产品和资本三方面，训练企业家的行动与创新力。

总体来看，湖畔大学的课程有三层。

- 外层的创业课程，解决有限目标，比如公司 IPO 需要注意什么。大部分商学院教的就是这个。
- 中间层是教授的课程，教给学员理论和方法，建立学员的认知体系。
- 最里面的一层是人。湖畔大学的课程以人为中心，陪伴学员成长，看着学员做好，甚至可以派老师到学员的公司给他上课，给他的团队上课。

课程内容不断迭代。2015 年 3 月，湖畔大学一期开学时，课程体系首次公布，课程设置分为"战略""组织变革""创业者的征途""慧眼禅心""硅谷游学""DT 时代"六大模块。

到了 2017 年第三期时，湖畔大学的课程发生了"大翻转"，商科成为选修课，艺术、哲学、体育、运动等跨界课程成为必修课，倡导学员向运动员学习冠军思维、身心合一，向建筑大师学习产品设计。2019 年，湖畔大学还请了大成棍术创办人教学员棍术，让他们通过运动连接身体，打开心灵。

课程调整背后的思考是，学员聚集在一起就可以取得商业上的成功，但要成为一个企业家，需要更多层面的东西。

湖畔大学的有些课程会总结出一套方法论，适当的时候在网络上传播，比如著名的湖畔三板斧，分为上三板——使命、愿景、价值观，下三板——战略、组织、KPI，基本囊括了创业者在这方面会遇到的所有问题。

湖畔大学倡导终身学习，永不毕业。

前三年为一个学习阶段，其中前两年为集中学习期，以两个月为周期开设必修课，每次课程 3~4 天，其间不定期开设选修课，学员可自主选择。第三年为小组学习、课题研究和答辩。第一个学习阶段结束后，学员可持续参与选修课和小组学习，返校参与复盘、论坛、选修课。

湖畔大学不发平常意义上的学历证书和学位证书，而是向满三年且顺利通过答辩的学员颁发"立杏书"，他们将在新校园内拥有一棵属于自己的银杏树，即"三年立杏，百年守约"。

马云说："创业者的成绩单时刻体现在对社会的价值上。湖畔大学的成绩单，是整个湖畔大学创造了多少就业、多少税收，是我们为社会创造了多少价值，这就是湖畔大学的毕业证书。"

据了解，六届学员的企业年平均纳税额 1.2 亿元。

有"阿里系"，但"湖畔"不是圈子

马云曾表示，湖畔大学不是来教大家怎么赚钱的，而是教大家如何创造价值的。在创造价值的过程中，"阿里系"企业似乎成了主力军。

据《金证券》统计，湖畔大学的学员中，有的所在公司直接被"阿里系"投资，有的属于阿里生态链业务。第五届学员的企业优信集团曾与阿里巴巴集团总部签署战略合作协议，双方将在二手车 B2C、B2B、金融及整合供应链方面展开全面、深入的战略合作。奥比中光为国内 3D 视觉综合技术方案提供商，D 轮超 12.75 亿元融资由蚂蚁金服领投。

会员制时装共享平台衣二三曾获得阿里巴巴战略投资；房地产大数据平台诸葛找房曾与阿里拍卖达成战略合作；宋小菜的创始团队成员大部分是阿里前高管，曾获得阿里"十八罗汉"之一吴咏铭的 3000 万元天使投资。

湖畔大学历届"阿里系"公司名单中还有第一届的维吉达尼、小麦公社、穷游网、魔漫相机、心怡物流，第二届的易果生鲜、58 同城、唱吧、庆科等，第三届的众安保险、如涵电商、居然之家、宝宝树、饿了么，第四届的哈罗单车、华谊兄弟、滴滴出行等，第五届的优信集团、奥比中光、衣二三、宋小菜等，第六届的 e 签宝、宸帆电子等。

有业内人士表示，创业公司做到最后是投向阿里阵营还是腾讯阵营，已经是一个不得不做的选择。湖畔大学已经成为阿里生态布局的一个显微镜，学员的选择以及行业领域分布，都预示着阿里未来的布局动向。

不过也有行业人士表示，与腾讯青腾大学和联想之星等企业大学侧重于项目关联度不同，湖畔大学更具有包容性，所录取企业并非都与阿里生态或者投资方强关联。对于接受过腾讯系、百度系等投资的企业，湖畔大学的大门依然是敞开的。

对新入学的第六届学员，马云也提出了期待："湖畔不是圈子，湖畔是一个思想交流的地方，我们坚持的是价值取向。我们不是利益共同体，而是价值观的共同体。"

马云曾表示，湖畔大学的使命是在新商业文明的时代发现和训练企业家，十几年以前，阿里有个愿景，就是 30 年以后中国 500 强中，有 200 个 CEO 来自阿里集团体系，现在这个使命移交给湖畔大学。

马云曾反复介绍湖畔大学与商学院的差异，主要在于其有两大专属特色：一是既不教怎么成功，也不教怎么赚钱，而是专门研究失败，教企业家如何避免失败；二是不做企业家圈子，而是希望变成一个情感交流、境界交流、格局交流的地方。

"我们不需要这样的圈子，我们不需要钱，我们不需要项目，我们需要共同分享，在创业、做企业的过程中，强调担当、情怀、愿景、使命、价值观。"他直言，自己特别反对湖畔大学同学之间互相做生意，少做生意，多做思想交流，同学之间借钱、做生意都不靠谱。

不难看出，对于湖畔大学的未来愿景、办学理念、成长目标，马云进行了通盘思考，并对其寄予厚望。他不是出于私心，为壮大阿里生态而办学，而是甘于奉献，为中国培养具有企业家精神的企业家。

2020 年 8 月 25 日，昆明市政府与浙江湖畔大学创业研究中心签署了关于湖畔大学云南分校项目合作框架协议。

一所新的"湖畔大学"正在孕育中。

为湖畔大学正名

前不久,我在湖畔大学给第二期学员讲了一次课。学员们年龄不齐,有可能差出20岁,但个个老神在在,颇为自信。翻开花名册一看履历表,不少学员是知名企业家。在商讨讲课内容时,学员代表专程来到北京,从新颖的角度给我提出要求:希望我能从联想成活的几个关键时刻找出几个"胜负手"——这么做,事情就成了,那么做,事情就坏了,还要求讲清背后的思考。中欧工商管理学院的资深教授梁能先生和我合作授课,为讲好这次课,我们线上线下碰过五六次,但结果都没有学员们要求得这么深刻。毕竟我在商场里摸爬滚打了30余年,历经风险无数,死里求生之战屡见不鲜,这个题目几乎是为我量身定做的,我很高兴按他们的要求去讲课。因为这启发我把以前打仗的细节回想一遍,并重新做总结。

听课时学员们神情专注,提的问题恰到好处。有一个学员提的问题正是我引而不发的,他一问,我不由脱口叫了一声"知音啊",一堂课讲了整整一天半。30余年来,我参加过各种论坛、座谈、讲课,人数从几十到上千,次数已无法计算,印象最深刻的当属这次,已无分教与学,实际是相互交流。谁也不端着,谁也不装,都是打过仗的人,我一讲他们就明白,他们一问,就直指要害,不由你不大呼过瘾。我的秘书老怕我累着,我心里想,要是商学院也有这样的学生,也这样讲课,我就改行到商学院去当教员,准能延年益寿。可惜商学院没有这样办学的。

记得2012年马云找我说起办湖畔大学的事,请我当校董,并谈到当校董的责、权。责任是一年要授课一次,权利是可保荐学员一名。当时我心中并不以为然,送一名学员去上学,难道还是多大的权利不成?不曾想才办到第三期,湖畔大学名扬四海,报名者几乎千中取一,保荐一名学员真是天大的权利。因为知道我有这个权利而要求我推荐的朋友着实不少,弄得我委实难做。我明年将主动放弃这个权利,免得得罪朋友。

湖畔大学之所以办得好,首先是马云着实下了心思。中国要培养什么样的企业家（不是职业经理人，而是企业家），从什么样的人中，以什么样的方法去选拔学员；应为他们设计什么样的课程，如何去选请教员；学员需要什么样的授课氛围，如何营造这样的氛围。对于这些问题，湖畔大学一次又一次讨论、酝酿。酝酿者有校董及各行各界的能人志士，当然，以企业界为主。我第一次参会时，多少有点儿是为面子而来，但眼见得，讨论的事一件件一桩桩全在落实，甚至超出预期，不由得我不端正态度，打起十二分精神参会和授课。每次从杭州回京，总是心生感叹。马云办淘宝网说要把生意做到几千个亿，我开始就不信，最后不出几年，大规模超额完成。他说要把"双十一"办成一个"光棍节"，我就又当笑话听，不曾想不出三年，真成了轰轰烈烈的抢购节。这次办湖畔大学是被马云当作百年大计办的，他说他从阿里退休后就只做公益和当湖畔大学的校长了。我觉得他是认真的，所以现在对他的尊称就是马校长。

前几年，社会上有一股风，矛头直指民营企业家阶层：把社会两极分化的根源、贪腐的根源、环境破坏的根源，都归结到企业家身上；又上升到阶级斗争的高度，认为改革开放出了新兴资产阶级，正在兴风作浪。尤为甚者，有一篇文章把湖畔大学比为东林党的集结地，言之凿凿，分析深刻。类似这样的文章、说法，自然会搅乱人心，特别是对企业家。为此，我和企业界热爱国家、热爱中华民族的朋友，都认为应该发声。上次在湖畔大学讲课之时，我即在课堂讲过，我一定要写一篇关于在湖畔议事、讲课过程的文章，为湖畔大学正名，为中国企业家正名。

十九大东风浩荡吹散阴霾，中国企业家精神抖擞，应在经济领域弘扬正气，大展宏图。当然我们更要小心谨慎、端正言行，要在为中国人民谋幸福、为中华民族谋复兴的宏伟事业中成为骨干力量！

柳传志
2017年11月20日

"刷新"教培行业的钉钉：阿里在下一盘什么棋

突如其来的疫情，让原本主打"商务范儿"的钉钉成功破圈，火到了大中小学生组成的"后浪"圈。

受疫情影响，全国 2.76 亿名在校生、1700 万名老师无法像往年一样正常开学。钉钉迅速驰援一线，线上重启全面停摆的教育行业，"停课不停教，停课不停学"。

意外之喜：学习 =1/2 个钉钉

由于教育场景中同样存在管理属性，因此钉钉跨界进入了这个行业，从教育管理工具起步，逐渐实现了对全场景的覆盖。

我们也许没有注意到以下事实。

2016 年，就已经有学校开始全面使用钉钉了。

2018 年 8 月，钉钉就推出了教育行业解决方案。

2019 年 3 月，钉钉启动"千校计划"，在全国范围内协助 1000 所学校打造"未来校园"示范园区，助力中小学校园教育数字化转型，仅仅重庆一地就有 1000 多所学校加入了钉钉"未来校园"计划。

疫情之前，钉钉就以家校沟通产品为特色，用"数字平台＋智能硬件"的方案，在全国打造了一批"未来校园"。

疫情期间，钉钉支持全国 14 万所学校、300 万个班级的 600 万名教师、1.3 亿名学生在线上课，成为最大赢家。

2020 年 3 月 14 日，联合国教科文组织通过官网向全球推荐使用钉钉在线上课。截至 2020 年 3 月底，中国 2.67 亿名学生中有 1.3 亿名使用钉钉，占到近一半。

4 月 8 日，钉钉发布海外版 DingTalk Lite，加快国际化步伐。

4 月底，钉钉推出教育"春雷计划"，宣布将帮助全国 5000 所学校、1000 家教育培训机构和 100 个教育局实现数字化。

2019年年底，钉钉通过教育部备案，成为第一个通过备案的平台类App。2020年5月17日，钉钉发布5.1版，做出迄今最大幅度的更新，除推出家校群、师生群等功能外，还升级了教师的教学教研工具。

学生号和在线课堂是钉钉在教育行业裂变的延续和深化。学生号在通用版钉钉的基础上，做了大幅的功能简约化和视觉少年化，让学生本人上线，在线集齐教师、家长和学生，使三方的彼此连接和内部连接更加完整与明晰。在线课堂则让教师在音视频、家校群之外，拥有了一站式"在线教室"和全套数字化工具。

非"钉"莫属：只有它才能"串"起教培行业

在此之前，钉钉主要适用于学校教育，从智慧校园（软硬一体化）、学校管理（考勤、考核、审批、教研等）、家校关系到群直播，校内校外一站式解决。

这一次，钉钉拥有了更多能力，携手支付宝，联合淘宝、本地生活、智能营销平台等，拿出1亿元补贴，发布教育培训行业解决方案。

该方案含招生管理、在线课堂、教务管理、教培班级群收款等功能，覆盖课前招生引流、收款，课中在线教学教务，以及课后家校服务等场景，把钉钉的适用主体全面延伸到教育培训行业，实现了对教育门类的全覆盖。

个别教育培训机构已率先使用了该方案的部分功能。河南程攻教育利用钉钉办了三场运营活动，营收达300多万元。杭州柠萌之家利用钉钉运营家校关系，疫情期间700多名学员无一退费。

2020年2月1日~6月16日，全国18 885家线下培训机构注销。中小教育培训机构要想活下去，就得想方设法降本增效，在线化运营成为必选项。

据了解，钉钉教育生态主要由五类产品和服务组成：一是上述阿里云、支付宝、淘宝、优酷等阿里经济体的产品；二是新东方、精锐教育等线上课程；三是语雀、云课堂等平台应用；四是番茄表单、叮当通知等教育数字化管理工具；五是大视野、希沃等教育行业合作伙伴。

2020年5月21日，钉钉举办教育生态合作伙伴招募大会，招募更多行业伙伴，共建教育生态。7月21日，钉钉上线暑期安全教育功能，以及体育锻炼、生活旅行、阅读学习等暑期打卡功能模块，相关模块的内容均由生态合作伙伴提供。

疫情期间，已有数十万家教育培训机构，借道钉钉，把业务搬到线上。

经此一"疫"，教育培训机构格瑞特教育的董事长曾思海感触颇深："教育培训行业，抗击风险的能力本来就不强，但是钉钉的出现，让停工不停学变成了现实，大大提高了抗击风险的能力。"

早就与钉钉结盟的新东方董事长俞敏洪，则看到了钉钉的增量价值："原来在教育领域有一些专门平台，但是疫情突然到来后，大家发现专门平台完全不够用，钉钉这类社会平台就变成了一个重要的组成部分。"

如今，新东方的8万名员工，已经全部使用钉钉。

疫情中断了教育，但危机之下，暗藏转机，钉钉让教育重启，数字化的浪潮席卷了整个教育行业。

对此，首都师范大学教授、北京市基础教育信息化实验教学示范中心主任王陆看得更为深远："一场疫情，让中国和全世界都被动地开展了大规模的在线教育，同时也推动了在线教育往前迈进了一个时代。"

世事就是这么难料。当年阿里想做一款产品PK[一]微信，结果"种瓜得豆"有了钉钉，如今"豆香"四溢。钉钉启航于"一个工作方式"，结果裂变出了亿级用户的教育半壁。

云钉一体：唯一不变的是变化

20多年来，阿里这家企业无时无刻不在进行自我变革。

[一] 即对决。

2020年9月27日，阿里公布新一轮战略部署，将钉钉升级为大钉钉事业部，与阿里云全面融合，并将整合阿里集团所有相关力量，将"云钉一体"战略全面落地。

根据该部署，原钉钉事业部、阿里云视频云团队、阿里云Teambition团队、企业智能事业部宜搭团队、政企云事业部、数字政务中台事业部、乌鸫科技部分团队，全部加入新的大钉钉事业部，全面融入阿里云智能。

早在2019年6月的阿里组织架构调整中，阿里将钉钉并入了阿里云智能事业群，此次升级为"大钉钉事业部"，并且加码"云钉一体"，可能是钉钉成立以来规模最大、意义也最为重大的一次变动。

这意味着，"钉钉"二字之于阿里内外，已经有了全然不同的内涵。公众一般会认为钉钉是企业协作沟通工具，而对阿里来说，钉钉是其数字经济基础设施的重要组成部分，也是要与阿里云"开疆拓土"的战斗伙伴。

根据钉钉披露的数据，截至2020年3月31日，钉钉用户数超过3亿，企业组织数量也达到了1500万家。根据研究机构QuestMobile的数据，钉钉吃到了疫情给协同办公带来的最大一块红利蛋糕，其MAU（月活跃用户）数据从2019年第四季度的5000万～1亿人，蹿升到了2.5亿人左右，继续拉开与对手的差距。

与钉钉占据国内第一位相伴发生的，是阿里云建立的统治地位：阿里云已经在较长时间保持中国云计算市场占有率第一。

实际上，钉钉已经越发显著地成为阿里云的一大流量来源，作为用户界面，钉钉已经成为阿里云的对外接口。

如果以一辆智能汽车来做比喻，那么钉钉就是用户可以用手指进行触屏操作的界面交互系统，而阿里云是整辆车——集成了后端的智能驾驶算法和硬件。前端功能的实现离不开底层技术的稳定和逐步迭代，这也就解释了钉钉和阿里云的关系。

从最初的聊天、OA（办公自动化）功能开始，企业家越发被"吸引"，进入了数字化时代，从此就"回不去了"。

以前，阿里云和钉钉各有侧重，阿里云在拓展市场时的策略是在细分领域拿下大客户，做出标杆案例，是一种自上而下的渗透。钉钉更多是在服务中小企业，是一种自下而上的渗透，二者终有相遇之时。

阿里云和钉钉，本该就是如此协同作战的双生关系。

曾有人说过："凡是还没有被互联网所改变的行业，都即将被互联网所改变。"

如今，对于教育培训行业，这句话或许可以被修改为："凡是还没有被云钉所改变的行业，都即将被云钉所改变。"

阿里云大学：助力"数智化人才"培养

2020年9月17日，一年一度的阿里云栖大会如期召开。

2020年的主旨演讲，阿里给出的是一个问句——"数智时代"加速到来，阿里巴巴集团如何回应这个时代，数智未来如何全速重构？

显然，要回答这个问题，绕不过去的关键是"人才"，而关于人才培养，我们不妨去云栖大会的一场分论坛中找找答案。

在2020年的云栖大会产业与生态领域分论坛上，有一个专场名为"新基建、新人才——阿里云大学数智人才培养专场"。这个专场没有发布的炫目的人工智能应用，而是把目光投向了21世纪最宝贵的资源——人才，准确地说，是"数智化人才"。

阿里云大学这场专场一共发布了三个项目，全部剑指人才培养。

- 人工智能学院升级计划。
- 工业互联网人才培养基地项目。
- 阿里云新一代数字化学习平台——云中学院。

AI 开放创新平台，助力人才培养

在这场关于数智化人才培养的分论坛上，阿里巴巴达摩院城市大脑实验室负责人华先胜提出，AI 开放创新平台助力人才培养。

2020 年 3 月，包含人工智能在内的新基建的七大领域，被写入政府工作报告，人工智能已成为国家未来发展的新型基础设施。

AI 开放创新平台正是人工智能这一发展现状下的最优解。除了赋能产业的一面，AI 开放创新平台更为长远的作用，在于它对于新基建人才培养的助力。

正如华先胜所说，平台本身就是个实验场，也是个工具箱，还是个孵化器，既是技术与产业创新的赋能平台，也是深化产学研融合的实实在在的实体平台，高校师生和开发人员都触手可及。

作为阿里云教育合作与培训认证部门，阿里云大学近年来通过与全国 700 多所高校合作，将培养大数据、云计算和人工智能等专业学生 50 000 多名，开发场景化实践教学实验近 500 个，形成数智化相关专业课程近 500 门。

在这样的基础下，阿里云和达摩院联手建立的 AI 开放创新平台，从研发、生产，再到形成平台上的能力，共同助力新基建，将极大赋能高校师生、科研院校的教学研及产业实践。

重磅升级：新基建、新工科、新人才

目前，我国人工智能市场已经进入产业规模高速增长阶段，人工智能市场高速增长需要优质产业人才支撑，而人才需求缺口超 500 万人。在《高等学校人工智能创新行动计划》中，教育部明确要求完善人工智能领域人才培养体系，既需要科研领军型人才、行业创新型人才，又需要大量技术应用型人才。

与此同时，大力发展以人工智能、大数据为代表的新工科专业也在教育部文件中频繁出现。高等教育出版社工科事业部主任张龙在分论坛现场介绍,新工科背景下的学习,也存在"新专业大量涌现、课程快速迭代、知识急速更新"三个方面的挑战。

无论是从人才的需求侧还是供给侧来看,新基建背景下,常规的高校人才培养模式急需改变。

为了顺应新基建、新工科带来的新型"数智化人才"需求,阿里云大学一直在探索新型"数智化人才"培养新范式。

除了 AI 开放创新平台的亮相外,为了进一步助力国家新基建、高校新工科、产业新人才的培养,在分论坛上,阿里云大学正式发布了工业互联网人才培养基地项目,阿里云将携手政府、行业协会、高校共同探索工业互联网产业发展所需的人才以及新人才培养模式。

另外,在论坛上,阿里云大学总经理孙丽敢还发布了一个重磅项目——阿里云人工智能学院升级计划。

基于阿里云人工智能技术和产业实践以及人才培养经验,阿里云大学携手达摩院、机器学习 PAI 平台和基础设施平台团队,升级"阿里云人工智能学院",为高校提供一站式人工智能人才培养解决方案。

在拥抱新基建,解决人工智能人才缺口的双重激励下,阿里云与各类高校开展多层次合作,逐渐形成金字塔型的立体化人才培养服务的教育产业链,形成了新基建、新工科、新专业、新人才培养和新学习模式的多层生态体系。

新一代数智化学习平台:云中学院

"这是人类历史上最大规模的在线教育实践。"中国高等教育学会产教融合专家委员会委员马若龙博士在发言中这样形容疫情期间的线上教育实践。

根据教育部统计数据,疫情期间,国内共有 1454 所高校开展线上教学,108 万名教师开设了 107 万门课程,2259 万名学生累计线上上课 23

亿次。

这组数据表面上看是疫情倒逼的结果，实则是未来趋势的体现，正如马若龙博士所说，"人才培养模式已改变""高等教育进入普及化时代"。

2020年疫情期间，阿里云大学学习平台入选"教育部第二批疫情防控期间支持高校在线教学的课程资源与技术平台"，提供人工智能、云计算、大数据等400多门免费精品课程。

也是顺应这样的教育趋势，本次阿里云大学分论坛上还发布了阿里云新一代数智化学习平台——云中学院，云中学院将整合阿里云技术优势打造"教—学—练—考"一体化学习模式，实现线上线下混合式教学模式，为用户提供全新的学习体验。

当然，除了大会现场的几项重磅发布，阿里云大学还启动了"数智化人才"万人招聘活动，此次万人招聘计划汇集阿里云及近百家生态企业，包含开放开发类、运维类、销售类、算法类、项目类、架构类、产品类、设计类等数百个职位招聘需求。阿里云大学通过人才培养、认证与输送，携手阿里云与合作伙伴及企业客户共同构建起新基建大背景下的数智化人才培养新业态。

数智未来如何全速重构

数智未来如何全速重构？显然，阿里需要用未来回答这个问题。

但是这个问题的开始，我们可以从2017年的云栖大会中发现一些端倪。

2017年10月11日，以"飞天·智能"为主题的云栖大会开幕，为期4天的大会集中展示了人工智能、视觉智能、芯片计算、量子计算、云计算、大数据、无人驾驶、智能家居、城市管理等领域的最新科技创新成果。

在第一天的大会上，时任阿里巴巴董事局主席的马云做了长达20分钟的主题演讲。演讲中马云表达了刚成立的阿里巴巴全球研究院达摩院的愿景,即计划 3 年内投入 1000 亿元人民币用于新技术研究。

新技术和新人才永远是相辅相成的,新人才需要新技术去创造和产出,新技术则需要新人才去传承和发展。

在这场分论坛上,阿里云大学给出的答案就是通过提供共享教育资源,探索"数智化人才"培养新范式,来应对"数智时代"的加速到来。

正如马云所说,"今天的阿里巴巴有钱,有资源,有人才,有影响力,还有全世界最大的数据宝库。这些资源、人才、数据不应该只为阿里所用,应该为世界所用,为未来所用。这是我们真心的想法。"

阿里巴巴商学院:阿里想留给世界的东西又多了一件

激动、好奇、紧张,这是卢旺达学生迈克·曼奇的心情。他将在中国杭州——电商巨头阿里巴巴的总部所在地,开启四年跨境电商本科班的学习。

2019 年 9 月 11 日,杭州师范大学阿里巴巴商学院举行了新学年留学生开学典礼,这是中国电商为非洲学生开设的首个跨境电商本科国家班。

杭州师范大学阿里巴巴商学院院长曾鸣在开学典礼上致辞说,阿里巴巴商学院并不是一所传统意义上的商学院,而是以互联网经济为特色的商学院。在这里,留学生不仅可以学到互联网、国际贸易和跨境电商的知识,还能亲身体验中国数字经济的发展。

2017 年 10 月 13 日,杭州师范大学与阿里巴巴集团签署了《共建"杭州师范大学阿里巴巴商学院"》合作协议,阿里巴巴再投入 5000 万元,用于把阿里巴巴商学院升级为以互联网商务为鲜明特色的创新型商学院。

"过去 100 年,是传统 MBA 和工商学院教学的时代。但在未来 100

年，人类将会迈入信息和数据时代，我们必须有新的商业思维和技术来打造可以为人类开拓经济、社会和生活领域的真正企业家。"将教育的变革与日新月异的技术和商业的变革同步起来，从而改革教育、培养面向未来的人才，是马云始终坚持的教育观。

马云坦言，哪怕未来阿里巴巴不复存在，阿里巴巴商学院也要一直站下去，而"一直站下去"的动力，来自师生将梦想转化为理想的毅力。

马云说："一个人叫梦想，是做梦的想；一群人叫理想，是理性的想"。"坚持梦想很难，实现梦想更难。但是如果你找到那么一群和你拥有共同梦想的人，那么你的梦想就升级为了理想。一个人可以走得很快，一群人会走得更久。"

十年树木，百年树人。九年时间虽然让阿里巴巴商学院成为国内培养商业人才的第一高地，但在马云看来，这根本不能成为该学院炫耀的资本和成功的金名片。

在2017年10月的云栖大会主论坛上，马云曾说，如果有一天阿里巴巴不在了，希望留给世界三件东西：达摩院、湖畔大学和公益基金会。现在，他想再加上一件：阿里巴巴商学院。

在马云看来，阿里巴巴商学院是商学系统的一部分。未来人类面临着巨大的变革，从商业角度讲变化非常大，我们需要为未来打造一批真正的企业家，打造一些具有企业家精神的人，去为人类探寻整个经济、社会与生活的可能性。

马云认为，今天，阿里巴巴商学院有机会成为全世界最好的商学院，是"最好的"，没有"之一"。"因为我们恰逢其时，诞生在互联网的时代，商学院诞生才九年时间。整个世界经济、科技会发生天翻地覆的变化。"马云说。过去100年来，传统的MBA、工商学院的教学，基本上以讲授工业时代的知识为主，但是未来100年，人类进入信息和数据时代，必须有新的商业思想、新的商业技术，来训练未来的企业家和企业家人才。

杭州师范大学阿里巴巴商学院成立于2008年，是在马云的直接推动下创办的。它是一所由杭州师范大学与阿里巴巴（中国）有限公司合作共建的校企合作学院，开启了杭州市高校与世界知名企业合作办学的历史。

这次2.0版升级，希望将教育的变革与日新月异的技术和商业的变革同步起来。

改革教育、培养面向未来的人才，是马云始终坚持的教育观。

第 6 章

对外赋能，成就伟大企业

2019 年 11 月 11 日，迎来 21 周岁生日的腾讯发布了新使命与愿景：用户为本，科技向善。在内部信中，马化腾提醒员工"科技是一种能力，向善是一种选择"，要坚定不移地提升科技能力，为用户提供更好的产品和服务。同时，"科技向善"是一种选择，如何善用科技，将在极大程度上影响到人类社会的福祉。

事实上，腾讯这一新的使命与愿景在内部践行已久。以和国计民生关系最紧密的教育为例，早在 2019 年 5 月，腾讯教育就提出，要用科技的力量，助力教育智慧化、个性化和公平化的实现。

就在新使命与愿景发布后的第三天，11 月 14 日，腾讯教育正式对外宣布，将举办首届 MEET 教育科技创新峰会。腾讯教育解释，MEET 是英文"Modern Education Empowered by Technology"的缩写，寓意峰会秉承"以科技助力教育"的核心理念，探索"教育＋科技"如何缔造未来教育。同时，MEET 还寓意"遇见"，来自全国的百余家教育主管部门、近千名国内外教育领域专家学者及行业代表在北京相遇，共同探讨云计算、人工智能、大数据、物联网、5G、区块链等前沿技术如何助力、加快教育现代化。

腾讯这艘巨轮正在转舵：扎根消费互联网，同时也要拥抱产业互联网。

马化腾曾多次表明"助力实体产业成长出更多世界冠军"的决心，他说："接下来，我们要做好'连接器'，为各行各业进入'数字世界'提供最丰富的'数字接口'"，只是在消费互联网时代，连接的工具以社交和内容为主，而在产业互联网时代，连接的工具则以 AI、云计算、大数据等技术为主。

消费互联网到产业互联网方向之变，本质上也可以被认为是创造时代的工具之变。因为在消费互联网时代和产业互联网时代，腾讯都要做同一件事：连接。

早在 2018 年 9 月 30 日，腾讯进行新一轮的组织架构调整，成立了云与智慧产业事业群，将散落在 6 个 BG 里的 20 多个教育产品进行重新梳理，形成统一的"腾讯教育"业务板块，包含腾讯教育企业合作、智慧校园、腾讯微校、腾实学院校企合作、腾讯课堂、企鹅辅导、腾讯 ABCmouse、腾讯英语君、腾讯青少年人工智能教育、腾讯扣叮、腾讯教育创想合作中心等数十条产品线。

数据显示，仅腾讯教育就已经服务超 4 亿人，服务院校累计超过 1.7 万所，覆盖全国超过 300 个省市教育局，服务教育机构超 7 万家。

如今，腾讯正以"赋能者"的身份进入"培训+"这个时代，要给教育培训行业来一次战略升级。

腾讯的教育版图到底有多大

作为科技公司，腾讯一直在思考如何用技术与互联网推动教育的变革。腾讯自 2014 年就开始切入在线教育市场，腾讯旗下的基金多年来也支持了多个云教育与在线课程的平台。尽管在线教育业务未能给腾讯带来巨额收入，但它仍希望以投资教育的形式回馈社会。

巴菲特说："投资对于我来说，既是一种运动，又是一种娱乐。我喜欢通过寻找好的猎物来捕获稀有的快速移动的大象。"

腾讯在教育领域的投资，虽然出手次数不是非常多，但也捕获了一些"稀有的快速移动的大象"，如新东方在线、VIPKID、百词斩、猿题库、阿凡题等公司。

除了投资之外，腾讯内部对教育业务的探索也没停下来。

- 2013 年 9 月，"教育精品课"正式上线。
- 2013 年 11 月，在推出的 QQ2013 正式版 SP5 版本中，增加了 PPT 教育相关的功能。
- 2014 年 1 月，腾讯精品课上线。
- 2014 年 2 月，腾讯大学正式对外开放。
- 2014 年 4 月，直播课程平台"腾讯课堂"上线。
- 2014 年 5 月，QQ 流量导入录播课程平台。
- 2014 年年底，腾讯推出专门为高校微信公众号设计的第三方工具"腾讯微校"。
- 2015 年 4 月，腾讯课堂上线移动版 App。
- 2015 年 7 月，手机 QQ 上线"智慧校园"。
- 2016 年 6 月，推出针对初高中生的在线教育 K12 直播 App"企鹅辅导"。
- 2016 年 11 月，腾讯课堂推出"名师计划"。
- 2017 年 1 月，腾讯课堂公布商业化模式，推出"优课计划"。
- 2018 年 7 月，推进青少年网络素养教育，腾讯开启 DNA 计划。
- 2018 年 9 月，腾讯宣布内部架构大调整，新建了云与智慧产业事业群（CSIG），标志着腾讯从 To C 开始向 To B 的战略转型，教育则是腾讯布局产业互联网的重要一环。

- 2019年5月,在全球数字生态大会上,腾讯宣布将分散在6个BG中的20多个教育产品整合为"腾讯教育"这个整体品牌,并以3C战略(即连接(connection)、内容(content)、社会责任(commonweal))作为出发点,此举正式宣告腾讯的教育体系实现了大一统。

品牌整合、不断上新产品方案和工具、大笔投资……事实上,近几年来腾讯在教育方面的布局,可以用"紧锣密鼓、火力全开"来形容。

纵观腾讯教育版图,可以看到,腾讯教育在B端和C端都有布局,涵盖了学前教育到成人教育的全年龄段、全场景。

比如,针对幼儿阶段推出英语启蒙教育产品"开心鼠英语";针对中小学阶段推出智慧校园解决方案、在线课外辅导平台"企鹅辅导"以及K12英语AI教辅平台"腾讯英语君";针对大学阶段推出智慧高校解决方案以及校企合作平台"腾实学院";还有在线职业教育B2B2C平台"腾讯课堂"。除此之外,腾讯还开放教育云给教育机构,推动教企合作。

此外,2014年,腾讯学院成立了一个独立品牌"腾讯大学",由专门团队负责运作。腾讯大学有三个服务对象:第一个是腾讯相关业务领域的合作伙伴,包括渠道商、代理商等;第二个,我们称之为"腾讯生态圈",主要为腾讯近年来参与投资的数百家企业提供培训,特别是一些初创的规模较小的企业;第三个是社会公众。

梳理腾讯在教育领域的种种过往,在经过2019年品牌整合的大一统后,腾讯的教育版图日渐清晰,尤其是经历2020年疫情"停课不停学"后,腾讯在教育方面的布局动作更为频繁,多条业务线齐上阵,针对不同场景推出了不同的方案和产品。

在疫情期间,腾讯教育为全国师生和教育培训机构提供了在线直播课堂、在线课程,以及在线协同办公、教务教学管理等相关产品、技术、内容资源。据介绍,疫情期间,数百万名老师通过腾讯课堂、腾讯智慧校园、企业微信等产品快速开课。

疫情之下，腾讯在自己的多个王牌——QQ、企业微信、腾讯会议等产品中嵌入了教育场景。

比如，QQ 专为网课打造了"群课堂"，并针对群文件、作业等教育场景下的功能进行持续优化，助力师生开展线上教育。除了 QQ 外，企业微信在 3.0.4 版本中上线了"群直播"功能，家长、学生可直接用微信加入班级群里看老师上课。在老师端，有上课需求的老师能一键发起直播，支持全年级、全校的学生同时观看。

2020 年 4 月 23 日，企业微信举办首场教育行业发布会，发布针对基础教育行业的解决方案，并宣布拿出 10 亿元启动资金，鼓励合作伙伴帮助学校和教育局快速上手企业微信智慧教育方案。

5 月，腾讯微校联合腾讯会议推出在线课表等多项功能，通过对接学校教务等相关系统信息，腾讯微校提供快捷入口，让师生快速验证身份进入腾讯会议。

8 月 24 日，腾讯教育推出基于企业微信的私域流量运营工具——企微管家，为教育培训机构提供营销获客、客户运营、SCRM（社会化客户关系管理）、会话存档等社群功能。

9 月 12 日，腾讯企鹅辅导线下体验中心在佛山首次揭幕；26 日，河南洛阳店、重庆永川店也相继开业。截至目前，腾讯企鹅辅导已在粤、豫、渝三个区域的多个地区展开多节点的线下布局规划。实现从线上走向线下实体店的教育全场景延展，与用户拉近距离，是腾讯企鹅辅导布局线下实体店的重要目标。

与其他互联网公司相比，腾讯做教育的思路是，从 B 端到 C 端，从线上到线下，从幼儿教育到成人教育，从内容到工具平台统统涉足，这种"全盘通吃"的打法是否行得通尚待观察。不过，腾讯最擅长的一点就是，尽可能抓住一切可用的产品和生态优势，调动海、陆、空多个"军团"，赋能教育的各个场景，以此打造腾讯在教育市场的影响力。

腾讯的定位始终是"数字化助手"，基本逻辑是提供工具、做好连接、建设生态。

据了解，腾讯目前累计服务了 15 000 多所学校、300 多个省市教育局、7 万家教育机构，服务的用户数超过 3 亿。

至此，腾讯的教育版图经过数年"开疆拓土"，终于"江山已定"，接下来，就该考虑如何"安邦治国"了。

腾讯课堂：打造在线终身教育"立交桥"

20 世纪 90 年代前后，国内在线教育刚刚起步，至 2020 年，在线教育已经迎来了 4.0 时代。经过短短的 20 年，我国的在线教育从刚刚起步，到现在蓬勃发展，可以说，发展速度令人瞠目结舌。

艾瑞数据显示：2020 年中国在线教育市场估值约 4003.8 亿元，同比增长 24.1%；预计还会以 20% 左右的速度持续增长，到 2022 年预计市场总额将突破 5000 亿元。

2020 年 4 月，腾讯课堂在中国移动互联网黑马榜中，以日均活跃用户规模跃居教育学习行业第一，引发了热议。

公开报道显示：2014 年 4 月，腾讯课堂在线教育平台正式上线。截至 2020 年 6 月，腾讯课堂入驻机构总数已超过 7.2 万，在架课程超 17.8 万门，平台全年累计报名 3430 万余门课程，总学习时长累计达 7531 年，通过腾讯课堂在线学习的用户已经超过千万。

2020 年 9 月 10 日，腾讯教育副总裁、腾讯在线教育部总经理陈书俊在 2020 腾讯全球数字生态大会演讲中宣布，腾讯课堂完成战略升级，成为同时服务政府、企业、学校和学员的综合性终身教育平台。

陈书俊表示，目前中国职业教育正面临前所未有的机遇，整体市场规模将近 6000 亿元，每年增速保持在 15% 左右。在他看来，职业教育已不再是一种覆盖某一特殊人群的教育，而是一个全年龄段、全行业的基本需求。随着中国经济发展提速和行业产业的升级，社会对于职业教育的需求也越来越大。

此次完成战略升级后，腾讯课堂将从连接学员与机构的在线职业教育平台，升级为同时服务政府、企业、学校和学员的综合性终身教育平台。通过联动政府、行业协会、院校及教育培训机构、就业产业链的上下游力量，打通终身教育的各个端口，共同打造数字化在线终身教育的新生态。

陈书俊表示，未来希望能和更多生态伙伴合作，面向企业提供一体化线上企业内训方案，向高职院校提供在线教学服务，并与政府和行业协会优化职业教育行业规划，在产品形态和内容生态等方面助力职业教育的发展。

在供给侧，腾讯课堂也将引入更多企业培训内容，并实现申请到的教育部 1+X 证书在更多高校落地。同时，陈书俊提到，希望整合更多行业内容，提供优质课程资源，提高课程与就业岗位的相关性。

据了解，目前腾讯课堂平台上有 30 多万门不同的课程，覆盖了 100 多个不同的品类，每周有约 1000 万名学员在平台上学习，付费学员的完课率和就业率超过了 60%。

从连接学员＋机构平台，到综合性终身教育平台

经过六年的发展，腾讯课堂已成为国内最大的在线职业教育平台。目前，腾讯课堂累计服务学员超过 4 亿，每周有超过千万的学员在线学习和获取知识，上架课程总数量突破了 30 万。此外，它通过"101 计划"的流量、技术、生态赋能，助力近百家机构营收突破千万元，帮助数千万名学员成功就业与创业。

中国职业培训市场一直处于快速发展中，复合增长率在 15% 左右。预计到 2020 年，成人职业培训市场规模将达到 6534 亿元人民币。在线职业教育市场快速增长的同时，也面临着四大主要问题与挑战。

一是优质教师资源和内容不足，尤其是擅长线上互动、具有粉丝效应的师资需求大供给少，有趣易懂、因材施教的课程内容也较少。

二是职业教育的学习成果和认证证书在就业过程中认可度较低,学员参与在线教育的信心和动力不足,部分机构的不规范招生也加深了这种担忧。

三是营销与服务环境不成熟,帮助老师与机构成长的营销、运营及工具生态尚未形成规模,教学服务中的导学、助学等支撑服务还有很大的提升空间。

四是品牌形象较弱,在线职业教育机构往往基础薄弱,打造值得信赖、影响力大的品牌难度高,而维护品牌形象需要在营销、内容、服务全链路投入,成本较高。

在经济产业升级的大背景下,腾讯课堂联动政府、行业协会、院校及教育培训机构、就业产业链的上下游力量,打通终身教育的各个端口,共同打造数字化在线终身教育的新生态,以生态集聚效应,从连接学员与机构的在线职业教育平台,升级为同时服务政府、企业、学校和学员的综合性终身教育平台。

据悉,腾讯课堂此次战略升级囊括了课程内容、产品能力、开放生态三大维度。

首先,内容课程是平台的根基,也是保障学员学习效果和体验的关键所在。腾讯课堂持续推动不同门类海量课程的精品化,增强课程与市场需求间的关联度,提升学员的学习效果。

同时,平台还引入了AR/VR等前沿技术,让学习场景更具沉浸感、趣味性,进一步提升了学习体验。

其次,腾讯课堂在产品能力上,提供全端、全链路的教学体验保障,为内容供应商、教育机构、院校等带来更灵活、更开放、更高效的实用工具集,覆盖直播授课、教学管理等教与学的各个环节。

最后,腾讯课堂的开放生态,将融入腾讯多年来的实践经验及优质资源,以开放共享精神,增强行业协同,实现上下游产业链协同价值的最大化。

此外，腾讯课堂的技术实力与品牌影响力也是辅助整体战略升级的重要部分。基于多年音视频、云计算等能力的积累，腾讯课堂平台支持高并发、高扩容功能，助力机构应对学员需求，实现技术能力弹性供给。同时，腾讯品牌的影响力和信任感也将拉近与用户的距离，帮助合作方提升学员的转化率和忠诚度。

发布"聚智计划"，助力职业教育行业生态圈

"让人人皆学，处处能学，时时可学，且终身学而有获。"腾讯课堂肩负新的使命，发布"聚智计划"，推动终身教育生态合作，践行新战略。

"聚智计划"通过组建行业生态联盟、升级产品能力、丰富内容生态、赋能合作机构等一系列举措，助力人才培养体系的完善，拉近人才与市场需求间的距离，打造在线终身教育行业新生态。

核心举措包括：加强与行业协会、院校的合作；进一步拓展企业内训业务；助力搭建院校在线教育平台；帮助职业教育机构成长。"聚智计划"共享腾讯课堂的能力与资源，让职业教育行业生态圈更丰富、更完善。

具体来说，"聚智计划"是在线终身教育行业的生态联盟，囊括内容、工具及人力资源服务三大生态，内容覆盖教育培训机构、知名院校的知识类音视频、网红课程，汇集CRM、教辅、金融、企业培训SaaS工具，对接招聘网站、产业园区、人力资源外包服务，形成合力，满足学员从学习到工作机会推荐的一站式职业发展需求。

腾讯课堂希望通过打造新型技能培训内容和模式，用数字化、互联网化的思维方式，帮助更多企业加速组织、人才培养体系的变革。

打造就业严选服务，构建人才就业新通路

一直以来，职业教育的核心是培养技能型人才。随着中国产业升级浪潮的来临，职业教育呈现出了全年龄段、全行业的特征，在个人职

业发展中，扮演着越来越重要的角色，接受职业教育成为职场人士越来越常态化的选择。职业教育与就业有天然的联系。作为综合性终身教育平台，腾讯课堂在架课程中的80%和就业岗位密切相关，40%是当年新增的课程，紧扣各行业的发展需求，帮助学员提升就业能力和竞争力。

新战略下的腾讯课堂平台，从学习体验、教辅与经营、开放模块三个方面，助力教育培训机构，为学员就业铺好路。

在学习体验方面，从简单上课到完整学习，构筑全面的学习场景，涨知识、头脑达人、懂行、学长学姐、云端自习室、组队学习等功能让学习不再是单向灌溉，而是更富有互动性的趣味学习。

此外，腾讯课堂还提供了就业严选服务，上线就业频道，以定制化、实操性更强的标准化就业课程与考核体系，帮助优秀学员匹配到感兴趣的工作机会。

腾讯课堂也为教育机构提供获客、留存、带货、裂变的营销工具，教辅教务工具和QQ、企业微信SCRM双渠道管理工具，全方位助力教育培训机构成长。

腾讯课堂与国内顶级招聘平台猎聘达成深度合作，并联合发布了互联网行业求职白皮书《互联网高薪求职宝典》。通过这份白皮书，职场人士不仅能准确了解热门的岗位分析、阶梯岗位薪资等信息，还能根据市场需求规划自己的职业发展路径。猎聘将发挥自身在职位招聘、岗位分析、就业数据上的优势，与腾讯课堂的技能培训、学员数据结合在一起，共建数字经济时代人才职业发展的风向标。

再度加大力度，推出多项机构赋能计划

职业教育机构作为课程内容与学员教学供给方，一直以来都是腾讯课堂平台生态链上的核心环节。腾讯课堂在助力教育机构流量、营收增长上不断突破，预计2020年，平台上营收超千万元的机构会达到120

家以上。

从最早的孵化期到现在的成长期，腾讯课堂通过"101计划"扶持了大量的职业教育机构，投入价值10亿元的资源打造了一批新标杆机构；2020年以后将进入更优质、更丰富生态的繁荣期。未来，腾讯课堂将持续深耕"101计划"，纳入K12学校、职业技校、考研考证及泛兴趣科目，并推出新类目扶持计划。腾讯课堂继续从流量赋能、工具及运营指导、品牌及生态服务、高端资源四大维度输出服务，与政府、高校、行业协会、企业专家、培训机构合作，提升行业培训标准，助力提升培训标准的规范性。

腾讯课堂还启动了以"出道吧，老师"为主题的讲师大赛，通过选秀型的比赛形式，打造知名讲师IP，推动机构更加重视教师培养，并形成课程内容新供给，持续提升教育合作伙伴的行业影响力。

2019年5月，腾讯宣布将散落的20多个教育产品整合为"腾讯教育"这一整体品牌。同年12月，腾讯教育发布了"腾讯WeLearning智能教育解决方案"，搭建教育中台，对外开放底层能力和平台，从顶层架构的角度，打破了信息孤岛，把To B和To C、自有产品和外部产品、教育全品类内容、技术和服务的接口全部打通了，共建教育应用生态圈，最终实现整个行业的通联合作。

2020年9月10日，"2020腾讯全球数字生态大会智能教育"专场在"云端"举行，正式发布了面向教学场景全流程的操作系统——"腾讯教育智脑"，并对旗下多个产品的最新业务进行了战略升级。

据了解，"腾讯教育智脑"是在"腾讯WeLearning智能教育解决方案"的基础上打造的，基于大数据AI和教育评价模型等技术与理论，提供一个中心、双脑驱动、三类支撑、四级架构、五大服务主体、N个应用服务的系统服务，构建服务于教育治理及教学服务的双脑驱动教育智脑大数据平台。

至此，腾讯的教育业务正在逐步迈向协同作战、全域作战。

青腾大学：腾讯的"创业者丛林"

从一个企业级商学院的项目起步，到腾讯唯一的面向创始人和企业家生态的公司级大学，青腾大学以整合最优质全球产、学、研资源，为前沿产业创造者提供持续生长的终身学习平台为使命。

自 2015 年成立至 2019 年，青腾大学已办学六期，创始人学员共计 288 名，学员企业名单里不乏拼多多、小红书、知乎这样的知名独角兽公司，学员企业总估值超 6500 亿元，其中有 14 家上市公司、38 家独角兽、68 家获腾讯投资。

与湖畔大学同龄

青腾大学的前身青腾创业营，成立于 2015 年 7 月，由腾讯与长江商学院创创社区联合发布。

在它创办前四个月，马云牵头在杭州成立了湖畔大学。

英雄所见略同，青腾大学的初衷与湖畔大学相似，也围绕着"扶持新一代创业企业家"。

2011 年的合作伙伴大会上，马化腾确立了腾讯的"开放"战略，让腾讯从一个创业企业开始向全生态开放，并且借助腾讯自身的业务，来连接外部的合作伙伴。相比于大包大揽，自己包办一切，腾讯在那之后更注重自身的业务边界，将自己不擅长的业务交给第三方合作企业，来实现共赢。与此同时，腾讯也希望可以将自身的业务和这些伙伴所处的赛道结合起来，在过程中相互合作学习。

按照马化腾的说法，腾讯的态度是"把另外半条命交给合作伙伴"。

在那之后，腾讯开放平台、腾讯众创空间等机构相继成立，并且吸纳了一批外部合作伙伴。青腾大学则脱胎于腾讯开放平台。

最初成立的时候，青腾大学的名字还叫"青腾创业营"。当时政府号召"大众创业，万众创新"，给这个平台打下了深深的烙印。现在回过头来看，滴滴出行、美团等企业，都是在那个时间节点找到了新赛道，从而飞速发展起来的。

青腾创业营成立时的一个目的就是，希望利用腾讯在社交、流量、技术、内容，甚至资本方面的资源和开放的理念，帮助创业者"从杂草成长为一片丛林"。

的确，青腾大学的最早一两批学员中，不少还处于创业之初的起步状态，其中也包括拼多多的黄峥。当时，拼多多还只是黄峥带领的一个小团队。

并不是所有创业者都有资格进入青腾大学。在挑选学员上，青腾大学设立的门槛可不低：申请者必须来自几个关键行业的领头企业；申请者需要是领头企业的领军人物，如企业的董事长、CEO、创始人等；申请者必须是已完成 A 轮融资（或同等阶段）的创业项目的创始人、董事长或 CEO；申请者要通过多轮筛选，完成企业走访、初试和复试后才能"闯关"入学。

与腾讯战略同步

成立五年，青腾大学已经完成了三次升级，每次升级都与腾讯的战略息息相关，并助力腾讯生态合作伙伴快速发展。

1. 第一次升级：升级为青腾大学，科技创新与商业繁荣共生

2017 年 4 月，青腾迎来了自身的第一次升级：由青腾创业营升级为青腾大学。腾讯公司董事会主席兼首席执行官马化腾，携手时任清华大学经济管理学院院长的钱颖一教授，联合发布青腾大学"清华—青腾未来科技学堂"。腾讯公司副总裁林松涛、清华大学经济管理学院副院长陈煜波教授等，共同出席了发布仪式。

发布仪式上，马化腾强调："腾讯一直在为创业者提供各种服务，在云、大数据、安全等方面，为创业者提供基础设施，打造互补共赢的生态圈。腾讯此次与清华大学合作,希望打造出更具前瞻性的平台,将创业者连接在一起,赋能彼此,共同成长。"

钱颖一表示:"清华和腾讯都有强烈的创新意识和基因,二者跨界携手创办的'未来科技学堂'将培养出新型科技与商业人才,孵化出泛科技领域的领先企业。"

未来科技学堂前两期共计98名学员,其中50名学员的项目估值超10亿元,代表学员有知乎创始人周源、商汤科技联合创始人杨帆、富途证券创始人李华、摩拜创始人胡玮炜、虎嗅创始人李岷、趣头条创始人谭思亮、红星美凯龙战略投资部总裁车一鸣、健康160创始人罗宁政、追一科技创始人吴悦等;截至2019年,98名学员的企业总估值已经超过2500亿元,80%以上获得新一轮投资。

2. 第二次升级:践行内容生态战略,发布未来文创学堂

青腾大学的第二次升级,是腾讯践行内容生态战略,弘扬中国文化的必由之路。

2018年6月13日,由北京电影学院和青腾大学联合创办的"北影—青腾未来文创学堂"开学,致力于培养一批具有全球视野的文创领军人物,推动中国文创生态的升级。

作为一家以互联网为基础的科技与文化公司,腾讯在数字内容领域耕耘多年,拥有中国领先的在线视频平台腾讯视频,短视频平台微视、Yoo视频,音乐娱乐平台QQ音乐,新闻服务平台腾讯新闻,引领行业的正版数字阅读平台和文学IP培育平台阅文集团等。

寻求更多内容合作伙伴谋求共赢,培养一批具有全球视野的文创领军人物,推动中国文创生态的升级,成为青腾大学第二次升级的主要目标。

北影—青腾未来文创学堂首期班共有50名学员,学员的项目总估值超过1100亿元人民币。一半以上的学员项目估值超10亿元人民币,其中单个项目估值突破10亿美元的独角兽企业达到6家。项目覆盖动漫、游戏、知识付费、影视/综艺、短视频、自媒体等数十个细分领域。代表学员有得到创始人、"罗辑思维"主讲人罗振宇，乐元素创始人王海宁，新丽电影 CEO 李宁，凯叔讲故事创始人王凯，巨匠文化创始人胡海泉，笑果文化联合创始人贺晓曦，超体文化合伙人蒋昌建，泰洋川禾创始人杨铭，五元文化联合创始人马李灵珊等。

这份名单也是探究中国文创创业版图的一个切入口。可以看到，在内容创业的商业变现能力增强的同时，商业模式也在向多元化发展，创业者早已摆脱单纯依靠广告变现的方式，内容与付费、消费的结合，催生出会员付费、知识付费、内容电商等众多商业玩法；与此同时，"90 后"文创新秀迅速崛起，且出手不凡；越来越多的女性创业者正成为文创大军的中坚力量。

此外，在人工智能、大数据等新技术的加持下，文创行业正在呈现出一些新特征，文创主体、创作模式以及创作者与受众的关系都在迅速变化。这种变化也让文创行业充满着机遇和挑战。

在资源助力层面，北影—青腾未来文创学堂在为学员提供精品课程之外，还将通过天天快报、腾讯视频、微信、QQ、QQ 浏览器、应用宝、腾讯新闻、QQ 空间、Now 直播、全民 K 歌这腾讯系十大内容平台，助力优质内容分发；同时，还将使用资金对优质的内容创业项目进行投资孵化。

在产业层面，陆续挂牌文创基地的全国 34 个腾讯众创空间，已形成集政策、场地、硬件、人才、服务、投资于一体的生态闭环体系，并通过资金与流量加强对精品原创内容的扶持，提升优质版权内容全产业链运营能力。

3. 第三次升级：扎根消费互联网，拥抱产业互联网

2018 年 9 月 30 日，腾讯宣布启动战略升级，将原有的七大事业群调整为六大事业群，扎根消费互联网，拥抱产业互联网，并宣布成立技

术委员会，打造腾讯技术中台。

伴随腾讯第三次组织架构调整，青腾大学进行了第三次升级：成立青腾大学科技学院、青腾大学文创学院和青腾大学商业学院。马化腾出任青腾大学荣誉校长，同时成立青腾校委会，成员主要由腾讯集团高层和外聘专家组成。腾讯公司高级执行副总裁、云与智慧产业事业群总裁汤道生等都在校委会名单中。

青腾大学科技学院，将聚焦人工智能、生命科学、新材料、医疗、大数据等尖端科学及前沿技术，培养并扶持年轻一代科学家、科研工作者和具有创新精神的科技企业创始人、跨科技与商业融合的企业家等；科技学院将融合人文、科技、商业，肩负社会责任，为中国科技进步和商业繁荣做出贡献。

青腾大学文创学院，将致力于携手内容生态合作伙伴，在"数字中国"的大背景下，深耕消费互联网，用技术和创新，不断推动中国文创产业生态升级；文创学院坚持践行文化担当、文化坚守和文化自信，在文化领域进行多层次、生态化布局，与合作伙伴不断打造视听精品，记录美好时代，讲好中国故事，让中国文化在世界舞台上熠熠生辉。

青腾大学商业学院，将助力支撑中国经济实体行业及传统企业数字化转型升级，融合互联网、物联网等消费场景，在资源和能力上形成合力；商业学院立足"数字化助手"，集合腾讯"去中心化"的业务方式，实现数字化、网络化和智能化，帮助实体产业在各自的赛道上成长出更多世界冠军。

同时，青腾大学与北京大学光华管理学院联合发布了国内首个产业互联网课堂——"北大—青腾未来产业学堂"，共寻数字经济时代的"中国方案"。

青腾大学的第三次升级，正在完成对消费互联网、产业互联网与尖端科学及前沿技术的全面布局；青腾大学各学院之间，也将通过青腾大学校友圈"青腾汇"开展更多跨界合作，商业和文创融汇创新，科技与产业双向驱动。

全面拥抱产业互联网之后，青腾大学的发展也变得更具"腾讯特色"，这把它们和其他企业大学区分了开来。

在互联网的上半场，腾讯的使命是做好连接；在下半场，腾讯的使命是成为各行各业最贴身的数字化助手。青腾大学的这次升级，是对腾讯战略升级的践行，未来将联合产业前沿创造者，推动产、学、研一体化，承担腾讯的社会责任和行业使命。

4. 全方位备战：拥抱数字化，创造新增长

突如其来的新冠肺炎疫情，按下了中国数字化转型的加速键。

不论是在社会治理方面还是在企业运营方面，抗疫过程中都涌现出大批数字化转型实践案例，也使中国在组织抗疫和恢复经济方面走在全球前列。随着疫情防控趋于常态化，长期来看，产业数字化将成为推动中国经济从高速增长转为高质增长的"关键一跃"。

数字化为什么能够帮助管理者应对不确定性？如何理解数字化给组织带来的新能力？数字化运营的背后体现出何种管理思想的升级？如何面向未来激发组织和个体的创新力？青腾大学的数字化新使命是什么？

2020年9月10日，2020年度腾讯全球生态大会青腾大学公开课以"拥抱数字化创造新增长"为主题，前瞻宏观大势，提炼前沿实践，探寻中国产业数字化进取之道。

腾讯青腾大学作为连接腾讯产业内外生态的思考与实践者，不仅推出了9个最具增长属性、迭代更新意识的国内数字化转型企业案例，还在会上重磅发布了"企业数字化转型蓝图"，为企业的数字化转型提供实践和理论指导。

腾讯公司高级管理顾问、青腾大学教务长杨国安，青腾大学总经理、生态合作部总经理王兰，天虹数科商业股份有限公司董事长高书林，美年大健康集团董事长俞熔，同程集团创始人兼董事长吴志祥，江小白酒业董事长兼CEO陶石泉，奈雪的茶创始人彭心，明略集团创始人兼

CEO 吴明辉，特斯联科技集团创始人兼 CEO 艾渝受邀出席青腾大学公开课，并带来主题分享。

作为连接腾讯产业内外生态的思考与实践者，2018～2020 年青腾大学在数字化领域做了非常多的思考和积累。青腾大学累计已经邀请了数百位专家学者，包括腾讯的实战高管、业内的行业导师、国际学术大咖，用实战的教学方式对数字化进行拆解并授课。

比如疫情发生以来，青腾大学推出 24 期"青腾汇一课"，在理论上增强企业家数字化认知。

同时，为了让企业家在实战中探索和学习，青腾大学推出全新青腾 X-day 企业开箱日，让企业家亲自上手，体验最新的数字化工具和场景，旨在将腾讯沉淀的创新创业经验、产品方法论、一线业务思考带进青腾的体验式课堂。

未来 10 年、20 年，全面的技术化、全面的数字经济化，将推动整个社会各方面的改革。数字化风口，给传统行业和科技行业带来的机会是相同的，关键是看谁能用好技术。传统行业更容易享受技术的红利，变革的需求也更紧迫，科技产业也需要学习如何高效赋能产业。

面对行业整体针对数字化转型的诉求与痛点，青腾大学已完成课程升级、模式升级和使命升级等全方位的备战。下一周期青腾大学将不断通过组织学员案例的剖析、私董会和企业互访，让企业家成为彼此的镜子，助力企业完成数字化转型的关键一跃。

腾实学院：探索校企合作新形态

除了给大学生发校园卡外，腾讯还要开课教授校园卡背后的技术。

2019 年 9 月 19 日，腾讯推出了新工科教育品牌"腾实学院"，计划与高校在人工智能、大数据、信息安全、云计算和移动应用开发领域合作教学，并与南京工程学院、山东轻工职业学院等进行了战略签约。这是自 5 月腾讯教育品牌正式发布后，旗下首次亮相的学院。

高校对于腾讯来说并不陌生。自 2015 年开始，腾讯面向大学推出了校园微信号、微信校园卡等多种技术服务，已与 2852 所高校建立了合作关系。

在"双一流"建设等政策的推动下，许多大学开始建设人工智能、大数据等新工科专业。看到这一新趋势之后，腾讯开始把自身的技术、实践案例推向大学，开设短期培训、实验实训，并与学校合作建设实验室、专业和学院。

新成立的腾实学院，是腾讯教育在产教融合、校企合作方面的经验和能力沉淀的承载体。2017 年 4 月，腾讯与教育部签署教育合作备忘录，在"新工科"人才培养、创新创业教育改革及教育信息化建设等方面实施教育合作。它已经与天津大学、北京航空航天大学、深圳大学、重庆工程学院、上海城建职业学院、吕梁职业技术学院等 100 多所高校展开合作，聚焦人才培养、实习基地建设、学院建设、联合实验室构建等方面进行深度融合。

腾讯主要通过数字校园建设、产学研合作、科研人才交流三个部分与高校进行产学合作。腾讯已推出了面向青年学者的犀牛鸟基金，同时会和高校进行联合实验室构建。

在合作模式上，腾实学院的形式灵活，既包括长线的高校实验室、学院共建，产业基地共建，又有针对师生、政企人员的短期培训；既有课堂培训体系，又有竞赛赛事、科研双创活动等。

其中，围绕高校人才培养，腾实学院设立了五大专业方向：人工智能、大数据、云计算、移动应用开发、信息安全，将腾讯落地的案例库与高校专业课教学相结合，同时结合企业级实训项目，让学生在理解专业课知识原理的同时，掌握企业级项目思维与对应技能。

目前，腾实学院提供多种学习平台，包括教学管理平台、沙箱实验平台、智能钛机器学习平台、AI 校园博弈平台等。其中，教学管理平台与沙箱实验平台提供集教学、管理、评测、实训于一体的一站式教学练平台，满足大数据学院学生的理论学习和实践实训需求；智能钛机器学习平台是基于腾讯云计算能力的机器学习平台，帮助用户方便地进行模型训练、评估和预测；AI校园博弈平台则可以让学生通过AI游戏对战，进行算法调试优化，在游戏胜负的激励下，不断提高人工智能算法能力。

此外，腾实学院还提供云上实验实训和认证就业服务。其中云上实验实训课程体系基于岗位需求设计、企业级案例丰富培训内容，使用真实腾讯云资源实践，云资源高可用并发高安全。同时，学员参加腾实学院的认证培训，可获得认证证书，认证学员会被及时推荐给腾讯云及其生态合作伙伴。

热衷于在高校开课的企业中有多家全球科技巨头。华为推出了"人才培养云"，把自身擅长的工科技能打造成适合大学、高职学校的课程和实验室。微软也开始与高校合作，不仅让亚洲研究院的专家开设在线课程，还向高校的人工智能专业提供教学案例。

腾讯教育副总裁王帅说，腾讯更加重视教授技术在企业中的实际应用。"比如腾讯每年招收数千名毕业生、实习生以后，会让他们先做迷你项目，给到腾讯的实际案例，再去设想产品逻辑等。所以我们很清楚哪些内容更适合大学生学习，到了企业以后怎样可以快速上手。"他说。

腾讯将结合就业热度、岗位需求等设计教学内容，每三个月更新一次课程体系。

腾讯的新工科教育已经走进了天津大学、深圳大学、上海交通大学等院校，未来将考虑涉猎新医科、新媒体等更多专业。对于所有掌握技术、渴望人才的科技公司来说，获得学校认可、进入学校只是第一步，如何把自身的经验转化成适合大学生的教材，真正从"工程师"变身为"讲师"，将是它们进校以后长期需要解决的问题。

第 7 章

"破界共生"模式探索备受瞩目

2020年对教育培训行业而言是尤为特殊的一年：线上流量大增，线下机构迟迟无法开门；一方面行业淘汰赛正在进行中，另一方面跨界融合正在加速中。

面对热度升高的市场，许多此前看似与教育交集不深的各路巨头也开始涉足。

58同城看好职业教育，投资奈学教育天使轮；快手投资火花思维。

大疆教育正式推出全栈教育解决方案——大疆教育平台。

三立教育宣布完成B+轮融资，红星美凯龙领投。

据统计，2020年前四个月，教育领域共发生了70起融资案，相比2019年同期的132起，下降逾四成；金额方面，2020年前四个月，教育领域共计完成129.21亿元融资，2019年同期则为126.45亿元。

可以看出，即便2020年教育领域融资数量腰斩，但总体融资金额仍略高于2019年同期。

同时，向教育赛道加注的玩家也越来越趋于头部：投资方中，既有教育领域的上市公司，如有道投资分贝工场，也不乏跨界巨头的身影，如腾讯持续投资猿辅导，参投大米网校。

巨头争相用投资和自营的方式进场，是因为看好教育行业的发展前景。

无论从资本的注入还是从用户的选择看，教育界当下的现状和当年团购市场的"百团大战"几乎如出一辙。

德勤报告显示，预计至 2020 年，民办教育的总体规模将达到 3.36 万亿元，至 2025 年，这一数字将接近 5 万亿元，并实现 10.8% 的年均复合增长率。但目前教育市场尚且分散，新东方、好未来两大传统教育巨头一共占不到 10% 的行业份额，赛道存在巨大潜力。

动辄上亿元的融资并不少见，进一步加剧了教育行业的竞争。目前，传统教育巨头、互联网大公司、地产公司在分食大蛋糕，有的手握流量，有的资金充裕。

拼图资本创始人、董事长王磊曾表示，教育行业已经发展到了一个产业化的阶段，产业化阶段的教育企业必然会展现出很多不同的特征——科技、资本要素将比以往任何一个时间点都更重要，很多教育机构都与科技、资本有连接。

乘风破浪，科技"大厂"跨界

早在 2012 年，在线教育热潮之下，就有一众科技"大厂"纷纷入局教育赛道。

1. 百度

百度在 2012 年前后开始做教育。2012 年百度教育上线，支持录播与直播课程；2014 年孵化了 K12 问答学习平台"作业帮"；2015 年年底，百度教育从百度分拆出来，同年还推出了视频直播平台"度学堂"。

百度对教育的投资则从 2013 年开始，侧重少儿数理逻辑训练和题库产品，偏中早期投资，除作业盒子、凯叔讲故事外金额不高。

2013 年百度投资了传课网，并于 2014 年 7 月以将近 3000 万美元收购了这家公司。同年，百度还向在线教育平台智课教育、沪江网等进行了投资。

2017 年 10 月，百度参与作业盒子 2 亿元的 B+ 轮融资；2018 年 7 月，投资少儿编程项目"BestCode"天使轮数百万元；2018 年 8 月，投资少儿数学思维训练项目"一体数学"天使轮 1000 万元；2019 年 7 月，领投凯叔讲故事共 5000 万美元 C 轮融资，好未来、新东方参投。

2. 腾讯

2014 年，腾讯趁热推出腾讯课堂线上学习平台，邀请教育机构入驻平台，向 C 端用户提供在线教育课程。

2019 年 5 月，腾讯正式发布腾讯教育大品牌，面向学校、教育管理部门以及教育机构，提供连接、管理、系统等服务。业务版图涉及腾讯教育、腾讯教育云、智慧校园、智慧幼儿园、腾讯微校、腾讯新工科、腾讯课堂、企鹅辅导、腾讯英语君九大板块，涵盖从学前教育到成人教育全流程的技术、服务和内容支持。

腾讯搭建起教育中台，为相应场景提供解决方案。

从投资数量和金额来看，腾讯是要在教育领域深耕的。据统计，腾讯在教育领域的投资总共 40 起，金额达到 36.48 亿元，在 K12、素质教育、教育信息化等领域均有布局，中后期投资居多。

腾讯投资的对象不乏上市公司和独角兽，如新东方在线是港股在线教育第一股，VIPKID、猿辅导等已成为独角兽。

截至 5 月，2020 年腾讯在教育领域新增四笔投资，分别是 VIPKID 旗下大班课"大米网校"、印度多语种教育在线科技平台"Doubtnut"、

K12 线上教育公司"猿辅导"和少儿编程项目"西瓜创客"。

9月，腾讯发布腾讯教育面向教学场景全流程的操作系统——"腾讯教育智脑"。

腾讯高级执行副总裁、云与智慧产业事业群总裁汤道生强调，未来，腾讯也将加强知识图谱建设，助力老师从知识点的传递者，变成学生潜能的激发者，实现真正意义上的"因材施教"。

3. 阿里巴巴

阿里巴巴在教育的布局上，更倾向于 To B 赛道。

2014 年，阿里巴巴推出家校互动产品"阿里巴巴师生"。2015 年，原"来往"团队推出了钉钉，定位 To B 信息化管理服务平台。2020 年疫情期间，钉钉支持了全国超 30 个省份 300 多个城市的大中小学开课，覆盖超过 600 万名老师、1.3 亿名学生。

淘宝教育也是阿里巴巴教育生态中的一环，淘宝教育上的课程包含中小学辅导、兴趣爱好、考研考证、职场教育、语言学习等，这些课程来自线上线下的教育机构。2020 年 5 月 14 日，淘宝教育联合粉笔教育 CEO 张小龙、酷艾英语创始人艾力等名人做了直播。

目前，阿里巴巴云市场份额位居国内第一，品牌效应较强。截至 2017 年，有 10 000 多家在线教育公司在阿里巴巴云上构建 IT 基础设施，阿里巴巴云占据了国内教育云服务 85% 的份额。

阿里巴巴也在做非营利性学校，如湖畔大学、云谷学校、达摩院、乡村寄宿学校。同时，它投资美国幼儿园运营商。2018 年 2 月，阿里巴巴旗下的云锋基金完成对凯斯国际幼儿园的 A 轮投资，投资额达亿元人民币。凯斯国际幼儿园是一家美国连锁幼儿园品牌运营商，课程包含大脑开发课程 Brain Waves、跨学科课程 STEAM Ahead，以及中文课程 HiChina，内容包含中国传统二十四节气等中文特色知识。

据统计，阿里巴巴以及旗下的云锋基金已经投资了八家教育行业的公司，包括 VIPKID、iTutorGroup、小盒科技、凯斯国际幼儿园、云学堂。阿里巴巴的投资集中于中后期项目，以学前教育、少儿英语为主。其中 iTutorGroup 和小盒科技融资金额最高，分别达到 1 亿美元和 1.5 亿美元。2020 年 1 月，云学堂宣布完成 1 亿美元 D 轮融资，是 2020 年教育 To B 领域融资额最高的项目，也是阿里巴巴 2020 年在教育领域唯一的投资项目。

2020 年 9 月，阿里巴巴公布新一轮战略部署：将钉钉升级为大钉钉事业部，与阿里云全面融合，并整合集团所有相关力量，确保"云钉一体"战略全面落地。

4. 网易

从入局时间来看，网易旗下的有道为先行者之一，以在线词典和翻译工具为主力的网易有道在 2016 年推出有道精品课。

从发展策略来看，2017 年正式进军 K12 之后，有道对于在线教育赛道的影响力被放大。

2019 年 10 月，有道在美国纽约证券交易所上市。2020 年第一季度财报显示，有道实现了经营性现金流为正，净收入、毛利率、付费人次等多项重要业绩指标都大幅增长。其中，K12 细分领域是主要的增长引擎，付费人次同比增长 358.7%。

有道的产品矩阵基本形成。在 To B 企业服务赛道，有道推出了"有道智云"，基于文字识别技术和题库 AI 技术能力，可智能批改作业，自动检查语法。面向学员，有道推出有道词典 App、有道云笔记 App，这些工具软件可以为网易公开课等平台引流。另外，有道还推出了学习型智能硬件，如有道智能笔、学习平板等。

2020 年 3 月，有道战略投资了 K12 有声教学项目"分贝工场"，后者致力于打造专属于 6900 万名中学生的有声化知识学习平台。该平台于 2019 年 9 月正式运营，以智能硬件为载体，打造符合中学教学特点和应用场景的有声化学习服务。

4月，有道和北塔资本投资"环球绘本"Pre-A轮1000万元，环球绘本成立于2018年6月，为幼儿园及培训机构提供互联网绘本课程和服务。

至此，网易有道一跃进入教育行业第一梯队。

争相出圈，"后起之秀"布局

字节跳动在教育领域发力较晚，但动作频频，收购了多个教育项目的同时，顺势推出了自研产品，目前仍处于摸索阶段。

投资方面，字节跳动集中在英语与K12，"软硬兼施"。2018年，字节跳动收购了"开言英语""读白背单词"；据媒体报道，字节跳动还收购了在线教育品牌"学霸君"的B端业务，参与投资了中小学智慧校园和教育云服务商"晓羊教育"。2019年，它收购了锤子科技的部分硬件专利和"清北网校"；投资了精准教学服务平台"极课大数据"、育儿教育服务提供商"HnR新升力"、美国创新型大学"Minerva Project"。

在自有品牌方面，2018年以来，字节跳动相继推出"好好学习""Gogokid""汤圆英语""瓜瓜龙思维""瓜瓜龙英语""大力课堂"等产品，覆盖知识付费、K12辅导、AI+英语等热门方向。

在讲究"慢"节奏的教育领域，字节跳动仍处于摸索阶段。2019年，字节跳动旗下多个教育业务传出人员调整、停工、高管离职的消息，但这并未阻挡其加码教育的决心。

2020年以来，字节跳动接连上线了瓜瓜龙英语、瓜瓜龙思维等学习平台。最新一款产品是适用于英语初学者的AI互动课产品"开言简单学"App，对标斑马AI课。它采用"打卡返现"模式，用户坚持学习300天，可获得300元奖学金。2020年3月，还曾有报道称，字节跳动正在秘密接触两家营收规模在1亿元左右的线下K12培训机构。这对于互联网公司来说实属罕见，但字节跳动已否认。

目前，教育已被字节跳动当成下一个增长点。2020年3月12日，字节跳动全球CEO张一鸣在八周年的全员信中表示，教育业务将是他重点关注的新业务方向。他说："接下来，我会重启对教育的访谈观察。"

字节跳动高级副总裁陈林曾表示，目前教育业务仍在持续招人，2020年将会招聘超过10 000人。2020年5月25日，清北网校发布招聘启事，称将以200万元年薪招聘网课教师。根据招聘启事，名校毕业、热爱教育事业是第一要求。

瞄上教育的不止字节跳动，还有同样风头正盛的快手。

对于快手而言，大量UGC让平台看到了教育板块巨大的空间。快手高级副总裁马宏彬说过，快手教育内容创作者的涉猎范围在不断扩大：在农业之外，摄影、音乐、K12等内容逐渐登陆快手平台。快手的教育内容越发丰富，也越发受人关注。

2019年，快手一方面鼓励更多个人工作室在快手直播、卖课程或教学相关的产品，收入按比例分成；另一方面，快手也对教育培训机构表现出了合作共赢的意向。《2019快手教育生态报告》显示，目前好未来、知乎、喜马拉雅、果壳、文都教育等多家企业已入驻快手，形成了平台名师与企业官方账号并行的产品矩阵。

在投资方面，2019年5月，中小学自适应学习平台"精准学"宣布，获快手A轮5000万元融资；2020年4月，快手投资火花思维3000万美元D+轮融资。

据36氪消息，58集团前副总裁彭佳瞳已入职快手，职位为CEO业务助理。接近彭佳瞳的人士表示，彭佳瞳或将负责快手的教育业务线，这与现有的教育内容是两码事。

从快手的动作能够看出，其对教育赛道的兴趣依然浓厚，这是值得观察的行业变量。

与一众押注K12赛道的巨头相比，美团、58同城在教育上的布局更多是为服务自身主业，瞄准职业教育赛道。

2019年10月，美团推出职业教育平台"美团大学"。2019年11月，美团点评提出其教育培训业务未来三年的目标：提升连接效率，预计带来超1000亿元学费；从体验到毕业沉淀2000万多条真实评价；帮助教育培训机构提升线上运营能力，做高效率的连接平台。

58同城也在打造大学，不过重心在线下。

2020年5月11日，58同城宣布成立58同城大学，首次将国内最大的招聘服务平台58同城与国际领先的最大培训学习平台培生教育的资源打通，目标是按实时供需比和薪资大数据实现"精准学习，更好就业"。

作为职业技能培训领域的开放大平台，58同城大学下设六大技能型人才培训学院，包括房产经纪人大学、人力资源学院、家庭服务学院、汽车服务学院、网络营销学院、新媒体学院，提供多元化技能学习选择，培养专业化技能型人才。58同城大学以就业为导向，着力培养职业技能人才，在人社部推荐的54家线上平台中排名第六，计划在200多个城市打造1000家职业技能培训与就业中心。

9月10日，德阳市政府与58集团签署战略合作协议，双方携手共建中国（西部）技能人才发展综合服务基地暨58同城大学"未来产业学院"总部。

德阳作为全国唯一的职业教育示范市和中国西部职业教育基地，共有职业院校31所，在校生达14万人，其装备制造、建筑、航空航天、轨道交通等专业拥有明显优势，加工制造类专业60%以上毕业生输送到重装企业及其配套企业，承担多项国家高精尖装备和新材料研发制造任务，每年向现代服务行业输送人才1万余名。此次签约对促进58同城大学建成第一个"招募、培训、就业"一体化的平台将起到示范性作用。

下一步，58集团将积极聚集行业优势资源，全力促进"未来产业""新媒体""双创""家庭服务"四大学院的建设，尽快完成"全国数字化教育与就业云平台"及"人力资源智慧监测分析云平台"两个大数据云平台的建设。

58同城还投资了一些创业公司。2015年至今，58同城共有六笔教育领域融资，其中四笔是职业教育项目。2020年4月29日，58同城、初心资本投资IT技术在线教育平台"奈学教育"天使轮，投资额达数千万元人民币。

从后起之秀的投资、业务布局可以看出，它们与BAT卡位、与主业协同、加固自身护城河的意图存在略微差异，字节跳动、快手等新秀，加码教育的意图更多在为自身寻找新增长点。因此，其整体的投入策略，相较BAT更加激进。

搅动风云，地产"龙头"加码

梳理公开信息可以发现，除了备受关注的互联网巨头之外，加码教育的力量中，地产龙头企业也是不可忽视的一股势力。

目前，已有多家房地产企业进军教育行业，它们大多发挥"老本行"的特长，自建双语学校，或是投资和收购其他创业公司，凭"买买买"完成教育布局。

碧桂园很早就开始了在教育行业的扩张。1994年，碧桂园与北京景山学校合办广州碧桂园学校以带动楼盘销售。碧桂园主要做国际学校和双语学校，一般提供15年一贯制教育，收费水平较高。

2017年年初，碧桂园教育集团更名为"博实乐教育集团"。2017年5月18日，"博实乐"正式在美国纽约证券交易所挂牌交易。2017年年底，博实乐已经拥有64所学校，业务涵盖国际学校、双语学校、幼儿园、培训与服务、游学营地。截至2019年5月31日，博实乐在全国九个省份拥有55家幼儿园。

2018年，针对教育行业的一系列监管规范政策发布，民办教育机构受到影响，博实乐股价大跌。博实乐教育却没有放慢"买买买"的脚步：一方面收购多所线下学校，另一方面收购线上教育平台。2018年，博实乐战略并购了职梦，后者为留学生职业发展提供量身定制的战略性求职解决方案。2020年5月14日，国际教育辅导平台"翰林学院"宣布完成数千万元融资，博实乐获得该机构51%的股权。

另一家地产巨头万科希望打造的是"全龄段教育社区"。

万科教育的形态有城市营地、户外营地、梅沙书院以及社区营地几类。社区营地依托万科住宅社区，主要提供教育和托管业务。其中，万科双语学校是民办中英双语学校，主要采用20人小班化教学模式，中英文教学时间各占50%。

万科在社区公共空间打造了分时的教育配套设施——万科V-Link社区，面向幼儿、青少年、青年以及老年人提供教育服务。团队设计了教育课程，一周7天安排10小时课程。万科V-Link社区教育体系下共设有幼儿学院、常春藤学院、素能学院和家学院四大模块。

保利地产则瞄准幼教领域。2017年12月2日，华润置地与深圳罗湖区教育局签约创办首所"未来学校"，正式进军教育领域。至此，中国前十的房地产商几乎全部入局教育行业。2018年，保利地产还战略投资了智慧教育服务云平台"黄埔在线"数千万元，之后没有新增教育投资。

地产公司为何要投资教育行业？

据德勤报告，教育地产的价值在于教育配套因素以及优质教育资源使其房产在市场上有竞争力，由于教育是刚需，因此教育地产具有抗跌性和稳定性。

整体来看，房地产企业加码教育的根本目的是服务主业，直白一点说还是为了更好地卖房子，这一逻辑与互联网巨头卡位的诉求根源相通——服务主业，巩固护城河。

生态驱动，京东众创升维

2019年7月15日，京东智谷项目在东莞凤岗镇雁田村启动。该项目总投资约 200 亿元，将打造世界级人工智能产业新城。

该项目将通过建设京东核心技术开放中心、导入京东 AI 加速器、搭建京东全球资源对接中心、建立京东大学众创学院大湾区分院、打造人工智能产业基地（工业 4.0 云端厂房）等，实现技术赋能、资源赋能、资本赋能、经验赋能、场景赋能、空间赋能、服务赋能，并最终发展成为自主创新、赋能实体经济、促进转型升级的示范性园区。

"初心"：实战派创始人社群

项目中的京东众创学院，2015 年由刘强东发起，由京东金融主办创立，以吸纳、培养、扶持中国未来商业领袖为己任，打造中国顶尖的创始人生态社群。学员的企业覆盖智能硬件、电商消费、企业级服务、文创体育、教育旅游、新农业、医疗健康、TMT[①]等领域。

京东大学众创学院最大的"初心"是建立实战派创始人社群，让学员与学员之间、学员与导师之间、学员与京东之间形成高效强互动，分享创业经验并搭建合作桥梁，优秀的学员与企业还有机会获得京东金融相关投资基金的优先选择权。

学员申请标准严格，所有学员均要满足：企业处于天使轮至 C 轮的融资阶段，具有创新技术和高成长性的商业模式，处于泛消费升级类产业。这三大主要维度，具有一定的针对性。

该学院秉持正道成功的培训理念，以直接交流京东金融下的京东众筹等京东系创业经验为特色，同时邀请当代著名学者与成功企业家客座分享，兼顾创新创业的实战与理论、经验与趋势，为学员提供与时俱进的系统化课程。该学院采用模块制授课方式，每一期课程都包含 8 大模块，帮助学员提升企业运营、员工管理、品牌发展等方面的能力。

京东大学众创学院的差异化优势在于，除了根据受训创业公司所处的不同发展阶段定制培训之外，更强调跳出传统商学院"纸上谈兵"式

---

① 即科技（technology）、媒体（media）、通信（telecom）。

的理论输出，通过建立创业社群以及推动社群生态圈不断扩容，帮助更多初创者直面创业过程中的实际问题并探讨与之对应的解决方案。

正如京东一贯推崇的企业文化，众创学院注重生态体系和商业模式的"可持续性"，以对外宣导的角度来看，它发挥了重要作用：创业课程奉行京东风格，最终目标就是培养并挖掘出动荡且模糊的行业趋势下"能够应对并破立的双创领袖"。

我们以京东大学众创学院第一期学员、猫王收音机创始人曾德钧为例。在没有遇到京东众筹之前，他从未想过复古的猫王收音机竟然引领了消费升级的浪潮。2006年第一代猫王收音机诞生，然而这款独具匠心的产品居然10年无人问津。直到2015年3月，猫王2收音机首次登陆京东众筹，这款小众的收音机获得超过358万元的众筹资金，创造了国内音频硬件产品众筹金额的最高纪录。此后，猫王收音机积累了忠实的粉丝，也获得了京东金融众创基金的投资支持。

除了为学员提供京东体系内外的资源支持外，京东大学众创学院还为学员之间的相互帮助提供对接平台。在第三期学员中，海泉基金联合创始人汪文忠投资了同期同学俞少蔚的洒哇地咔项目和刘晨的艾洛维无屏电视项目。在第一期和第二期的学员之间，也出现多个相互扶持、相互帮助的案例。

野心：众筹众创生态圈

前几年的双创浪潮下，众筹、众创事业野蛮生长，单打独斗且同质化，并没有实现对创新创业企业精准、高效的扶持。

随着双创进入深水区，过去一哄而上然后一地鸡毛的状态亟待改变。要提高创业成功率，成功解决创业者痛点，必须改变过去创业服务同质化、无系统的状态。

对此，京东众筹率先提出了构建众筹众创生态圈的理念。高征指出，只有构建起众筹众创生态圈，才能提升创业企业与资本市场的联结性和紧密性，充分了解创新创业的痛点、消费市场的现实需求。

构建完整的众筹众创生态圈需要每个环节的精细化。在这个过程中，以京东众筹为代表的创业服务平台逐渐探索出了为创业者提供全创业生命流程的生态服务体系，为创业创新企业提供了从 0 到 1 再到 100 的孵化及加速服务。作为众筹生态的先行者，京东众筹已经构建起了由产品众筹、众创生态和京东金融众创基金、暖东公益组成的完整的众筹众创生态体系。

众筹众创生态如何以精细化运作解决双创痛点？

第一，创业者需要获取创业创新的理论支撑。

为此，京东众筹创建了以建立实战派创始人社群为宗旨的京东大学众创学院，为创新创业企业创始人提供与成功企业家交流的平台，并在课程中提供了丰富的投融资信息、全面的创业服务，还有多位众创学院重量级创业大咖分享心得，为创业者提供了创业路上的经验借鉴和理论知识。

第二，创业者需要资金支持。

为此，京东金融设立了一只专注于中国市场消费升级的创业项目投资基金，即京东金融众创基金。它一直引导被投企业为中产阶级及新兴消费群体提供高品质的生活产品及服务。

第三，创业者需要更高效的创业服务。

京东众创生态已形成包含京东众创 SaaS 服务平台、物联网金融、众创渠道及运营平台三大服务体系在内的一站式创新创业服务支持系统。以京东众创 SaaS 服务平台为例，其集合了京东体系内外的各类优质资源，旨在全面帮扶初创企业成长，提供创业所需的各项服务。

值得关注的是，2017 年 7 月 28 日，就在京东大学众创学院四期开营的同时，为扶持电商行业的创业创新发展，有效降低双创企业的时间成本和资金成本，提高运营效率和发展速度，国内首家以金融科技作为底层的服务类产业园区——京东众创授权宿迁电商服务产业基地的揭牌仪式也在当天举行。这也是京东众创 SaaS 服务的落地产业基地。

后续，京东众筹又推出了全新的业务模式"京东出众"，帮助供应链方打造品牌，成就供应链品牌化的未来趋势。品牌化创业的供应链工厂和追求个性化的消费者一旦对接上，就会产生庞大的新兴市场。京东推出"出众"，希望服务于这样的新兴市场，起到孵化和扶持的作用。

京东众筹众创生态无疑给双创支撑平台建设提供了重要思路。

2018 年 3 月，京东集团与三亚市政府签署战略合作框架协议，双方将围绕小镇建设、现代智慧物流、云计算、电商旅游、区块链追溯技术、互联网人才培育、电商精准扶贫等领域开展全方位、多层次的战略合作，联手打造"三亚京东智谷"小镇。2018 年 9 月 1 日，京东大学众创学院海南首期班在三亚开课。

不难看出，众创学院最大的野心和价值，不是简单地培养创客复制京东的成长故事，而是通过对商业价值观的合理疏导，带动创业大军中的新生力量跟上京东的步伐，寻找并发展出自己的核心壁垒。

在这个社群生态圈中，众创学院可以通过与一批又一批受训学员的串联，进行生态外产业链的布局和应用场景的扩张，在生态合作共赢机制中创造价值增量。相信，这也是整个京东集团商业逻辑的升维，因为它已经清晰地认识到：赢得未来的关键，已不再在于打击或消灭了谁，而在于拉近或联合了谁。

入驻淘宝，字节跳动发力

2020 年下半年，国内互联网巨头公司字节跳动的一举一动，都受到外界的强烈关注。原因无他，TikTok 在美国被围追堵截直至封杀，大家都想看看这家被卷入时代洪流的新锐互联网科技公司，将会何去何从！

2020 年 8 月 17 日，字节跳动旗下教育产品"清北网校"天猫店已悄悄开张，这是在开言英语、瓜瓜龙两个教育培训品牌之后，字节跳动入驻淘宝教育的第三个品牌。

其实字节跳动大力进军教育行业的想法一直都未曾消失，早在 2020 年年初字节跳动成立 8 周年之际，张一鸣就提到了教育行业将是其重点关注的新业务方向。

选择教育作为新的赛道增长点，是因为字节跳动旗下产品本身就具有流量和技术方面的积累，这背后的商业考量更多的是想把教育行业的机会和字节跳动的优势进行有效的结合。

打败你的，不一定是你曾经的对手

在传统教育培训行业，品牌与品牌的竞争以往主要体现在师资、课程、教室等软硬件资源上。

以好未来为例，旗下的学而思依靠完整的课程体系、各科全职教师、标准化的教室及服务体系，将自己打造成一个中小学学科类培训机构的范本。

在相当长的一段时间里，学而思几乎成了行业的代称。当初能与学而思形成竞争的，是同为上市公司的新东方。

不过，教育培训与其他行业有较大的差异性。在用户消费过程中，除了需要支付费用外，用户还会考虑时间成本。尤其是在一线城市，上一次课，穿越大半个城市，实在有点消耗不起，于是更具性价比的"网校"开始兴起。

只是，由于上课习惯以及技术硬件等各方面的限制，线下培训仍然是教育培训行业的主战场。正因此，即便学而思和新东方早就推出了线上课程，且课程体系、授课模式、师资力量等颇为成熟，线上业务收入占比也并不高。

新冠肺炎疫情成为线上教育培训快速发展的催化剂。

好未来第一季度财报显示：2020 年第一季度，培优小班及一对一小课均受到疫情影响，线下课程增长放缓；相反，学而思网校却出现了三位数的大幅增长，贡献了 24% 的营收。

与此同时，财报还显示，截至 2020 年 5 月 31 日，好未来 2021 新财年第一季度实现净收入 9.107 亿美元，同比增长 35.2%；经营利润同比下降 26.8%，达到 3549.1 万美元；运营成本及费用支出为 8.8 亿美元，同比增长 40.3%。

事实上，为了突破线下教育培训机构高成本与低效率的瓶颈，占据流量高地的互联网企业近几年已经陆续入局，试图以技术为手段，改造教育行业以及教育产品的形态。

已经在美国纽约证券交易所成功上市的"跟谁学"是其中的先行者。这个成立于 2014 年的教育企业，其团队成员主要来自新东方等传统教育培训机构，以及阿里、腾讯、百度等互联网公司。

此外，如今大家熟知的腾讯课堂、网易有道等不少在线教育品牌均出自大型互联网公司之手；在细分领域，也出现不少核桃编程、美术宝、VIP 陪练这样的互联网教育企业。

企查查数据显示，VIP 陪练于 2018 年完成 B 轮融资数亿元，美术宝则在 2020 年 7 月完成 C+ 轮融资。

显然，好未来等传统培训机构的对手，再也不是另一个教育培训机构。

流量优势，能否挖出深且宽的护城河

字节跳动虽然于 2017 年就开始悄悄布局，但直到 2019 年才宣布正式进军教育行业。

一方面通过内部孵化，另一方面通过外部收购，字节教育目前已"生长"出包括 K12、英语、高等教育以及教育硬件等在内的 20 多款产品和服务。

如今除了清北网校、开言英语、瓜瓜龙之外，字节跳动的教育版图里还有好好学习、Gogokid、AIKID、学霸君、一起作业、汤圆英语等产品。

字节跳动的教育业务已经覆盖了 pre-K（幼儿园前教育第一阶段）、K12、素质教育、高教、职场教育等多个领域。此外，它还通过并购锤子科技等方式将触角延伸到了 To B 领域，打造在线教育的基础设施。

在字节跳动教育部门成立一周年之际，相关业务负责人陈林对内发表了题为"Zero To One"的演讲，表示字节跳动做教育正处于从 0 到 1 的过程，未来三年，字节跳动在教育上将持续巨额投入，并且没有盈利预期，同时教育业务将提供超过 1 万个就业岗位！

字节跳动的教育业务，无论是发展速度还是规模，都令人咋舌。

字节跳动基于旗下产品的流量和技术优势，通过抖音、头条等自有平台对教育品牌做出推广，自不用多言。

在热门综艺《乘风破浪的姐姐》《妻子的浪漫旅行 4》中，字节跳动对旗下两大明星品牌瓜瓜龙和清北网校进行深度植入，力图通过多种方式让它们出圈，能看出字节跳动始终在不遗余力地做营销宣传。

如今很多传统教育行业仍然屹立不倒，占据着市场上的大量份额：教育类产品或服务从购买到最终交付，有一个极为复杂且漫长的流程。因此，教育行业的竞争不仅仅是技术、产品和营销的竞争，更涉及极为重要的服务竞争。

国内大众对于培训机构的认知程度和选择习惯，也并不会因为你简简单单的一条广告就改变。教育行业本身就大而分散，且不具有强网络效应，准入标准低，更是让这个行业本身就鱼龙混杂。

家长一旦选择了某家培训机构，就意味着经济和时间的双重投入。任何品牌，单凭几次广告触达就想让用户买单，并不容易。

"借力"淘宝，拼出一个未来

除了营销模式的多样化，在销售渠道上，字节跳动也在多方尝试。2020 年 5 月，瓜瓜龙英语首度亮相罗永浩直播间，5000 份双周体验课上架后不到 10 秒即告售罄。

在电商方面，字节跳动旗下三个明星品牌已全面牵手淘宝教育，开出天猫官方旗舰店。

显然，仅仅以技术为手段，改造教育行业以及教育产品的形态不是目前的最优解，字节跳动缺乏的是能够直接触达广大学生和家长的"硬件"产品，这就是字节跳动旗下三个明星教育品牌全面入驻淘宝教育，开出天猫官方旗舰店的原因所在！

众所周知，淘宝本身就代表一个巨大的消费场景，从购买诉求上来看，无疑流量更加精准；依托阿里生态链的赋能，购物场景下的获客成本则会显著降低。

在阿里内部，淘宝教育可以横向打通多个事业部，比如聚划算、淘宝直播、支付宝、钉钉等。在外部，以三种方式匹配消费者需求：一是主动搜索，消费者可通过主动搜索来匹配需求；二是首页设置瀑布流"猜你想学"，通过对消费者增加学习标签，为其推荐教育类产品；三是与实体商品的商家和类目联动，比如和母婴美妆商家联动，推出母婴早教及美妆课程等。

事实上，与其他互联网企业侧重打造教育产品不同，淘宝教育以教育平台化为目标，通过提供平台级服务，解决教育培训机构的招生及潜在生源转化的问题，让教育培训机构将精力投入课程的标准化、持续性研发上，这实际上也是行业效率的体现。

种种优势都表明，选择入驻淘宝教育是一次利大于弊的选择，这也是字节跳动明明握有流量和平台的优势，依然选择淘宝教育的真正原因。2020 年，淘宝教育事业部总经理黄磊表示，接下来三年内将帮助 1000 家教育机构，每家收获 10 万名新生。

新东方、好未来等多个知名教育集团及旗下子品牌均已入驻淘宝教育，仅 2020 年 1～5 月，入驻的教育培训机构数量就增加了 5000 家。

对于字节跳动来说，与淘宝教育的联合虽然可以暂时解决流量和成本上的部分困扰，但是更多的考验还在后面：与目前教育行业的巨头相比，它在师资力量、课程研发、教学服务上依然处于弱势地位；大量招人，虽然短期内可以快速扩大业务规模，但是如何提高在线教育付费用户的转化率仍是关键问题。

想要在这条赛道上拼出一个未来，字节跳动或许应该像腾讯那样，积极做好教育产业的智慧化升级，相信这才是未来教育行业的核心竞争力所在！

革新者来，百度黄埔树旗

2020 年 9 月 6 日，适逢北京一年里最美的时节。

百度黄埔学院迎来了它的第三个毕业季。

在这场毕业典礼上，65 位学员在百度集团副总裁、深度学习技术及应用国家工程实验室副主任、黄埔学院院长吴甜的见证下，完成了为期 6 个月的"首席 AI 架构师养成之旅"，获准毕业。

一个"仰望星空"又"脚踏实地"的计划

近年来，中国经济已经从高速增长向高质量发展转变，从粗放型增长向创新驱动增长转变，在人工智能浪潮席卷全球的当下，深度学习作为核心技术，对于企业向 AI 转型的重要性不言而喻。深度学习作为人工智能发展的重要一环，能让人工智能技术更快速地在各行各业普及，推动融合创新，促进经济、社会和文化等变革。

然而，LinkedIn 大数据显示，全球 AI 人才整体供给在 340 万人左右，其中深度学习人才仅 9.5 万人，且流动性较大，进一步加大了缺口。

2018 年 7 月，中国软件行业协会发布了国内首个 AI 产业专业技术人才培养标准——《深度学习工程师能力评估标准》，将深度学习工程师能力评估分为初、中、高三个级别。同时，深度学习技术及应用国家工程实验室、中国软件行业协会、百度公司联合发布了中国 AI 领域第一个深度学习工程师认证考试方案和第一个体系化的深度学习人才培养方案，意在培养更多、更高水平的工程师，加速推动产业发展。

2019 年 1 月 19 日，百度宣布成立"黄埔学院"，开展深度学习架构师培养计划，并借鉴黄埔军校大门对联的横批"革命者来"，将口号设置为"革新者来"。

2012 年年初，百度开始进行深度学习的研究和应用；2013 年，百度成立了深度学习研究院（IDL）；2014 年，百度董事长兼 CEO 李彦宏针对深度学习研究院启动"少帅计划"，花重金招揽了大批 AI 人才。如今，从百度研究院走出来的诸多 AI 人才已经成为中国 AI 产业的一股中坚力量。百度研究院也被外界称为微软亚洲研究院之后的另一个中国 AI "黄埔军校"。因此，这次百度成立"黄埔学院"也算师出有名。

黄埔学院面向全行业招募学员，首批学生来自 35 个企业和单位，包括国家卫星气象中心、中油瑞飞、中信银行、顺丰同城、奇瑞汽车、神思电子、OPPO、广东电网、广东长隆集团、中国联通软件研究院等。学员都具备两年以上深度学习从业经验。这也意味着，黄埔学院面向行业而不是学界。

黄埔学院的宗旨是"为中国产业界培养第一批首席 AI 架构师"。据了解，百度选出 20 余位科学家与高 T 作为导师为学员授课。百度研究所研究员肯尼斯·丘奇（Kenneth Church）、百度深度学习技术平台总监马艳军、百度 PaddlePaddle 总架构师于佃海都将为学员授课。针对目前企业在实际应用中存在的种种挑战，黄埔学院给出了完善的课程体系，学员参与为期 6 个月、共 4 次的面对面进修课，与百度深度学习架构师面对面交流。此外，还有定制的线上交互式学习课程，辅助其升级技术知识，快速拆解业务问题，并可能参与行业解决方案的联合研发等。最终，从深度学习的理论基础、应用案例和具体技术三大方面直击深度学习实际应用的要害。

可以看出，百度挑选的学员背后的企业都具备丰富的 AI 应用和落地场景，并拥有深度学习应用所需的数据和技术条件。

此外，这些学员还在企业中的关键技术岗位或技术管理职位上。也就是说，这些学员在各自的企业中都是有话语权的，这正体现了百度的目的——拉拢行业用户，壮大百度的 AI 产业生态。

不过，黄埔学院实际上只是百度培养 AI 人才、抢占 AI 话语权的一环。

百度将《深度学习工程师能力评估标准》中划分的初、中、高三个认证等级与百度工程师职级进行对标，每一个认证等级所代表的能力与岗位职责都能够与百度工程师的职级水平充分对齐。此外，百度还将针对《深度学习工程师能力评估标准》设置培训课程，发布全套培训资料，邀请讲师进行培训。

实际上，微软、思科等企业都有自己的人才认证标准。想要获得这些企业的认证，就需要熟知这些企业的产品和技术，这对谁有利自然不言而喻。

除制定标准外，百度还提供了线上、线下结合的深度学习普及教育课程，并且联合多个国家有关部门，开办首个 AI 师资培训班。

当然，这些大多是针对个人开发者的。百度的 AI 想要在行业落地，就势必要把自己的"朋友圈"从个人开发者拓展到企业。

百度高级副总裁、AI 技术平台体系（AIG）总负责人王海峰曾在百度世界大会上表示，基于企业及开发者希望全面拥抱 AI 的需求，百度大脑将推出多项扶持计划，其中就包括"黄埔计划"，也就是如今的"黄埔学院"。

目前来看，成立黄埔学院是一步好棋，毕竟 AI 想要产生价值必须真正落地，而且要落地到各行各业。加深诸多企业内部的关键人物对百度 AI 技术和平台的认知，则会促进这些企业对百度 AI 的认可和采纳，进而将之转化为商业客户。

2018年7月,李彦宏在百度AI开发者大会上喊出了要让"Everyone Can AI"的口号,其实这句口号后面还要加上一个限定——"通过百度的AI平台"。如今,王海峰领导的AIG正在通过"开放+人才培养"的方式,向这个有点理想主义的目标前进。

难怪有学员感慨:没有百度提供的平台,对很多中小企业而言,AI战略转型说起来更像是"仰望星空",百度提供了一个平台、一个生态之后,这就成了可以"脚踏实地"的计划。

黄埔学院举办三期以来,已向行业输送135位AI落地产业的高端人才,被誉为业界名副其实的"黄埔学院"。

如何让同路人更多,如何让百度AI圈更大

当AI成为中国企业转型的主旋律时,扶持开发者、推动产业化,已经成为科技企业的应有之义。各种竞赛、社群、高校产研计划等相继推出,从一开始就关注产业智能落地的黄埔学院,为何能在这么多人才培养计划中脱颖而出?

我觉得这首先是因为黄埔学院成立的初衷——通过平台、企业、学术等多方力量的协同参与,技术与产业的高效配合、互通有无,培养既懂应用场景,又懂AI技术,能够把AI技术应用起来,解决场景当中实际问题的"首席AI架构师"。

百度黄埔学院就是希望通过这样一个平台,召唤志同道合的创新者聚集起来,改变行业生态。

黄埔学院从第一期到第三期,都本着培养人才,而非简单培训的原则,整个过程讲究技术+场景的落地。也是基于这样的初心,黄埔学院从成立至今,都保持非常开放的态度,从资源、技术到平台,都在倾力投入。

因此,不论是前期招生,还是后期的课堂,黄埔学院对于学员的筛选标准之一,同时是最重要的一个条件就是,具有非常明确的将AI应

用落地的场景和需求,并且切实解决企业和行业的问题。更加具体的要求是,学员自身要在企业当中主导过技术应用的项目,有两年以上的技术应用经验。

换句话说,只有当你问出一个真实的问题时,你才可能得到一个有意义的答案。

黄埔学院不追求数量,而是通过真实的场景与技术融合的问题,帮助学员寻找新的技术、算法、平台等的组合,甚至激发学员去反思场景,重构场景。

这样的办学标准,得到了不少学员的认同。好口碑传播出去,业内主动找上黄埔学院的企业也越来越多,让百度黄埔学院更加欣喜的就是看到"越来越多的传统企业来报名"。在第三期毕业学员的名单中,我们看到了来自运输、金融、汽车制造甚至农业领域的企业。

平台为学员提供助力,打开产业想象力的同时,更是为这种想象力的"身体力行"提供了"实验良田"。百度自主研发的开源深度学习平台飞桨,让许多停留在想象阶段的项目走上了实践的正轨。

飞桨以百度多年的深度学习技术研究和业务应用为基础,具有开发便捷的深度学习框架、支持超大规模深度学习模型训练、多端多平台部署的高性能推理引擎和产业级开源模型库四大领先技术优势。它已经集聚210万名开发者,服务超过9万家企业,创造出29.5万个模型,成为国内最早开源开放、服务开发者数量最多、功能最完备的深度学习平台。

黄埔学院和飞桨推动整个AI体系在不同行业快速落地,也在为中小企业创造竞争力和商机。一位学员说,如果只是自家"吭哧吭哧"闭门造车,时间很快就过去了,"车"还没有造出来,但这时候如果招投标,竞争对手具备相应能力就能抢占先机;有了飞桨之后,最快可在一周内完成快速部署,从而在市场竞争中不失先机。

百度建立黄埔学院,利用自身的视野和技术实力,招徕顶级人才,把AI里最难的部分承包下来，然后经过自身大量的实战，在充分咀嚼之后，将之变成易消化的养料，再将其提供给黄埔学院学员身后的各行各业。

在此过程中，百度相当于以自己的技术实力为依托，承担了整个行业的试错成本，先把降本增效的路给趟了出来，再通过黄埔学院的形式分享出去。

降低门槛的利好之处，就是让更多的人有机会加入进来，这样很多中小企业即使没有高级技术人才，也能轻松上手AI技术。加入的人越多，场景越多，应用越多，就越能反向推动AI技术的进一步迭代，从而形成自我增强的"雪球效应"。因此，对于百度来说，眼前，相对于主营业务来说，AI技术带来的回报还不算高，但正是在黄埔学院等若干项目催动的循环中，百度建立起越来越强的技术壁垒。

授人玫瑰，手有余香。于百度自身而言，黄埔学院的这种教与学，又何尝不是一种自我进化的机制呢？大量企业采用飞桨这一深度学习平台，反过来可以促成飞桨平台的更新升级，更加符合B端企业需求。不同企业在智能化升级过程中遇见的问题，也为百度AI战略累积了足够多的实践场景。

如果没有百度通过黄埔学院为整个行业注入技术能力和快速配置AI资源的能力，可以想象，中国AI技术进程会延缓许多。

百度是一家技术型企业。第一代互联网兴起后，依靠在搜索技术上的领先，百度成为"BAT"中领先的那个"B"。移动互联网时代到来后，百度一度迷失了自我，于是"BAT"变成了"JAT"或者"TMDATJ"。AI时代来临，作为国内最早布局AI的企业，巩固了技术壁垒的百度，一次次占有行业和时代的先机。

于是，我们很欣慰地看到"BAT"回归了。

当前，在线教育重回风口，资本、资源再度聚集，在前几年的洗牌下，这一业务已经成为独角兽和巨头的游戏。

另外，拼图资本创始合伙人、董事长王磊认为，这些"大厂"大多不懂教育，形成教育基因需要更长时间。"发展教育既可以让科技企业发挥技术优势、进行业务外延，也能带来比较好的现金流；同时，教育行业抗周期性强。"在王磊看来，当下的科技互联网公司纷纷入局教育市场是形势使然，但现在并不能看出来这些"大厂"在教育领域有多大的梦想或野心。

王磊认为，随着"大厂"加速进入教育领域，未来可能会影响或者改变现有的教育行业格局，但这样的变化不会来得太快。"它们想超过传统教育头部机构（如新东方、好未来），成为教育行业的领跑者不太容易，但也能成为上市公司，就像网易有道那样，在一定程度上改变教育行业的现有格局。"

各路人马齐聚教育赛道的原因不难理解：教育是刚需，只要互联网能够助力教育实现在线化、规模化，行业集中度就会得到极大提高，这意味着会出现一个价值千亿美元的赛道。

更重要的是，在线教育的模式一旦走通，就会极大地改善教育资源分配不均的问题。也就是说，在线教育不但商业前景可观，社会价值同样巨大——能将商业价值和社会价值高度统一的行业，委实不多，因此在线教育自然受人追捧。

从过往经验来看，教育是"慢领域"，需要对学生使用习惯、用户属性特征等有清晰的认知，并且教育市场细分领域众多、可复制性差、专业水平要求高，单纯靠技术、巨额投入、流量就想做好教育，难度较大。不论是教学教研、人才储备还是运营管理水准，没有一定的时间积累，都无法建立优势。

多路玩家的进入为教育行业带来的影响是，引入不同的思考方式和发力点，这些在借助资本力量放大影响的同时，也会深度改变教育行业的面貌。可以肯定的是，在可观的行业发展前景面前，包括巨头在内的力量对教育赛道的加码还会继续。

第三篇

"培训+"正在重新定义企业大学

凯文·凯利在《必然》中写道:"我们处在一个液态的世界,所有的东西都在不断地流动,不断升级。"这种流动和升级,带来了一种危机感。如果创新的速度和效率得不到保证,那么企业很容易顺流而下,被时代的潮流冲垮。

如何以正确的节奏走上创新之路,这已经不仅仅是科技公司思考的问题,更是整个数字经济世界共同面临的问题。

自20世纪20年代美国有了第一家企业大学始,至今企业大学已有近百年历史。为什么企业要办企业大学,而不是简单的培训中心?

实际上,企业大学是第二次工业革命的"产物",随着大型工业企业对工人素质要求的不断提升,企业管理的概念应运而生,面对如何把管理纳入企业职业经理人的培训这一问题,外部培训机构和高等教育机构难以解决,在这样的背景之下,企业大学应运而生。20世纪末,《财富》世界500强企业几乎都有自己的企业大学。

企业培训中心和企业大学最大的区别就在于，企业大学要从人力资源部的框架里跳出来，聚焦到战略当中去，成为一个战略伙伴，要把企业的人力资源转化成人力资本和战略服务。

面对瞬息万变的世界格局，任何一家企业都有必要具备直面各方挑战的能力，无论是周期性轮回的金融危机、黑天鹅的突如其来，还是人工智能的崛起，抑或是不断加强的全球化趋势。

以此放眼来看，在中国，企业大学的设立不仅可以打破传统商学院的标准化套路，有针对性地管理相应的培训课程，更能够让企业专注于自身的战略规划和生态需求。

这里，我们再多说说那个正在布局大多数人猜不到的新蓝图的湖畔大学。

湖畔大学希望花 10 年时间为中国下一代企业家打造一所哈佛、耶鲁级别的伟大大学。

若想实现这一愿景，马云等创办者就必须在 2025 年之前进一步扩大招生规模、完善教育体系、塑造口碑，甚至是获得学位授予权。

湖畔大学新校区具备现代科技教学功能，于 2017 年开工，即将投入使用，届时招生规模有望进一步扩大。除了 CEO 班，湖畔大学将逐步考虑开设 CTO（首席技术官）班、CPO（首席产品官）班、CFO（首席财务官）班，甚至研究"企业二代"如何接班。

这所由阿里巴巴亲手筹备的"大学"，其野心已经初见端倪。

阿里巴巴投资部门很早就对界面新闻记者否认过他们与湖畔大学有关，湖畔大学的负责人也强调学校的决议模式由校董会投票决定，基金会的预算与投入情况将向社会公开。但是，我们不难发现，湖畔大学的学员构成基本与阿里巴巴的战略步伐、对未来实体经济的判断保持一致。在外界，他们甚至被称为"马云门徒"。

在湖畔大学第一期学员名单中，互联网行业创业者是主要力量；在第二期学员中，来自互联网公司的学员的比例则由第一期的 60% 降低到

30%；在第三期的 76 位候选人中，处于转型期的传统产业接班型的创业者明显增多。这与马云近年所倡导的"未来 30 年属于裂变、重构之后的传统企业"不谋而合。

阿里巴巴 IPO 的招股说明书中，曾 24 次提及"生态系统"，阿里巴巴的想象力和雄心可见一斑。

马云、曾鸣等人在湖畔大学的授课过程中，都着重探讨了平台型企业的创新手段，马云强调"平台型企业的核心价值体系就是如何让别人做得越来越强"，并对学员表示"你要么是平台型企业，要么利用好平台"。

阿里巴巴的平台已经覆盖了电商、金融、大数据、文娱、物流等领域，未来还会进一步将"计算"变成水电煤气一样的公共品，分享给生态圈内的每个参与者。马云 2016 年年底提出的"新零售"概念，又给阿里巴巴的世界带来了新的参与者，进一步打通线上和线下，不断拓展商业边界，构建出竞争者难以模仿的商业形态。

校董之一的复星集团董事长郭广昌，在湖畔大学分享了复星整合生态圈，打通产业链的未来图景。复星在 2016 年 12 月 9 日正式提出建立"幸福生态系统"，将通过投后管理拉长产业链，为被投企业提供增值服务，让每个成员在复星的生态圈内不断发展，为客户提供全面的"幸福生活"。郭广昌强调，复星尤其支持所投资的企业围绕其产业上下游展开收购，内生与外延协同发展。由复星主导的价值管理生态圈已初见雏形。

海尔集团首席执行官张瑞敏则在授课过程中向学员表示，海尔的颠覆目标是从传统名牌经济转型为平台商业，从零和博弈转型为共创共赢的生态圈，从名牌超值转型为社群用户的终生价值。目前，海尔已经逐步去掉了管理者，变成网络化的组织，聚焦了上千个小微，有 200 多个小微已经开始市场化，越来越多的外部创业者也在利用海尔平台获取资源，通过"小微"身份实现创新。当下，张瑞敏正在物联网革命中，引爆海尔筹备多年的用户生态圈。

很显然，湖畔大学的壮大，也正是阿里巴巴、复星、海尔等分享学员，孵化生态圈伙伴，构建更为庞大的商业生态系统的良好机遇。

这不再是简单的创客培养或投资行为，而是通过价值观的培训和疏导，让新一代中国企业家跟上阿里巴巴、复星、海尔等生态型企业的成长思路——企业赢得未来的关键，已经不在于消灭了谁，而在于团结了谁。

已经有了淘宝大学和阿里商学院的阿里巴巴，之所以还要建设不一样的湖畔大学，是因为马云认为"我们希望聚集这么一批企业家，打造一个新的商业文明。我们相信新商业文明的时代已经到来。"

如今，无边界将成为组织的新常态，企业从过去的串联关系，走向串联与并联交织在一起的网状结构组织，从过去封闭的产业价值链过渡到现在的产业生态圈。

华为宣称要建立"哥斯达黎加式"生态系统，联合开发者伙伴进行创新；马化腾认为开放型生态即将从"大树"变为"森林"，而腾讯的生态空间会顺应形势大规模扩容；小米通过平台向供应商伙伴传达自身的价值观和方法论，最终形成了"竹林效应"。

目前，中国商业已经出现了技术型生态、流量型生态、社群型生态、资本型生态和混合产融型生态并存的初步格局。

处于生态圈中的核心企业，通过产业链布局和用户应用场景创新，匹配"培训+"这样的优质入口，创造价值增量，形成了生态伙伴共赢机制。"要么是平台型企业，要么利用好平台"正是每家企业即将看到的现实和必须做出的抉择。

湖畔已经形成了一个包括所有老师、校董、保荐人、学生的社群，它不受地域、时间、空间的限制，即使是非上课时段，大家也经常在网上讨论问题。历届学员在毕业之后，会成为学校新的捐助者、保荐人和面试官。

可见，以学校为纽带的社群网络未来会进一步壮大，这无疑让阿里圈的企业家、创业者、品牌业务之间的联系与互动更为密切。一旦机会来临，行业边界会加速融化，产出新兴的领域创新，最终成就一个生机盎然的生态网络。

2015年在湖畔大学第一期开学典礼上，马云发出呼声："湖畔大学要活300年，阿里只要活102年。"除了要实现伟大的企业家教育，这句话可能还包含着另一层含义——即使以阿里巴巴命名的实体公司不再存在，湖畔大学所引领的生态圈依然要保有活力。

当学员所领导的业务迅速成长之后，这些新的颠覆者，将以分享产业链、共抗风险、共同盈利为目标，最终成就一幅商业新版图。整个社会的商业价值观，由于受到一批批学员企业家的引领，因此方向和步调上能够保持一致——这或许就是马云所向往的"商业新文明"的未来图景。

事实上，已有越来越多实力出众的企业像阿里一样，看到了新企业大学的价值所在，开始开办或计划开办企业大学。

这种趋势的背后，归根结底也是一种打破边界的逻辑。当无边界状态成为一种新的组织常态后，企业也将从过去封闭的产业价值链走向相互融合的产业生态圈。

不管这些巨擘是为新兴产业培养人才，还是已洞察到未来人才必须具有的特质并借此展开新的布局，从创造全新社会价值的角度考虑，充分利用企业核心竞争力的企业大学，在推动产业升级和完善中小企业服务体系建设等方面，都有着极其深远的意义。

由于"培训+"的植入，企业大学正在被重新定义。

第 8 章

"培训 +1.0"：从企业大学到生态大学

现如今，真正好的企业大学应该做到：人才培养、文化凝聚、知识创新、前瞻研究、变革管理、价值链整合等。

比如，这几年广受赞誉的华为生态大学。

时代发展日新月异，互联网格局更是瞬息万变。纵观华为等优秀企业设立的大学，大都基于自家所在领域，持续加码人才生态，为该领域输出可用人才，以此形成良性闭环。

不论是电商、ICT，还是人工智能领域，都在发展中遇到了人才短缺的瓶颈。

领先者有责任推动整个市场健康发展，做大整体市场盘子，设定行业的规则规范，在推进生态环境建设的过程中，逐步把企业需求转向社会责任，并通过产业链、生态链将技术大量向社会溢出。当然，这当中企业具有话语权，更会是受益者。

华为中国政企业务副总裁、华为生态大学校长杨文池就曾谈到成立华为生态大学的初衷：在企业市场上，华为需要与产业各方紧密合作，包括合作伙伴解决方案的能力，合作伙伴的不同角色，投融资、规划咨询等，也包括高校跟华为做的联合创新。

总结起来，优秀企业在市场上的打法是"平台+生态"，人才生态助力产业生态。

华为生态大学这种模式，可以使学员在相互交流、探讨中，一点点寻找到文化凝聚力和向心力。知识是需要创新的，个体及企业的知识也需要不断更新，拓展边界。

这种对合作伙伴的赋能，"授之以渔"，可以在管理、技术、产品、团队，甚至财务等各方面切实解决伙伴的问题。不止于眼下，还为其未来筹谋，帮助其在越加复杂和多变的市场环境中抓住新机会，站得更高。

华为并不短视，早已经是一家真正视"渠道"为"合作伙伴"乃至"生态伙伴"的企业了，从而形成了商业共同体。只有将伙伴打造成为行业的中坚力量，生态才会越加繁荣。行业对于人才的战略地位，也冲向了新的高地。

在商业生态（business ecosystem）成为高频词之后，"人才生态"也渐渐被越来越多的人所熟知。信息化时代背景下，资金、技术及人力资本等高速流转的生产要素构成了企业发展的关键，其中人力资本的重要性显现出来。

从2013年启动ICT学院校企合作项目，到2016年成立华为合作伙伴大学，再到2018年华为全面整合相关资源将华为合作伙伴大学升级为华为生态大学，华为从企业大学到生态大学的转变说明：后疫情与新基建的形势下，想要实现人才生态助力产业生态，在数字化浪潮中，领先企业需要给内部人才和行业生态提供一个良好的发展平台，通过组织因材施教。

如何形成一个生态

在十周年纪念发布会之后，小米迎来股价暴涨创新高的好消息，一时间再度引起了大众对"小米现象"的广泛讨论。小米成立后，快速用新模式颠覆了传统手机产业并用极短时间跻身行业前列。面对耀眼的成绩，很多企业都想成为第二个小米，于是纷纷模仿小米的价格、风格设计、营销方式等，但事实证明，复制这些表象并不能成就"小米第二"。面对不幸折戟的模仿者，很多人片面地认为，小米的成功并不具备可复制性。

小米的涅槃重生离不开 IoT 平台多款爆品持续占据市场引导地位，形成了强有力的发展引擎，这也让小米成了"爆品"的代名词。早在 2013 年小米就开始布局 IoT 生态，已投资企业 300 余家，其中 18 家已上市，形成了庞大的小米生态链。

小米生态链唯一一家爆品学院——谷仓爆品学院则用实际行动证明，小米的成功也许不能复制，但是小米成功的底层逻辑和方法论是可复制的，还能复制到各行各业。

定位：指导员角色公司化

谷仓爆品学院创立于 2016 年 1 月，由其核心管理团队和小米、顺为基金联合成立，是小米生态链本着"指导员角色公司化"思路设立的机构，是一家独立的小米生态链企业。谷仓爆品学院在小米生态链体系中的定位是，不断地梳理、提炼小米生态链企业的打法和经验，以培训、孵化、出版等多种方式分享小米及小米生态链的价值观和方法论。

围绕消费品和智能硬件，在小米生态链实战经验和自身孵化上百家企业的基础上，谷仓总结了一整套系统打法，通过精细化的创业过程控制，提高创业的效率和成功率，让创业从玄学变为科学。

谷仓爆品学院为创业者提供优质的创业课程，帮助创业者快速补全知识短板，提高系统性经营能力。

谷仓的第一门自主版权课程"产品经理必修课"已累计系统性培训 2000 多位来自《财富》世界 500 强企业、优质制造业企业、硬件创业企业的高管和产品经理。该学院正抓紧研发品牌定位、用户增长、团队管理、财务资本等创业者急需的优质课程，后续会陆续推出。

谷仓爆品学院孵化器主要聚焦消费品和硬件产品的孵化，为创业者提供专业化、精细化、系统化的创业服务，帮助创业者用新理念和新技术重新定义消费品，先做出一款爆品，再逐步成长为品类冠军。

该学院已累计孵化 137 个产品创业项目，其中有 7 家企业已经成为小米生态链企业，卡拉扬书包、芯迈鞋垫、计客魔方等企业都已成为各自领域中的优秀选手。

模式：科学创业，反向孵化

谷仓爆品学院针对硬件创业者最容易碰到的四个大坑——方向性错误、搞不定供应链、卖不掉产品、融资困难，提出了原创的反向孵化模式。

- 先有方向，后有团队。
- 先有供应链，后有方案。
- 先有渠道，后有产品。
- 先有资本路径，后有项目。

谷仓著作《小米生态链战地笔记》已有繁体中文、简体中文和日文版本，成为硬件创业者的必读书目。《小米生态链企业 CEO 年度思考集》《饭米粒》（小米生态链内刊）已出 9 册，记录了小米生态链企业在经营过程中的思考和复盘。

谷仓爆品学院下设四大业务。

1. 创业教育：培养顶尖硬件产品经理

目前，谷仓的旗舰课程产品为"产品经理必修课"。

核心内容源于小米生态链的方法和经验，同时结合谷仓自身孵化百个硬件创业项目的经验，是上百个产品团队真金白银"烧"出来的实战课程。

谷仓"产品经理必修课"一直在培养优秀的硬件产品经理。

谷仓团队历经两年时间，将这些产品团队的经验教训总结为"产品创新九步法"，用三天两晚的时间，从"看风口找赛道""爆品：打赢第一仗""迈向品类冠军之路"三大模块逐一解析做好产品的必备要素。

导师团队包括谷仓导师团队、小米生态链企业 CEO、其他有实战经验的创业成功者等。

谷仓爆品学院已累计培训了 4000 多位来自《财富》世界 500 强企业、优质制造业企业、硬件创业企业的高管和产品经理。

参课企业中不仅有小米生态链企业，也有初创企业、转型中的制造企业、大中型品牌公司，如联想、骆驼、南孚电池、TCL、苏泊尔、七匹狼、传音、特步、名创优品等。

2. 创业服务：手把手，为创业者护航

谷仓新国货加速营是由谷仓推出的一款聚焦消费升级领域的核心孵化产品，主要针对硬件、生活消费品创业团队展开三个月的系统性孵化，协助创业团队做好第一款产品、打赢第一仗。

例如，贝医生牙刷小米众筹 24 万支；须眉科技出品的米家便携式剃须刀累计销量突破 60 万台；微密科技的手表成为小米有品的人气商品；芯迈鞋垫销售超过 40 万双；卡拉扬在儿童书包领域成绩斐然；计客智能魔方成为年轻人喜爱的潮玩。

谷仓以小米生态链创造的经验和打法为蓝本，为硬件、生活消费品类创业团队提供产品方向研究、方法论指导、销售渠道对接、优质供应链整合和创业资金支持方面的手把手辅导，革命性地提高创业或转型成功率，帮助创业团队躲避创业路上"坑"，促进团队整体能力提升。

谷仓为产品创业者提供的一对一创业服务还包括：用户研究、市场研究、技术对接、产品定义、工业设计、产品站呈现与包装设计、渠道运营服务（谷仓新国货 100 平台）、资本对接。截至 2020 年 3 月，本项

服务仅对谷仓现有学员开放。

3. 谷仓创业观察：讲述创业故事，传播创业精神

"谷仓创业观察"是谷仓的媒体矩阵，聚焦产品创业，致力于为消费品和智能硬件领域的创业者进行深度报道、案例解读等。

全矩阵有近百篇高质量文章，小米集团联合创始人刘德、知名产品评论家梁宁等业界大佬都在持续关注"谷仓创业观察"并与之互动，在小米生态链内外有广泛深刻的影响。

同时，谷仓有70个创业学习社群，覆盖近6万名高质量私域用户，以天使投资人、公司创始人、企业高管、创业者、产品极客为主，辐射范围包括北京、上海、广州、深圳、南京、无锡、杭州等。

4. 谷仓产业孵化器：领域聚焦，经验可复制，资源可复用

谷仓智能硬件产业孵化器。针对智能硬件创业项目展开孵化，也为传统制造业提供系统化的AIOT（人工智能物联网）培训，同时为创业团队和制造企业提供成本可控、性能稳定、用户基数大的小米MIOT模块和整体解决方案。

谷仓食品产业孵化器。针对食品领域展开孵化，重点孵化以下产品：方便食品、冷冻食品、休闲食品、功能性保健品、调味品、宠物食品。谷仓食品孵化器和江南大学食品学院（国内食品领域排名第一）、无锡食品科技园、国内食品龙头企业紧密配合，整合政、产、学、研、资等多方资源，展开食品专项孵化。本孵化器位于无锡梁溪区食品科技园内。

谷仓设计产业孵化器。针对设计领域展开孵化，重点孵化设计+传统制造业，通过设计提升产品品质和用户体验，把握消费升级机会，把好设计变成好生意。谷仓与杭州良渚设计小镇、中国智造大奖、光华设计基金会、中国工业设计协会紧密合作，共同推动设计的产品化、产品的品牌化、品牌的资本化工作。谷仓设计产业孵化器位于杭州良渚设计小镇。

赋能：多维度助创业者成功

创业者不只需要有获得感的干货，更需要全维度被赋能。

2020年1月6日，谷仓赋能中心挂牌仪式在北京举行，投资赋能中心、渠道赋能中心、设计赋能中心的挂牌成立，标志着谷仓的产品孵化体系更加完备。

赶上迎新春之际，谷仓创业学院联合创始人杨小林为赋能中心写了一副春联："培育服务享多轮驱动，全力赋能助创业成功"，横批"入仓就行"。

1. 投资赋能中心：合理规划企业资本路径，让企业在融资过程中少走弯路

融资难是很多创业者遇到的问题，可能在2020年及以后会成为更多创业者面临的问题。

创业成功的关键要素，除了产品、渠道、供应链外，资金也非常关键并且非常紧迫。资本作为创业过程中最重要的资源，是开疆拓土的弹药支持。

谷仓独创的反向孵化模式系统性地提升了初创公司创业成功率，谷仓投资赋能中心就是反向孵化的第四个环节：先有资本路径，再有项目。

谷仓投资赋能服务分为横向服务内容矩阵及纵向融资过程咨询。

最终的落脚点就是帮助企业在资本路径上进行合理的规划和设计，帮助企业融到其发展所必需的资金，度过资本寒冬。

在资本路径规划、规范治理、融资前的准备上，谷仓有一些独特的优势，拥有完整的财务、法务等资本相关的赋能体系，已经帮助很多谷仓学员企业在和投资人对接，在股权融资、债券融资、金融机构、非金融机构等渠道商方面做了大量储备。

除此之外，基于之前服务的案例，谷仓也有很多解决具体问题的经验，例如BP（商业计划书）怎么写能吸引投资人，面对投资人访谈时应怎样回答，怎么能让投资人觉得这个项目有亮点等，这些都是实实在在的赋能。

谷仓已投资 20 多家企业，其中包括 7 家小米生态链企业和多家在各自赛道取得不错成绩的企业。

2. 渠道赋能中心：把好产品放到对的渠道上，把生意做大

这几年，各种新的卖货渠道增长非常快，内容电商、社交电商等都在蚕食"古典电商"的份额，如何把自家产品放到对的渠道上，大幅度提高销量，是产品公司 CEO 要考虑的关键问题，也是致力于为创业者赋能的谷仓要考虑的关键问题。

经过了一年半时间的探索，谷仓集中力量布局新零售线上线下渠道，已帮助 20 多个学员企业的产品进入小米有品。

在帮助学员在渠道销售方面取得好成绩上，谷仓将"手把手服务的模式"推向了极致，辅助学员做好品牌定位、VI（视觉识别系统）、产品线规划、全渠道谈判、销售策略等，每个细节都在为最终的销量负责。

基于对项目的了解，谷仓会看最适合这个产品的渠道策略是什么，它缺少什么，它在不同阶段应该做什么事，对于这些谷仓都尽力帮助。

在赋能的几个项目中，美森双刀头毛发修剪器在小米众筹 13 天销售额破千万元；欧丽白第一批入仓产品三天售罄，好评率达 100%。

初创品牌主不仅要做生意人，更要做优质的品牌商。谷仓从品牌的逻辑出发为学员做渠道赋能。比如，谷仓一般会辅助学员先把小米有品做爆，再积累新媒体资源、小红书资源等，等品牌势能积累起来之后，再登陆天猫等大平台，这样成本会控制得很好，效率会更高。

谷仓的使命是，"不择手段"地帮助创业者成功！

3. 设计赋能中心：以爆品的角度做设计，让美和销售额兼得

做一款产品，拼卖点、拼性能、拼价格，这些都是内功，硬碰硬的较量总有底线，大家都无法逾越，低端价格战在所难免。硬功夫不相上下，这个时候需要用软的一面：设计可以创造差异化功能价值和情感价值。

谷仓设计赋能中心利用系统的产品和品牌框架思维，清晰地了解产品各环节的需求，研究、反思用户的习惯，把这一系列问题都想清楚之后，对产品再设计，针对问题为企业出谋划策。

设计就要"杀鸡用牛刀"，降维打击来做一款爆品。谷仓的设计师主要来自国内主流设计公司、广告公司和小米工业设计团队，曾服务过的机构包括：中国文化部、北京市委、中国移动、小米、中粮油脂、北京银行、福布斯、Double-A纸业、美克美家、爱慕、ORBIS日本护肤品、中国企业家创业邦等。相比其他设计服务商，谷仓对设计和品牌的理解更深刻，经历的案子也更多，因此给初创企业提供的帮助更全面。

将小米模式"种"入各行各业

谈及小米的成绩，就不能不提及小米庞大的生态链体系。业内人士也一直在探讨分析，这个千亿的生态究竟是如何长成的？有哪些关键因素支撑？

当年，在手机业务取得突破的同时，小米就逐渐摸索出了独有的"小米模式"，并相信这套模式可以复制。2013年年底，小米启动了生态链布局，计划以小米模式切入100个细分领域，带动整个智能硬件行业的发展。如今，小米生态链中已有200多家企业，打造出的产品在引爆市场之外，也覆盖了大众生活的方方面面。

在生态链企业壮大的过程中，一个背后推手功不可没——谷仓爆品学院。2016年，谷仓爆品学院成立后持续将小米模式"种"到各行各业，通过不断研究、提炼小米模式的精髓，将之总结为新国货爆品方法论，帮助更多企业明确发展方向、了解市场、打造爆品、营销推广、塑造品牌，从而促进行业的创新与革命，同时助力传统企业通过打造爆品实现转型升级。

作为小米生态链唯一的爆品学院，谷仓爆品学院推广小米爆品理论经验，孵化潜力企业输送给小米生态链，传递小米价值观……从理论、实践、文化等多方面持续输送养分，加固小米生态链这条小米体系的护城河，也帮助更多中国品牌打开了更广阔的市场。

一本"爆款"图书

2016年，飞速扩张的小米生态链初具规模，小米模式的可复制性得到了印证。

谷仓爆品学院洪华院长及资深媒体人董军带队深度访谈了小米联合创始人刘德，走访了分散在全国各地的小米生态链企业高层人员，分析、总结了77家企业的成功经验，编著《小米生态链战地笔记》，原汁原味地反映了小米生态链建立3年来的实际情况和打法精髓，为制造企业转型提供了全新的思路，也为互联网企业切入实体经济提供了参考。

雷军在这本书的序中提到：小米模式，就是像鲇鱼一样去进入一个行业，搅动一个行业，进而促使一个行业革命的发生。

《小米生态链战地笔记》这本书也从侧面突显了谷仓的独特优势，得益于谷仓爆品学院得天独厚的内部视角，其爆品方法论是从小米及其生态链企业的实战经验总结而成的。谷仓爆品学院认为：当前的市场环境中，爆品是企业制胜关键点，但仅将产品做到极致是不够的，爆品打造是一个系统工程。如果不经营粉丝，不拓展流量，企业就会瘸腿，长远来看会阻碍企业的良性发展。由此，谷仓爆品学院回顾小米早期的发展思路，强调将用户战略、产品战略、营销战略加在一起综合考虑，这才是爆品模式。

七家"爆品"企业

小米打造生态链的一个重要原因是树立壁垒、分散风险，有了"生态链"，小米就能从有手机、平板电脑等少数单品的"驱逐舰"，变成有一大堆周边产品拱卫的"航母舰队"，构建一条难以逾越的护城河。

谷仓埋下的"爆品种子"，如今正在逐步生根发芽：成立4年来，依据小米的爆品方法论指导，已经孵化137个项目，其中7家企业进入小米生态链。专注国人口腔护理的贝医生是谷仓孵化的第一家学员企业，从创业方向到解决供应链，谷仓都基于新国货爆品方法论为其提供了帮助，最终取得了首款产品巴氏牙刷在小米众筹7天卖出24万支的好成绩；苏宁力捧的追觅科技，在经过谷仓爆品学院"高端产品大众化，军用产品民用化"的方向指导后，凭借掌握的核心技术打造出了爆品，无线吸尘器登陆海外7小时，就在多个国家售罄，拿下销量冠军……它们都是经过谷仓爆品方法论学习后，成为各领域中的佼佼者甚至品类冠军的典型学员代表。

谷仓企业学员——原创设计潮牌水杯NONOO多次进入淘宝第一女主播薇娅的直播间，每次都取得非常优异的成绩，刷新了水杯行业的成交纪录。在2020年7月28日的"薇娅生活节"中，该水杯总下单量突破7万只，拿下当日天猫平台水杯类目的第一名。

NONOO很好地体现了"极致设计结合最优产品定义"的爆品打造路径。在外观设计上，NONOO选择了简洁、可爱的路线，让用户"第一眼"就喜欢上；此外，"四重防漏设计""将可爱公仔做成防尘塞""方便的吸管设计"等都是NONOO抓住用户痛点之后进行的精准产品定义。如今，NONOO早已超出了人们对日常水杯功能的定义，成了一种"潮流单品"。

谷仓爆品学院用事实证明了小米的爆品方法论不仅可以复制，还能复制到各行各业。

小米的成功虽然不能复制，但其底层逻辑可以学习，而关键就在于找对方法。谷仓则肩负着梳理、提炼小米模式，再将它传递给各企业的职责，正如洪院长所说："谷仓的任务就是深入研究小米，做小米爆品方法论的输出者。"

小米价值观的放大器

从战略层面上来说,生态链的构建是对小米价值观的有效输出和品牌势能的高效利用,洪华院长曾表示:"爆品不是成功学,没有价值观,不足以谈爆品,小米的产品之所以能横扫各种国际设计大奖,又能受到国内消费者青睐,都源自其朴素的产品价值观——做感动人心、价格厚道的好产品。"

这也是谷仓爆品学院一直以来强调的,"爆"是结果,"品"才是根本,做爆品不能够急功近利,而是要回归耐心打磨产品的正确道路上来。小米爆品逻辑背后的价值观,更值得学习和探究,脱离价值观谈爆品,就容易变成一种投机行为。

上市两周年之际,小米股价一路狂奔,2020年5~7月两个月内涨幅超过71%,"小米股价大涨"成了投资市场、科技圈共同热议的话题。股价的回暖是资本市场对于小米商业模式和业绩的认同。

在小米这一庞大体系中,承担总结经验、落地培养、文化输出等重任的谷仓爆品学院,如同一台"播种机",将小米的方法论、价值观培育成种子,以一整套系统的小米爆品方法论,帮助更多中国企业立足本土、以用户为中心,结合小米爆品方法论,实现用户→产品→营销→商业模式的整体效率提升,坚定地向"用小米爆品方法论,让中国产品畅销全球"这一使命迈进。

彼时,这些企业的实践经验和成果,又可以分享给更多企业,产生指数级的增长效应,如雅斯贝尔斯所说,"一棵树摇动另一棵树,一朵云推动另一朵云",这是谷仓爆品学院作为传道授业解惑者的初心,也是它对"推动中国新国货运动"使命的践行。

未来,谷仓将持续赋能中国企业,希望培训1万家企业,孵化100个新国货品牌。

第 9 章

"培训+2.0"：从企业大学到行业大学

英国学者李约瑟在研究中国科学技术史之后，提出了著名的"李约瑟难题"：尽管中国古代对人类科技发展做出了很多重要贡献，但为什么科学和工业革命没有在近代的中国发生？

进入 21 世纪，科学泰斗钱学森也曾提出著名的"钱学森之问"：为什么我们的学校总是培养不出杰出人才？

直到今天，这样的难题依然困扰着我国的教育工作者。

不过，不管是"李约瑟难题"还是"钱学森之问"，都没有一个标准答案，也不是最紧要解决的问题。

相比较而言，在数字经济快速发展的今天，如何加速培养各行各业急需的人才，才是既紧急又重要的事情。

我国也逐渐从劳动密集型的人力资源时代进入智力密集型的人才资源时代，企业越来越着重强调人力资源的质量而非数量。

据近年来中国信息通信研究院发布的《中国数字经济发展白皮书》

统计，2017～2019年，我国数字经济同比增速分别是20.3%、20.9%、15.6%，增速连续三年排名世界第一。但由此带来的高科技领域人才需求也不断攀升，人才正在成为数字经济可持续发展的核心驱动力。

站位在市场与营销的理论层面而言，在一个市场的竞争格局中，通常把参与者分为四类：领先者、挑战者、跟随者与补缺者。作为最大市场份额的拥有者，领先者对于整个行业的影响不言而喻，说牵一发而动全身也非危言耸听。

这样的企业需要把自己的变革思路传递给其他合作伙伴。生态内的协同关系，其实也需要企业间"三观基本一致"做支撑，更需要用"培训+"来赋能。

于是，我们欣喜地看到，不少优秀企业大学积极探索建立面向行业需求的产学研科技创新体系，打造产学研深度融合的生态环境，创建面向行业需求的人才培养范式，形成行业创新人才的评价体系。

这无疑是对传统产学研一体化的全面升级，也是把自身从企业大学升级为行业大学的全新挑战。

搅拌学院：匠心智造薪火相传

2017年2月10日，南方路机搅拌学院正式揭牌成立，标志着南方路面机械有限公司（以下简称南方路机）从制造型企业向服务型企业转型的发端。

南方路机搅拌学院，是中国工程机械搅拌领域的领军企业南方路机，基于近30年专注搅拌的技术研发、工程案例、行业发展等方面的沉淀，倾力打造的工程搅拌行业专业交流平台。它以工程搅拌为核心，融汇材料研究、搅拌技术、装备制造、搅拌站盈利管理等各个领域，贯通矿山破碎、原生/再生骨料加工、工程搅拌、建筑垃圾综合处理等全产业链各个环节，整合国内外行业科研机构、高校的成果资源，并紧密结合具有行业指导性的实践经验，集行业资讯速递、技术交流学习、专业人才培养、行业内部社交等功能于一体，致力于传播工程搅拌行业新技术、新理念、新应用成果，推动行业更环保、更智能、更高效发展。

随着行业的不断深化发展、中国装备制造不断走向全球化，如何为下游客户提供各种层次的技术服务、运用服务，将传统的售后服务持续升级，为专业搅拌制造商提供更高层次的技术指导服务，已成为南方路机乃至装备制造企业需要认真思考的问题。

早在2009年，南方路机就被机械工业职业技能鉴定指导中心确定为"机械行业职业技能工程机械（沥青搅拌设备）鉴定站点"；2016年，又被中国建材联合会预拌砂浆分会确定为"中国预拌砂浆行业装备制造培训基地"。

基于近30年专注搅拌的深刻理解，南方路机决定集全公司之力成立搅拌学院，通过学院这个平台，有效整合国内外行业科研机构、大专院校的成果资源，并紧密结合具有行业指导性的实践经验，为终端客户的终端产品提供源源不断的创新理论、经验与价值；同时，向全行业开放，为行业的各种实用型技术提供一个交流平台，为行业培育各种层次的实用性技能型人才。

作为中国工程机械行业内带有浓重"技术派"色彩的企业，南方路机始终坚持"认真做产品，认真对待技术，认真对待创新"的朴素哲学，不断探索，不断总结，不吝分享。基于近30年专注搅拌的深刻理解，南方路机搅拌学院不仅为客户"解惑""授业"，更立足于"传道"。

自成立至今，南方路机搅拌学院有效整合国内外行业科研机构、大专院校的成果资源，并紧密结合具有行业指导性的实践经验，共举行了几十场培训，为终端客户和行业从业者提供了一个高效的交流平台，分享了创新理论、实践经验与价值，实现产教融合，为行业培育实用技能型人才发力。

南方路机董事长、南方路机搅拌学院院长方庆熙说："我们以'匠心智造薪火相传'为使命,力求打造一个以工程搅拌为核心的平台、一个以行业发展为责任的平台、一个以开放共赢为灵魂的平台。"

于是,南方路机搅拌学院不仅为南方路机整合了资源、黏结了客户、影响了行业,更是占领了品牌制高点。

嬉戏谷大学:为一个行业建一所大学

2014年,中国的主题公园如雨后春笋般涌现,但有相当一部分存在不同程度的亏损。

常州嬉戏谷有限公司(以下简称嬉戏谷)执行董事、总经理丁俊伟看到了背后的问题:主题公园的专业人才供不应求、流失率高,人员素质参差不齐,这些已经成为行业普遍面临的发展瓶颈。国内没有一家大学或职业教育机构开设主题公园专业,从业人员在理论认知层面较为缺失;为数不多的拥有经营管理或专业技术经验的主题公园业内人士,又忙于运营现场的"救火"工作;各模块知识、案例散落,导致人才培养周期长、成效差,人才梯队长期断链。他觉得,嬉戏谷应该为这个行业建一所大学,为行业发展提供源源不断的人才支持。

环球动漫嬉戏谷自2011年5月1日开园以来,以"穿越奇幻世界"的鲜明感召力叫响全国。

经过深思熟虑,嬉戏谷决定成立嬉戏谷大学,由大学扮演企业战略转型、发展方向研究的推动者的角色,同时承担企业文化传播者、业务部门合作伙伴、员工发展顾问等的职责。

"嬉戏谷大学"的设想,得到了各界支持。常州大学与嬉戏谷达成全面合作协议,共建订单班、人力资源培训基地、实践教育基地,并联合成立文化产业发展研究中心,在开设新专业、课程教学改革上深入合作。

2015年10月22日上午,嬉戏谷大学暨主题公园研究所揭牌仪式举行。由此，国内首座主题公园大学——"嬉戏谷大学"诞生。

嬉戏谷大学下辖八个学院——文化产业学院、运营服务管理学院、舞美演出学院、二次消费商学院、市场营销学院、智慧景区建设学院、物流学院以及领导力继续教育学院；四个板块——研发板块、教育板块、培训板块、服务板块；六个中心——运营中心、研究中心、培训中心、教育中心、服务中心、发展中心；一站——与高校联合成立主题公园高级经理发展科研工作站。

嬉戏谷大学聘请专兼职教授、高级研究员、高级讲师、资深讲师专业授课。他们当中有来自嬉戏谷内部的中高管、高级工程师、大学院校、高端科研院所、行业协会的专业研究人员，也有来自实业界的高管、总裁，来自旅游、主题公园业界的知名人士、国内外著名专家和行业专业人士也参与到嬉戏谷大学的客座教授、产业导师团队中来。

丁俊伟在接受《培训》杂志采访时说："迪士尼大学的创始人范恩·弗朗斯曾意识到，即使是最完美梦幻的灰姑娘城堡，如果长期没有创新，也会使人们产生审美疲劳。创新，对于主题公园的发展来说不可或缺。"嬉戏谷大学将在四个方面支持公园的创新发展。

第一，扎根研究。针对国内外主题公园发展中的热点问题，进行问题分析和事件总结。从热点看难点，从难点找突破点，努力推动主题公园及整个行业的良性发展。

第二，助推交流。搭建专业的主题公园交流平台，促进主题公园业内人士在资源、理念、信息、感情、项目这五个方面的交流，定期举办大型论坛、讲座、沙龙等专业活动。

第三，沉淀案例。在文化创意业态、游乐业态、旅游业态、商业投资等方面开展案例研究。

第四，聚力专业。组织和推进同海外研究机构以及高等院校的学术交流，力促政、游、学相结合，共同探讨主题公园的发展与创新。

嬉戏谷大学希望通过案例的累积、专业知识的萃取管理，发展成集教育、培训、研发、管理、发展、服务、整合、运营、竞争等职能于一体的企业大学,并逐步从企业大学转型为行业大学,成为主题公园领域的黄埔军校。

未来,嬉戏谷大学不仅能够满足嬉戏谷自身发展的需要,还会向主题公园行业链输送专业技术人才及行业领袖,为主题公园行业的科学管理提供智力支持和经验借鉴,最终帮助中国的主题公园实现"走出去"的战略目标。

中国鲁班大学:全球 Mall○王的"神器"

2017 年 11 月 29 日,中国大家居教育平台启动暨导购员线上教育发布会在北京红星美凯龙至尊 Mall 隆重举行。中国大家居教育平台由北京国富纵横文化科技咨询股份有限公司打造,平台上线海量行业课程,打造企业教育新模式,致力于提升大家居企业综合素质。据悉,此平台的上线标志着中国大家居行业正式迎来教育 O2O 时代!

中国大家居教育平台上线六大门类 300 余门课,满足不同人群的学习需求,其中包含"总裁课堂""行业大咖说""营销充电宝""软装设计师""冠军分享"和"家居导购员"。

针对教育基数最大的导购员群体,此平台推出的《家居导购员》由 50 门系统课程组成,课程由浅及深分为初、中、高级三个阶段,课程门类包含家居基础、销售实战、店面营销、门店管理、活动策划与执行、家居色彩与搭配、商业规定等。

发布会上,"全球 Mall 王"红星美凯龙家居集团与国富纵横签署了战略合作协议。作为家居流通业巨头,红星美凯龙家居集团股份有限公司总裁谢坚当场表示:"中国大家居教育平台是顺应科技发展、时代需求的互联网学习方式的产物,平台课程内容非常丰富和系统,这对家居行

○ 超级购物中心,即提供购物、休闲、娱乐、饮食等各种服务的一站式消费中心。

业来说是一件大好事。作为家居流通巨头,红星美凯龙一定会不遗余力地支持行业教育模式的创新发展与转型。"

谢坚还透露:"红星美凯龙与国富纵横正在研究家居行业全系统、全阶段的教育,帮助高层管理者提升经营哲学和发展战略,帮助中层管理者提升管理能力和执行能力,帮助每一个给消费者提供服务的更小的细胞——家居导购提升服务的水准。"

很快,不到一个月,2017年12月20日,红星美凯龙便联手国富纵横启动"中国鲁班大学",助力产业转型升级。

中国鲁班大学规划成立大家居行业领袖学院、大家居商学院及大家居教育平台,打造行业顶级领袖人物,培养产业高级蓝领。未来,中国鲁班大学将成为大家居行业顶级人才的孵化器与孕育摇篮。

此后,双方的合作开始提速。

1. 大家居教育平台

2018年8月1日,大家居教育平台举行万人万店线上学习,屏幕上实时显示在线学习人数从5000飙升到28 000,最终为42 011人,耗时不过5分钟。

2019年9月9日,大家居教育平台首届中国大家居金牌销售顾问技能大赛,共吸引了近350万家居人参与,在近3000名参赛选手中,选拔出56名选手,他们人均销售业绩超过750万元/年,共为家居行业创造了4.2亿元销售业绩。

2020年春,家居行业由于疫情被按下了暂停键,大家居教育平台毅然决然开放平台,号召家居行业"停工不停学,在家不离岗",开启免费学习月行业公益活动,并组织开展了100余场公益直播,累计观看人数达2500万人次。

据统计,疫情期间,大家居教育平台的30多万名注册会员共学习了64万节课,在1281个活跃学习社群中共同进步;共收到了12 058份学员分享的学习笔记和学习心得；每 16 个大家居人，就有 1 个在大家居教育平台上学习。

2020 年 9 月 18 日，2020 级万人万店开学典礼暨第二届家居营销技能大赛开幕仪式在红星美凯龙贵州遵义商场隆重举行。

此次开学典礼，通过线上直播的方式，在红星美凯龙全国 428 个商场同步直播，中国大家居教育平台上 30 多万名学员也在线上同步学习，场面颇为壮观。

2. 神铺富商平台

2019 年 9 月 9 日，致力于帮助商场和商户带来业绩提升的签单工具"神铺富商平台"在红星美凯龙 2019 秋季大会上震撼首发。现场中国鲁班大学名誉校长车建新、校董车建芳、校长赵龙，以及 300 位中国最优秀家居企业的领军人物齐聚一堂，共同启动。

"神铺富商平台"项目在立项初期，就得到了红星美凯龙董事长车建新的高度评价。本次大会上，车建新对当前家居行业及未来家居行业形势做了分析，表示对未来行业发展充满了信心，作为红星美凯龙未来战略规划的重要组成部分，"神铺富商平台"是神铺战略的真正落地。

"神铺富商平台"提供堪称"保姆式"的营销升级助力服务，是一款可以做业绩对赌的经营利器。通过该平台，经销商可以得到最实用、最前沿、最系统的"一招鲜"工具体系，并能即时分享行业销冠案例，此外业绩导师也全天在线答疑解惑。

3. "家居设计师"的认证教育

中国鲁班大学把孵化新人才为目标的"新岗位、新教育"，作为自己的前进方向。

2020 年 8 月 9 日，"家装家居一体化——家居设计师认证教育全国启动仪式"正式在红星美凯龙苏州园区商场拉开帷幕。

2020 年，大家居行业经历了史无前例的巨大考验，流量减少、订单短缺、消费降级……疫情之年如何获得新商机,是值得行业去思考的问题。而其中家装能力,是行业未来的融合方向,一旦企业掌握了家装能力,就相当于企业掌握了迈向增长第二曲线的关键钥匙。

红星美凯龙集团总裁兼家装产业事业部 CEO 谢坚表示,红星人要从具备家居产品的销售能力,提升到具备设计能力、交付能力、空间美学的建造能力和运营能力,要精准解决当下客户的痛点,缩短客户构建美好家的时间,能为客户建造拎包入住的美好空间。中国鲁班大学正是为大家培养这样的能力,为大家塑造构建空间的能力。

为了更好地配合学习,大家居教育平台专门增加了"家装家居一体化门店业绩向前冲"课程,整体形成了 9 门共计 13 个小时的精华课程,4 次直播答疑,21 天班主任线上带学,365 天免费回看的教学模式,并采用"学+练+考+用"的方式。

除了"家居设计师"和"CMO 家居营销师"的认证教育,未来中国鲁班大学还将纳入更多的新职业:用户增长官、家居运营官、家居产品经理、家居主播、家居创意达人……

携程酒店大学:"酒店+"版图下半场

新零售该怎么玩?腾讯、阿里等互联网巨头给出的答案是场景。几乎所有的新零售玩家都在寻找场景,便利店、商超、货架等均成为新零售落地的场景。线下星罗棋布的酒店,自然成了新零售线下场景中的"香饽饽"。

嗅觉敏锐的巨头早已把触角伸向了酒店业:2017 年 8 月,网易严选和亚朵联合打造了场景电商酒店;2018 年 12 月,阿里巴巴未来酒店开业试运营……

如果说,互联网对酒店行业的第一次革命仅停留在销售和营销层面,即通过 OTA 平台帮助酒店、景点、旅行社实现在线销售和营销,那么互联网巨头进军酒店业，对传统酒店的销售、场景、数据、模式进行全方位改造，就意味着酒店行业的颠覆性改造来临了。

于是，酒店版图的争夺战来袭。

国内 OTA 行业的先行者携程，敏锐地嗅到了行业的变化，早早就开始在酒店行业布局。

除了发力酒店智能化和构建"国际旅游生态圈"外，携程选择用"培训"为酒店赋能，与酒店共同成长，最终实现整个行业的健康、良性、可持续发展。

2018 年 5 月，携程酒店大学正式成立。课程全面覆盖线上、线下，包括酒店相关数据分享、点评规则、服务质量分、收益管理等，覆盖酒店运营的各方面，并根据酒店的实际类型授课，因材施教，受到了广大酒店的关注和响应。

有数据显示，截至 2020 年 6 月，携程酒店大学认证讲师、特聘专家等已达 300 位，免费线上课程达 728 门，在全国 219 个城市开展了 1500 多场线下培训，36.8 万家酒店在携程累计学习 700 万人次。

2020 年 6 月 12 日，携程与德清文旅集团联合宣布成立"携程酒店大学莫干山分院"，独家打造"酒店业主研学模式"。

在莫干山，学员参观了芝麻谷艺术酒店、裸心谷、法国山居、莫干山居图等知名酒店。这些国外设计师笔下的新派设计、长三角酒店圈激烈竞争中脱颖而出的优秀酒店，促使学员深度思考。携程酒店大学讲师随行解答疑问，与学员探讨酒店设计、服务、产品提升之道。

携程酒店大学作为商户赋能的重要组成部分，通过搭建、完善更优质的平台生态，以线上课程和线下巡讲等方式，给予商家更有力的支持和资源，并通过多种方式赋能商家，打造良性的行业生态圈。

携程酒店大学对于拉近携程和酒店商户的距离，强化携程对整个酒店行业的渗透，赋能商家运营，提升携程酒店产品竞争力等方面都具有重要作用。疫情期间，携程酒店大学联合全国 50 多家协会及行业大咖，开展战"疫"公益直播课及酒店复兴提升计划，受训酒店中，近五成酒店间夜量恢复到疫前水平。

"全世界都在讲中国话"。2018年，中国旅游业对全球GDP综合贡献高达15 090亿美元，居全球第二，出境游客达1.497亿人次。对消费能力强的中国游客，很多外国酒店既期待又陌生：中国游客喜欢什么？如何为酒店取一个地道的中文名字？

这就需要一家培训机构，帮全球酒店读懂中国人。2019年，携程酒店大学适时"出海"。

携程酒店大学开设覆盖英语、日语、韩语、汉语等语言的130余门课程，接纳全球4大洲、近120个国家的外国酒店从业者为学员，在携程学习如何服务好中国游客。29%的海外酒店表示，其通过Trip.com更深入地了解了中国，这无疑是一场酒店界的文化输出。

针对中国人出境游常去的日、韩、泰三国，携程酒店大学在2019年先后将培训课开到当地。其中，赴大阪实地培训120余个日本酒店商家，开启知识赋能、人才赋能、服务赋能。在更大范围内，多达1500家日本酒店进行在线学习。当前，已有2700家泰国酒店、1800家韩国酒店在携程学习。为让外国酒店"学员"克服语言障碍，携程提供多语种报告、外语视频课程，通过Facebook、邮件传播免费课程。

37%的外国"学员"感慨，第一次对中国旅游市场、中国游客有了全面认知。携程酒店大学的课程，获得外国"学员"8.7分的高分好评。

"本地化是携程酒店大学2020年的发力重点。我们期待深入了解不同国家的商业和文化特点，走进当地酒店市场，切实赋能海外商户。"携程酒店大学前校长徐立群表示，通过前期调研，携程发现海外酒店对于吸引中国游客、开拓中国市场，存在巨大渴求。携程酒店大学"出海"，通过线上和线下多种渠道赋能海外酒店，帮其获得知识和技能。这是有利于海外酒店、中国游客双方的好事。

携程酒店大学校长吴慧君认为，学习释放的动能，可影响个人甚至行业。携程酒店大学的短期目标是帮商家提升"互联网化"运营思维，提升竞争力和收益；长期目标是树立全行业的培训认证标杆，提升大住宿行业整体服务水平。携程酒店大学，正在从线上课程、线下研学班等不同维度，深度赋能行业，促进其良性发展。

第 10 章

"培训 +3.0"：从企业大学到产业大学

十九大报告提出"着力加快建设实体经济、科技创新、现代金融、人力资源协同发展的产业体系"。在产业需求侧，整个实体产业都在加快转型升级和创新发展，推进全产业链的数字化转型。比如，在农业领域的产业互联网平台，从上游的种植到中间贸易物流到下游的分销零售，通过数字化连接打通产业链上下游，实现农业的反向定制；在工业领域很多行业龙头企业通过打造产业互联网平台，带动产业链上下游企业共同发展。

在中国大量的实体产业中，过去的产业链条长，从业者分散，导致整个产业链发展不充分、不平衡、信息不对称。

在互联网时代，互联网正在将一切进行连接、重构，通过数字化改造打破信息壁垒，推动供需匹配，并以科技和金融等创新赋能和优化产业链。在消费互联网时代，通过将人与人之间的关系进行在线化，产生微信等产品；在产业互联网时代，通过对产业链上的企业与企业进行连接,将产生一个个垂直领域伟大的产业互联网平台企业。

打造产业大学,建立产业级平台

在产业链的数字化转型升级过程中,每个实体产业都在面临快速的变化。这对各产业、各企业中的从业者提出的第一个要求,就是转变产业思维。

首先,竞争不再是企业之间的竞争,而是产业链之间的竞争。

李子柒的视频为什么火爆,因为她可以让我们回归过去的田园式生活。比如,她自己种葡萄,吃完葡萄用葡萄皮印染出布,然后自己做条裙子。但是这样的时代已经一去不复返了。

现在由于全球化和专业化分工的要求,整个产业已发生了很大变化,任何一个企业都是一个大产业链中的一个环节。2020年受疫情影响,这种感受应该更深刻。很多产业链由于全球化分工,链条上的一个环节受到影响,就会对整个产业链上的企业产生非常大的影响。

所以今天再去创业,再去考虑企业发展时,就不能仅着眼于企业内部的降本增效、管理提升,而要从整个产业链的角度,以全局的视角来看待问题。

其次,从企业家转型到产业家。

由于竞争是产业级的竞争,整个产业链上的从业者,尤其是企业家和高层管理者就必须学会从整个产业链的视角去分析和认识问题,要从整个产业的视角和格局去改变认知,挖掘产业链的痛点和需求,它们就是产业升级和企业创新发展的机会。

最后,从企业人才到产业人才的培养。

从着眼于企业内部的人才培养提升,到思考整个产业的人才瓶颈问题以及产业的人才赋能,将产生很多新的需求和机会。

产业数字化转型对人才培养与发展提出了全新的要求,人才教育培养的供给侧却严重滞后于需求，从而造成大量结构性的人才短缺。这意味着不缺人，真正适应产业发展要求的人才却极度稀缺。

以产业需求为导向的人才培养供给侧的结构性改革，具体要怎么做？

AMT研究院院长、西利企源产教融合公司CEO葛新红提出打造产业大学，建立产业级的人才培养赋能平台。

产业大学以打造"实体经济、科技创新、现代金融、人力资源协同发展"的现代化产业体系为核心目标，建立支撑整个产业转型升级的人才培养赋能平台，具体内容如下。

首先，沿着产业链开展产业上下游供应链管理和各环节专业技能的培养，提升整个产业供应链的品质保证、供应保障和风险管控能力；其次，关于新产业、新技术、新金融、新平台的产业创新能力培养，帮助产业从业者掌握产业发展的新趋势，结合产业场景的新技术应用、供应链金融的应用，以及产业互联网平台的流程和一系列共享功能的使用，帮助产业从业者提升认知；最后，围绕产业升级，提升产业从业者的经营管理能力。

同时，在产业大学的治理层面，建议整合产业链的生态资源，构建产业大学治理委员会。此外，在人才培养过程中，建立产业人才的评价认证体系、运营体系和数字化平台支撑，实现产业知识和能力的沉淀、实时化的学习成长和评估认证。

和企业大学相比，产业大学有以下三个特征。

第一个特征是产业级，企业大学服务于企业内部，而产业大学要从产业家的视角去全面整合产业生态资源，为整个产业链服务。

第二个特征是价值导向，企业大学是一个企业的成本中心，产业大学强调的是为产业链上下游创造价值，在创造价值的过程中共享收益。

第三个特征是产业级的人才评价与认证，不是简单的课程培训项目，而是通过系统化人才培养体系建设，更好地指引产业人才的学习，最终解决产业链发展过程中的人才瓶颈，打造产业人才供应链，推动产业人才配置优化。

产业大学的建设主体有以下三类。

第一类建设主体是区域政府、产业园区、行业协会。它们围绕区域产业集群，实现产业链、创新链、人才链和资本链的协同发展，实现整个区域产业集群的高端化发展。其中，以产业链形成产业互联网的集成服务平台，打造产业数据中心、交易中心，形成产业集聚，比如山东蓬莱提出要打造中国苹果产业中心和交易中心；以创新链推动产业新技术研发和科技成果转化，比如，机构和上海技术交易所（首家国家级常设技术市场、国家级技术转移示范机构，2020 年获证监会牌照许可）联合各垂直产业建设产业技术公共服务平台，实现产业技术普惠。

这些背后的基础都是人才链，有了合适的人才，产业转型发展的目标才有支撑，因此很多地方提出，一方面人才引进，另一方面人才培养，但是对于很多二、三、四线城市，引进往往比培养更难，因此需要建立产业大学，以产业需求、产业创新发展为导向培养产业新生力量，在产业集群中建立产业人才高地。

第二类建设主体是产业互联网平台企业。产业互联网平台上进行的不是简单的 B2B 产业电商交易，它是围绕产业链上下游提供供应链、技术、金融、人才等一系列增值服务的集成服务平台。其中，人才培养是比交易、结算等硬交互更容易切入，更容易产生情感纽带与信任基础的软交互。通过人才培养服务，产业互联网平台企业将与产业链上下游客户建立高频交互，帮助其转变认知、建立信任，为产业互联网平台企业带来新客引流，增强老客黏性，并提升其平台口碑；另外，人才培养服务也可以成为产业互联网平台企业新的增值服务，通过帮助产业链上下游提供知识服务，获得直接的经济收益。

第三类建设主体是产业核心企业，上游有供应商，下游有渠道商，通过为产业链上下游培养人才，提升供应链的整体协同和客户黏性，增强企业在整个产业链中的影响力，也为整个产业上下游和企业自身带来降本增效的效果，实现从企业大学到产业大学的升级。

新希望六和：农牧行业"没有围墙的大学"

2016年3月14日，新希望六和在北京隆重举行产业学院启动仪式。产业学院是新希望六和在成功运营新希望六和商学院16年，养猪大学、养禽大学有序、稳定运营的基础上，成立的系统培训管理机构，堪称农牧行业"没有围墙的大学"。它将成为提升企业自身、客户及其产业合作伙伴能力的系统培训平台。

成立产业学院，首先源自新希望六和自身转型带来的强烈的危机感。新希望六和经过3年的调整，战略清晰、思路明确，在战略落地的机遇期来临之际，企业亟待转型，业务突飞猛进，人员需求激增，新业务需要现代化的新能力。强化产业培训无疑可以迅速改变产业人才供不应求的状况。

其次，源自合作伙伴的迫切需求及产业链必须同速发展的危机感。战略转型之后，新希望六和与更多的农场、上下游供应商等合作伙伴建立了紧密的合作关系。虽然公司自2013年开始实施福达计划，已经具备了线上线下提供技术、数据、金融服务等能力，但是要将优秀的解决方案准确、及时地传递给养殖端或合作者，必须与合作的养殖户、产业链上下游共同成长，保持共同发展的速度。

再次，源自新常态下，迫切需要提升生产经营效率的危机感。员工能力素质与岗位匹配度决定了企业的生产经营效率。现今，养殖产业和食品产业的人才需求有了很大的变化，养殖业务的需求及客户养殖水平更是要与世界先进水平接轨，新的使命也呼唤新的能力结构，必须加速对员工的产业能力培训，提升培训效率，并建立完善的培训评估考核及过程管理体系。

最后，源自新希望六和强烈的社会责任感。自国家提出支持大学生、农民工等返乡创业的建议以来，新希望六和面向农民工和大学生开展了多期免费标准化技能培训，赋予他们快速熟悉和掌握养殖技能和知识的能力，实现了产业培训对人的快速赋能。产业学院的建立有助于深化赋能产业工人，快速实现知识成果转化，为农牧业培育更多更专业的产业技术人才。

作为农牧行业龙头企业，新希望六和一直关注5万多名干部及员工的培训这项战略工作，始终不遗余力。早在1998年，它就成立了新希望六和商学院，办学20多年，每年培训人员几千人次，形成了新英、精英、雄英、领英等"英计划"层级培训教育机制。

2014年7月，新希望六和将原由片联管理的小规模试点的养猪大学，升级为股份公司直属管理的养猪大学，建立实力强大、拥有资深教练和专家团队的师资力量，培训内容与国际前沿养猪生产技术同步，并适时邀请国内外权威专家提供专项技术培训，同时运用互联网技术打造完善的技能培训在线学习平台，使养猪知识学习变得更加便捷。

2015年12月，在农业部的大力支持下，养猪大学与全国畜牧兽医总站合作开启国家职业资格技能认证培训，让产业人才输出实现真正意义的标准化。

2015年7月，新希望六和养禽大学在产业的转型期隆重登场，旨在"对产业工人赋能、扶持农场成长、引领行业前进"，采用"理论培训+现场实践操作+网络线上学习"的体验式教学方式，切实保障学员在标准化技能操作和实际解决生产问题的过程中夯实基础、掌握方法，始终贯穿有效的评估跟踪，确保培训效果的可视化。

新希望六和养猪大学和养禽大学开启了行业个性化培训的先河。标准化人才的输出不意味着教学内容和手法千篇一律，而是要根据不同学生的不同知识结构，设计差异化的内容和授课形式，让培训掷地有声，具有更强的针对性。在整个培训过程中执行严格的培训管理制度，从而保证培训效果和质量，让培训成本变成投资！

针对新希望六和，常规性的培训发展已不能满足企业和产业需求，唯有实行更快、更系统的培训大学制，向行业开放，秉承与员工、客户、合作伙伴共同成长的理念，才能为企业、客户和合作者提供更精准、更多的人才，强化企业和利益共同体的能力优势。

新希望六和的中长期战略是成为鲜肉和肉制品的提供商，产业学院即将开设的肉品营养、检测技术分析等多项课程，将为全面提升企业一线技术人员的理念和技能提供帮助，为其实施以"新希望六和出品"为核心的品牌战略，打下人才基础。

时任新希望六和联席董事长兼CEO的陈春花在启动仪式上强调："农业产业使命重大，但从业人员差异巨大，而且面临'互联网+'带来的挑战，农业产业再造是一种必然。新希望六和有6万名员工，服务于25万名用户、2亿名消费者、20个国家，做出最好、最安全的食品是企业的不懈追求。我们从客户角度，重新定义农牧产业的价值，在食品安全、全程可追溯、云动保覆盖、福达在线、金融服务等方面做了很多尝试和努力，取得了显著效果。但这些远远不够，我们要将产业价值传递给更多消费者，必须依靠和联合优秀的有能力的产业伙伴，从产业学院入手，强化产业能力，实现共同成长，构建从人、物、信息，到产品、渠道、消费的和谐生态圈和肉食生态服务系统，共同开创美好未来。"

临港新片区产业大学：既是生产基地，又是学习工厂

2020年6月28日，临港新片区产业大学正式入驻位于上海市飞渡路上的共享服务中心，有了办公场地的同时，也进一步明确了办学的理念——新片区产业大学将采用"社会校区，实体运营，产教融合，创新

引领"的模式，对应新片区的产业需求，贯通人才培养与人才就业，融合学历教育与职业证书，为新片区发展服务，为产业振兴服务，为高校培养模式创新服务。

2019年8月20日，中国（上海）自由贸易试验区临港新片区正式挂牌。按照规划，临港新片区将在首年落地1000亿元产业项目的基础上，持续引进国内外高能级项目，努力保持20%左右的高速增长。预计到2035年，新片区生产总值将超过1万亿元，相当于再造一个万亿级的浦东新区。对照新片区对人才发展质量和数量的需求，临港高技能人才培养存在着巨大的缺口和亟待提升的空间。

对于临港新片区重点发展的集成电路、生物医药、人工智能、新能源汽车等新兴产业，实训项目与课程体系仍存在着缺口；临港新片区高校联盟参与技能教育的愿望强烈，但目前对于校企合作实现"1+X"的产教融合的培训项目的政策支持还不够；临港高基地的八大实训设施项目服务产业、社会的广度和深度尚有不足。

2020年1月10日，由临港集团、上海建桥学院发起的"临港新片区产业大学"启动，首批6家行业企业单位共同参与筹建。临港新片区产业大学区别于传统实体大学，采用"虚拟校区，实体运营，产教融合，创新引领"的模式。产业大学将依托临港集团的高技能人才培养基地、临港创新管理学院等职业教育与企业大学平台，整合上海建桥学院、上海电机学院等高校的学历教育与社会服务能力，德国Zwick/Roll集团、智能制造功能性平台有限公司、米蜂激光等行业龙头企业的培养体系。

临港新片区产业大学结合新片区重点产业与人才需求，以引领性、交叉性、创新型的学科专业为重点，先期集中打造五六个产业专业，如光学工程、智能制造、智能网联汽车等，从而建立从在校大学生联合培养、在岗技术人员继续教育到社会求职人员的岗前培训的新型产教融合教育体系，打造临港产业人才高地。

产业大学项目启动后，首先将直接服务于临港新片区。如何使人才梯队匹配产业发展需要，培养新兴、前沿、交叉、创新的人才成为新片区面对的重大问题。为了对接新片区产业人才需求，产业大学下设教学部门与教辅部门，其中教学部门首批成立的六大学院包括先进光学制造学院、智能制造学院、机械制造学院、中锐汽车学院、悦管家健康生活服务学院、公共安全管理学院，这些学院围绕"高、精、尖、缺"人才培养，由政府扶持、高校支撑、企业参与，探索校企合作、多方参与的双元技术技能人才培养新模式，为区域经济发展提供坚实的技术技能人才保障。

产业大学也为产业振兴服务。以智能制造技术为主攻方向，培养机器人应用专业、智能制造生产线专业、智能制造工程管理专业人才；健康生活服务学院通过"新形态职业教育线上线下混合式教学"，向西部地区输出培训课程，带动当地贫困家庭子女接受职业教育培训，赋能当地职业教育。产业大学不仅为新片区企业提供强有力的人才支持，打造国际先进产业平台，还为国内外产业提供高标准的技术服务，提高人才的培养质量和专业竞争力。

上海工业自动化仪表研究院有限公司的柔性智能制造实验室、数字化智能制造系统解决方案平台入驻上海建桥学院千余平方米的工程训练中心，这里也是未来临港新片区产业大学人工智能与智能制造产业学院的所在地。

针对生产人员、技术研发人员以及政府园区金融类人才，学院初步拟定了不同深度的课程，通过知识普及、行业互动、技术培训，让学生成为智能制造行业的达人、系统工程师、应用工程师。

这一训练中心将升级为企业的"生产基地"、高校的"学习工厂"，一批企业工程师及技师将参与完成相关专业的理论及实践教学任务——白天，智能制造相关专业的学生将在此学习行业前沿技术；晚上，一批批高端装备个性化精密零部件会从这个"无人工厂"产出。目前，上海建桥学院拟拿出 1000 个成人教育的招生计划融入产业大学，让更多在职职工学历提升成为可能。

"产业大学的根本是培养人才，要解决学生能不能就业，毕业能不能上岗，上岗能不能成为能手这三个问题。"临港新片区产业大学特聘专家杨俊和建议，产业大学的二级学院最核心的方向是要"企业举旗"，由龙头企业提出岗位的知识技能结构需求，以"定制"课程包加证书的方式培养人才，让更多符合企业需求的人才走进新片区。

临港新片区产业大学校长王春华强调，产业大学要摒弃高等教育的传统模式，走出自己的特色之路，特色之路有三条，可以概括为三通之路。第一条是产教融通之路，第二条是技术与技能贯通之路，第三条是学历证书与技能证书互通之路。

临港新片区产业大学将按照政府主导与社会参与相结合、整合资源与共建共享相结合、创新形式与市场机制相结合、重点突破与稳步推广相结合、技能教育与学历教育引进相结合的原则，在 2023 年前，打造 5 个重点产业方向学科专业，与 50 家临港龙头企业开展多维度校企合作项目，组建包括 500 名优秀产业师资的队伍，培养 5000 名新片区企业急需的专业人才。

鲲鹏产业学院：价值共创的生态共同体

2020 年 9 月 28 日，以"鲲鹏新时代，中原更出彩"为主题的高规格大会——2020 数字经济峰会暨黄河鲲鹏生态发展大会，在郑州举办。

河南省与华为联合推出"黄河鲲鹏生态战略"，向世界数字化产业提供了投资发展的新选择。

在这幕"引华为入豫，为鲲鹏栖息黄河筑巢"的千亿产值大戏、多个重大合作事项中，鲲鹏产业学院熠熠生辉。

作为"黄河鲲鹏生态战略"的重要组成部分，鲲鹏产业学院将打造产教融合品牌，推动鲲鹏产业生态系统在河南落地生根。

华为人才培养又有大动作

在美国持续的打压下，华为不仅没有慌乱，还在不断地思考如何站在长远的角度上培养更多的基础科研人才。科研如同种庄稼一样，虽然辛苦，但收获能带来巨大的喜悦。只有自己动手才会丰衣足食，买来的随时会用完，那样只能挨饿。华为的成功绝非偶然，相信用不了多久，其科研水平会登上新的台阶。

早在 2020 年 5 月 28 日，河南省教育厅就发布了《关于推进鲲鹏产业学院建设的指导意见》（以下简称《意见》）：2020～2022 年，面向全省高校，校企共建 20 所左右鲲鹏产业学院，产出不同层次、不同类型的科技成果和专业人才。

其中，以开展鲲鹏架构基础理论研究，培养鲲鹏产业拔尖人才为目标，在高水平综合性大学中建设 1～2 所鲲鹏产业学院；以面向鲲鹏生态产出一批有特色、高水平的研究成果，培养鲲鹏产业创新型人才为目标，在特色骨干大学中建设 3～5 所鲲鹏产业学院；以推动应用成果转化，培养服务鲲鹏计算平台软件适配、迁移和开发的应用型人才为目标，在应用技术类型本科院校中建设 5～8 所鲲鹏产业学院；以培养满足鲲鹏生态企业技术岗位需求的技术技能人才为目标，在高职高专院校中建设 5～7 所鲲鹏产业学院。

经过三年左右的建设期，在河南省内建成一批不同层次、特色鲜明、优势突出、服务能力强的鲲鹏产业学院，有效提升河南省高等教育对鲲鹏产业快速发展的贡献度。

按照要求，鲲鹏产业学院建设坚持高校主导，由高校根据自身发展申请创办。参与建设的学校要结合本校的人才培养目标，认真分析明确鲲鹏产业学院的发展定位。参与建设的华为创新中心及合作企业要以培养人才为目标，坚持优势互补、互利双赢。鼓励其他领域的企业参与合作，共同培育基于鲲鹏的应用场景人才。参与建设的学校与企业要在教学、科研等方面有一定的合作基础，有具体的合作领域；应根据鲲鹏产业特点，坚持结果导向，明确双方合作的科学模式。

根据《意见》，此次共建鲲鹏产业学院，将坚持立德树人的根本任务，立足鲲鹏产业发展对人才的需求，紧密对接鲲鹏产业链和创新链，不断创新办学机制，打造开放共享的协同育人体系，促进信息技术领域新型人才培养共同体的形成，持续向本土鲲鹏产业培养输送德智体美劳全面发展的高素质人才。

此外，《意见》称，河南构建多元参与、共同治理的开放办学格局，推动鲲鹏产业学院"产、学、研、转、创"多主体、多功能深度融合，积极探索产教资源要素互相转化、互相支撑，不断提高省内高校相关学科专业与鲲鹏产业发展需求的契合度，形成高等教育与鲲鹏生态深度融合、联动发展的新局面。

里程碑式"牵手"

2020年6月11日，河南大学鲲鹏产业创新学院签约揭牌仪式举行。河南大学成为国内首所成立鲲鹏产业创新学院的国家"双一流"建设高校。

河南大学鲲鹏产业创新学院由中原鲲鹏生态创新中心与河南大学共建。双方将通过人才培养、师资队伍建设、科研项目攻关等领域的深度合作，力争培养一批具有鲲鹏生态软件适配、迁移、开发、解决方案孵化等能力的高技术人才，培育一批在前沿交叉科学与未来技术领域可能产生重大影响的原创性成果，将河南大学鲲鹏产业创新学院建设成为"产、学、研、转、创"多主体参与、多功能集成的产教融合平台。

2020年以来，中原鲲鹏生态创新中心立足鲲鹏人才"本地创造"，积极联合省内知名高校探索鲲鹏人才培养模式。自全国首所鲲鹏产业学院落户平顶山学院以来，已有 9 所鲲鹏产业学院签约揭牌，3 所高校顺利开展鲲鹏课程；以鲲鹏高校行、鲲鹏训练营等品牌活动为抓手，累计完成培训近 500 人次，有力推动人才培养供给侧和产业需求侧要素全方位对接，为河南鲲鹏产业生态不断培养"生力军"。

除了人才培养外，河南鲲鹏产业生态建设也已经全面驶入"快车道"：围绕发展产业软件生态，中原鲲鹏生态创新中心已对接 129 家单位的 254 个系统，向 52 家单位的 113 个系统发放适配认证证书；围绕产业孵化，与国内 11 家国产化龙头信息企业成立联合实验室，以政务、电力、交通、信创、外贸等关键行业为着力点，推进解决方案快速落地，树立行业应用标杆。

以中原鲲鹏生态创新中心为中心，正在形成高端人才和高科技企业的"聚宝盆"，逐步打造生态示范应用的"黑土地"。

以"鲲鹏"之志冲上时代"云霄"

2019 年，华为发布了《昇腾 AI 处理器架构与编程》教材。此次发布由清华大学出版社出版的鲲鹏、昇腾五本教材和教辅资料，包括 MindSpore、ModelArts、鲲鹏处理器架构与编程、openEuler、openGauss。到 2020 年年底，华为计划发布超过 20 本系列化的鲲鹏、昇腾高校专业教材。

从前，计算机、通信专业的不少教材都是外国人写，然后翻译成中文的；我们的专业认证，大多是国外的，如微软认证、思科认证、IBM 认证等。随着我国企业的崛起及我国科学技术的快速进步，今后更多的是我们自己的、与产业密切融合的教材，及我们自己企业的认证。

2020 年 9 月 25 日，在华为全联接大会 2020 上，华为宣布，到 2021 年，将与教育部联合，通过成立"智能基座"产教融合协同育人基地，把"鲲鹏"和"昇腾"推广至全国 72 所高校的计算机、信息工程、人工智能等专业。

参会代表在现场见证了首批 25 所高校启动"智能基座"产教融合协同育人基地,主要是北京大学、清华大学、复旦大学、浙江大学等 985 高校及部分 211 高校。

未来,这一项目要在全国 2600 余所高校,包括高职高专院校中实现全面覆盖,让"鲲鹏""昇腾"成为高校计算机、信息化及人工智能专业学生的必备技能。

我们在惊讶于华为将"鲲鹏"和"昇腾"快速与高校相关专业融合的同时,也感叹于华为"鲲鹏"和"昇腾"生态的飞速发展。

鲲鹏全栈和昇腾全栈发布后的一年多时间,华为已在全国各地建立了 20 多个鲲鹏生态创新中心,与 600 多家合作伙伴推出了超过 1500 个通过鲲鹏技术认证的产品与解决方案,在政务、平安城市、金融、运营商、电力和其他领域实现了广泛应用。

在全方位的校企合作探索方面,华为的探索远不止于此:与东北大学共建华为未来技术学院,与上海交大共同成立"创新人才中心",与广东科学技术职业学院联合发起成立"云中高职研究院"、共建"鲲鹏数字学院",与北京邮电大学合办华为学院……

2020 年 10 月 12 日,重庆智能工程职业学院揭牌暨华为(永川)联合技术创新中心投用仪式在重庆市永川区举行。该学院是国内第一所独立设置人工智能专业的职业院校,将携手华为打造华为 ICT 人才培养基地、华为 ICT 师资培训基地、华为证书培训认证中心、华为人工智能联合技术创新中心。

重庆智能工程职业学院于 2019 年 1 月签约落户永川,2019 年 6 月启动建设,2020 年 5 月完成一期 10 多万平方米校舍的建设,9 月 26 日首批 840 名学生报到入学,从开工到开学只用了一年零三个月。

作为华为 5G 新型智慧校园示范项目,该学院依托华为的技术优势,立足打造"大学校园 + 科研机构 + 产业园区"融合发展共同体,将华为(永川)联合技术创新中心作为华为新技术研发与成果转化推广的平台。

华为将参与学院办学的多功能平台，学生创新创业和实习实训基地、教师培训基地、学院科研成果转化基地的建设，并以此推动相关产业发展，助力地方经济建设，努力实现提高智能产业人才培养质量效益、推动智能产业技术创新、促进智能产业集聚发展、助力智慧城市建设的目标。

就这样，一所新时代的"华为大学"正在迅速成长，大鹏一日同风起，扶摇直上九万里。

第 11 章

"培训 +X"

2020 年，新冠肺炎疫情改变了大家正常的生活节奏，也在很大程度上打乱了众多企业的发展规划。

有人说，疫情就像一面镜子，照出了企业百态、行业短板，也考验了企业的综合实力以及应急管理能力。

当危机来临时，不断学习是促进个人成长和带领企业走出困局的最好方法。

当危机来临时，能通过"培训 +"系统，输出组织智慧、技术能力、服务体系，保障企业持续成长的企业是最好的企业。

细细梳理之下，我们发现近些年一众优秀企业在"培训 +X"领域取得了喜人的创新成果。

平安知鸟：培训 + 智能平台

平安知鸟，作为平安智慧城市专注打造智能企业培训学习的平台，从2014年开始，就已构建出"平台+内容+服务"的企培一站式解决方案，通过SaaS服务、课程服务、七大AI核心技术、企业大学咨询服务，帮助企业开展低成本、高效率的员工培训，解决企业人才培养瓶颈问题，助力员工实现能力提升，赋能企业组织和业务的发展。

为使企业员工高效进行互动式学习，在教学环节更为智能化，平安知鸟率先推出了"智能陪练"，通过员工和虚拟机器人进行对话问答的方式，实现智能化学习及测评。截至2020年9月，"智能陪练"使用次数已突破5000万。

"智能陪练"在正式推出市场之前，就已经依托平安内部生态进入"冷启动"阶段。

平安普惠总部运用"智能陪练"功能覆盖旗下员工，完成话术标准化以及考核方式制定；平安产险则主要应用在客服部、外高桥线客中心，经过一段时间的运营，已经形成了一套"智能陪练"应用推广复制的方案；平安金服主要运用于95511客服团队，目前也已经形成常态化的训练工具；平安银行则将"智能陪练"的权限下发给各地机构，由各分行组织柜员、业务员开展知识考核，训练次数每年都在飞速增长。

有关数据表明，平安知鸟在服务平安集团、平安智慧城市的生态版图下，"智能陪练"系统已开展了超过1200万次训练，生成超过4.2万种应用场景，覆盖超过13万人。由此可见，"智能陪练"系统已成为平安集团各部门的常态化训练工具，这也为平安知鸟拓宽服务范围，辐射更多行业及领域打下了坚实基础。

在浙江某城市商业银行，平安知鸟的"智能陪练"系统面向该行业务员的训练仅半年就应用超过300万次。培训部门对网络银行部、信用卡中心、零售公司部等多个部门的业务员均设置了话术训练必修课，并针对细分岗位、不同客群提供精细化的话术考核。例如，信用卡中心业务员需要练习的O2O营销话术，基于中产家庭、个体户、青年企业家、公司白领等不同的客群画像，分别设置消费场景篇、楼盘篇、企业篇、基础话术篇等多类话术，通过话术的聚焦、打磨来实现客户需求精准把握、客户服务精细化。

作为一款企业培训领域内的创新应用，经历平安集团、平安智慧城市等生态实践以及外部多领域企业应用后，平安知鸟现已研发出超过60种功能，覆盖智能对话、智能检测、智能分析等企业培训环节，通过人机对话、情感分析、智能剖析、智能画图等创新功能有效帮助业务员提升技能水平，真正做到了把专家装进口袋，带给培训模式颠覆性的改变。通过平安的人工智能技术赋能培训，"智能陪练"系统给员工带来了更丰富的内容及更好的学习体验，大大提高了培训效率，创造了更直接的业务价值。

在内容生态建设上，平安知鸟经过几年的积累，基于广泛的企业调研，围绕企业培训"有广度、有高度、推得准"的核心诉求，搭建了面向不同行业、各层级人群、多种呈现形式的内容书架，满足企业全场景的培训需求。自有课程数量超过10万节，课程内容满足22个行业、近300个工种的培训需求。

在广度方面，平安知鸟与1000多个合作伙伴共建内容生态，包括喜马拉雅、混沌大学、樊登读书会、中信书院、华尔街见闻、插座学院、Hi-Finance等知名平台和垂类头部，覆盖5大企业培训常用的26类需求，拥有超过20万节课程，主流行业、主流岗位都能找到相应的学习内容。它通过UGC创课打造内容开放平台，鼓励企业和用户自主创课，创作企业所需的专业培训课件，共同搭建并丰富知鸟内容生态。

在高度方面，平安知鸟通过"巅峰讲堂"和"线上商学院"两大举措打造高端内容，一方面联合国内外顶尖学者专家、意见领袖打造品牌直播栏目，另一方面与哈佛商学院（中国）、新加坡国立大学、清华大学经济管理学院等权威机构深度合作开设精品课程，并引进哥伦比亚大学、沃顿商学院、伯克利哈斯商学院等院校的优势内容，不断满足企业家、CEO和高管对高质量商业内容的需求。

随着平安知鸟内容的不断增多，海量内容也为用户带来了"选择困难"，因此平安知鸟借助 AI 技术，基于企业和用户画像与智能课程标签体系，构建智能推荐算法模型，通过大量数据支撑的机器深度学习不断优化算法，实现了精准推荐，让用户随需随学、即学即用。

"平安知鸟"已被人社部等国家部委，以及广东、山东、深圳、苏州等 21 个省市采纳为官方推荐线上培训平台，用户规模已超 5100 万人，直播参训数量超过 5.31 亿人次。同时，它服务超过 1300 家客户，广泛应用于金融、地产建筑、汽车、能源化工、生产制造、互联网 IT 通信、交通航空货运、连锁经营、快消品等行业。

三一学院：培训 + 上市

2020 年 10 月 10 日，湖南三一工业职业技术学院（以下简称三一学院）彩旗飘飘、热闹非凡。在学校精心组织和严密防控下，来自全国各地的 3000 多名 2020 级新生顺利来校报到，开启人生新篇章。

作为由三一集团创办的全日制民办高职院校，三一学院坐落于长沙榔梨工业园区。背靠三一集团这棵大树，三一学院更像是一座大型"人才制作工厂"。

三一学院成立于 2005 年 1 月 10 日，首期投资为 4.5 亿元，占地 50 多万平方米，现有教学楼面积 12.5 万平方米，拥有全日制在校学生 9800 多人，校内外实验实训教学场地 100 多个，设备仪器 15 000 多台，三一集团内外顶岗实习基地 100 多个。三一学院拥有一支特色鲜明、专兼结合的 540 多人的"双师型"教师队伍，同时形成了"社会外聘 + 集团内化"的海量师资库，尤其是聘请了三一集团内研发、生产工艺等领域的 100 多名工程师担任兼职教师。

三一学院现设有 25 个专业，分为 3 个专业群：以"中国制造 + 信息化"为主体的工科专业群、以"现代服务业 + '互联网 +'"为基础的文科专业群、以"科学+艺术"为发展的艺术类专业群。学院实行校企双主体育人模式，产教深度融合，创造性地提出了"319"方法论；实施项目化教学，充分激发学生的学习兴趣；建立课程超市、学分银行，教学模式改革成效显著。

三一学院坚持以市场为导向，根据产业转型升级对技术技能人才的需求，开展多样化定向培养项目。三一学院成功与三一集团等国内外40余家行业领先企业建立了校企合作关系。三一学院工学结合，知行合一，联合打造"国际班""冠军班""精英班""军工班"等定向培养项目，成效显著，获"政校企优秀院校"荣誉称号，并入选国家现代学徒制试点单位。

学院以培养"有人文之素养，有科学之方法，有专门之特长"的"三有人才"为指导思想，通过构建"122"学生素质教育能力发展体系，赋予学习者一生发展所需的能力，形成多元化、个性化、定制化的人才培养模式；累计已培养技师12 000多名、技术车间主任1000多名、班组长2000多名。

自创办以来，三一学院一直秉承"六个一"办学理念：办一所面向未来的大学，办一所最有特色的大学，办一所回归教育本质的大学，办一所科技融入教育的大学，办一所赋予学习者和员工持续成长能力的大学，办一所致力于推动社会进步和文化发扬的大学。却不曾想，这后面又多了一个"一"——新三板市场上的第一所高等职业院校。

2017年3月16日，三一集团旗下第三家上市公司三一学院正式挂牌。由于三一学院的主营收入大部分来自高等职业教育，因此它又可被称为"高等职业院校第一股"。三一学院的成功挂牌具有里程碑意义，可以破除各界对高校盈利性的争议，为更多的民办高校主办企业积极申请登陆新三板创造了条件。

2020年9月7日，三一学院发布2020年半年度报告，截至2020年6月30日，实现营业收入55 240 444.35元，同比增长4.46%；实现归属于挂牌公司股东的净利润 24 131 192.43 元，同比增长 55.36%。

将才学院：培训 + 军工

2020 年 7 月 23 日 12 时 41 分，我国用长征五号遥四运载火箭成功发射首次火星探测任务"天问一号"探测器，成功将探测器送入预定轨道，开启火星探测之旅，迈出了我国行星探测的第一步。

执行"天问一号"任务的长征五号运载火箭、火星探测器均由中国航天科技集团研制。

2020 年 7 月 30 日，中国航天科技集团又传来另一个喜讯，致力于军工领域和社会各界高端人才培养的特色网络学校——将才学院，正式上线。

将才学院是由中国航天科技集团下属北京中科航天人才服务有限公司建设运营，以培养具有军工品质的战略型、创新型、工匠型、复合型人才为使命愿景，以特色课程开发和培训项目定制化设计两大方向为着力点，致力于成为服务政府机关、国防系统、企事业单位、科研院所、民营企业的知识平台，是面向社会公众传播、传承军工精神的文化平台，是集体系化知识赋能、专属定制化服务、培训全流程管理于一体的培训云学院。

"将才"一词取自《航天科技人才成长之路——高层次科技人才培养规律》，该书提炼了航天骨干、专才、将才、帅才和大家这五个层次科技人才的基本特征、角色定位和成长规律。"将才"属于复合型人才，其突出特点是"一专多能"，这类人才既是技术专家，又是管理专家，是典型的素质全面的专家型领军人才。

将才学院将依托航天优势资源和军工特色培训实践，持续研究军工人才成长规律与培养模式，以建设数字一体化培训系统为载体，选聘行业内外顶尖师资，自主研发"系统工程控制""技术创新""质量管理""项目管理"四大特色课程体系，建成线上线下一体化培训生态系统，支撑各界各类人才队伍的建设。

该平台呈现内容定制化、结构系统化、管理分级化、服务个性化四大特色，设置了九大模块、1800多门课程，瞄准能力提升需求，紧贴业务实际，萃取最佳实践，以客户为中心，提供专业化的人才培养解决方案。

将才学院已为众多军工单位、部委事业单位及大型央企提供定制化平台运营、直播系列讲堂、专题课程开发等人才培养解决方案。

商汤教育：培训+AI

2020年9月23日，商汤科技举办线上发布会，宣布正式成立教育子品牌"商汤教育"，致力于为K12公立校学生提供完整的人工智能教育解决方案，涵盖平台、内容和服务三个层级，覆盖教、学、管、评、赛、培、研、创全环节。

商汤科技成立于2014年，由香港中文大学信息工程系教授汤晓鸥创立。成立以来，它在智能手机、互联网娱乐、智能汽车、智慧城市、智慧健康、教育等多领域实现了"AI+"的应用和落地。

此次推出教育子品牌，意味着商汤科技在"AI+教育"领域将以更加独立成体系的方式运营。

其实早在两年前，商汤科技便开始在人工智能教育领域的布局。

2018年4月，商汤科技推出第一本教材《人工智能基础》（高中版）。彼时，国务院印发了《新一代人工智能发展规划》，明确提出"应逐步开展全民智能教育项目，在中小学阶段设置人工智能相关课程"。在这样的背景下，商汤科技决定切入基础教育课堂，与全国中小学开展合作，推广其教材、课程及配套实验平台、教具等。

2019年年初，商汤科技内部进行了架构调整，成立教育事业部，教育业务被并入新兴创新事业群。

如今，从教育事业部再到成立教育子品牌，商汤对于人工智能教育的重视程度可见一斑。

在发布会上，商汤教育对人工智能解决方案进行全面战略升级，以"平台、内容、服务"为三大板块，实现了教、学、管、评、赛、培（教师培训）、研（教学研究）、创（科创）所有环节的全链条覆盖。

此次发布会上，商汤教育正式推出面向小学的《人工智能启蒙》教材，再加上此前出版的面向高中的《人工智能基础》和面向初中的《人工智能入门》4册青少年人工智能系列图书，商汤教育的人工智能教材已经全面覆盖小学、初中、高中三个基础教育学段。

商汤教育同时推出了全新的商汤教育平台，涵盖了教学实验平台（SenseStudy）和项目创作平台（SenseInnoLab），能够助力学校快速具备AI开课能力。

商汤教育还更新了配套教育机器人系列，推出了用AI算法赋能乐高积木的智能视觉机器人套件（SenseStorm）。

商汤教育自2018年起便开始提供教师培训服务，帮助各地学校老师提升人工智能课程教学技能、专业素养和授课水平。此次发布会上，商汤教育正式宣布启动"燎原计划"，该计划涵盖人工智能教学基础培训、考核与认证、人工智能教学进阶培训与教研素养能力培养、AI种子教师培养项目以及示范课程的打造和创作，以培养更多的人工智能老师。据了解，商汤教育已经培训了30多个城市2300多所学校的7000多名教师。

商汤教育做人工智能教育不是单点式的，而是体系化构建的。"我们不是把高科技的产品卖给学校，而是帮助师生教学。在所有教材和教学平台功能设计上，都是相吻合、配套的，强调整个体系构建的科学性、合理性和趣味性。"

作为全球估值最高的人工智能独角兽，商汤科技的吸金能力也让外界一度称之为"融资机器"。据企查查数据，2014~2018 年，商汤科技共计进行 9 轮融资，2018 年 9 月又获软银愿景基金领投的 10 亿美元。商汤科技联合创始人、首席执行官徐立曾在彭博社活动上透露，商汤科技累计已完成超 30 亿美元融资，估值超过 75 亿美元。同时，媒体报道称商汤科技 2019 年的营收超过 50 亿元，相比 2018 年增长 100%。

沙丘学院：培训 + 创投

"光靠已有的知识，你走不了多远。"巴菲特的黄金搭档、美国著名投资人查理·芒格曾这样聊过投资。回溯根源，实际上投资的本质就是一种不断更新的认知变现。

在这个日新月异的时代，认知与时俱进的人才能在瞬息万变的创投圈捕获先机，见微知著。就如马云所说，任何一次机会的到来，都将经历四个阶段："看不见""看不起""看不懂""来不及"。对于创投圈，也是同样的逻辑。

中国股权投资历经了 20 多年的蓬勃发展，资产管理规模已经超过 7 万亿元，每年投资项目近万个，投资金额超 7500 亿元。中国股权投资行业如坐火箭一般急速发展。

如今，手上握着"热钱"的企业家也涉足股权投资，想进场却找不到正确的路径和领路人；已在场内的机构投资者，则在苦思下一个新风口和新赛道。

市场日益膨胀，创业和投资的培训及学习社群开始兴起，鱼龙混杂，针对投资的培训则屈指可数。激增的市场急需真正专业的股权投资专家，为场内场外的人传道、授业、解惑。

2017 年 10 月 27 日，清科集团决定再次汇聚所有资源，为行业厘清乱象，联合业界众多顶尖投资人倾力打造中国投资界的"黄埔军校"——

沙丘学院。

作为中国领先的创业与投资综合服务平台及投资机构，清科集团成立于1999年。20多年来，清科集团一直致力用专业的数据研究、信息资讯为中国股权投资行业服务，并为行业搭建沟通的平台，同时自身在投资上大力发展（创业投资、母基金业务、资产管理）。

20世纪90年代末，我国风险投资行业刚刚起步，全面了解国际风投运作机制和规范的人才极少，伴随着风投事业的发展，职业创投人才的培养被提上日程。于是，2001年，清科集团即联合清华大学成功创办中国创业投资高级研修班，并力邀徐新、熊晓鸽等投资界大咖讲授课程，吸引了曾玉等一大批优秀学员。那是清科集团首次与"培训"结缘。

沙丘学院之名背后的寓意，是初心，是敬畏，源于享有"美国西海岸的华尔街"美誉的沙丘路（Sandhill Road）。那是投资从业者敬仰的"圣地"，在一条两三公里长的沙丘路上，汇聚了上百家如雷贯耳的全球知名风投机构，它们掌握了占美国风投总量1/3的资金，并投出了苹果、谷歌、亚马逊、Facebook等70%以上的美国成功的科技企业。

沙丘学院沿袭了沙丘路的优良基因，以培养顶尖投资人、机构为较高目标。清科集团集中了自己较专业的投研团队，共同倾力打造了沙丘学院的体系化、理论与实战相结合的投资课程。六大模块涵盖资本大时代、新趋势与新科技、投资之道人法、成就项目与赢得财富、国际化之旅、毕业答辩。

沙丘学院的校训是"闻道·明己·致远"，所谓"闻道"，就是通过导师授业解惑，看到时代趋势，具备前瞻性视野，在变化中拥有穿越浮沉的能力。因此，沙丘学院为学员提供进入优质投资圈，与行业大咖深度对接的机会。课程由倪正东、朱波、朱啸虎、王刚、吴世春、盛希泰、陈玮等投资家授课，传授投资理念、投资方法，讲述亲历的投资雷区，带领学员发掘下一个滴滴、映客；知乎创始人周源、极客公园合伙人张鹏、熊猫传媒董事长申晨等企业家现身说法，讲授顶级互联网企业的思维、玩法。

培训"真枪实弹"。导师选择自己亲历的真实案例，组织学员进行项目讨论、小组PK。不仅如此，还会有至少5位导师将拿出自己的拟投项目与学员共享。学员全程参与现场项目路演、投资决策、尽职调查，最终决定是否投资。

正如沙丘学院创始院长倪正东所说，沙丘学院不是纸上谈兵，而是讲究"真枪实战"，要"开枪"，要投资。无论是做天使、VC还是LP（有限合伙人），都要"多开几枪"。开的"枪"越多，教训和经验才会越多。

在学习培训过程中，优秀学员有机会与社长建立师徒关系，师徒之间深度沟通，社长手把手传授投资经验、解决切实问题；更有机会与社长一起，约见顶级机构合伙人，参与机构内部投资会议，接触真实的投资过程。

三年时间，沙丘学院力邀近百名中外顶级基金投资人、知名企业家、教授专家、跨界名人担任导师，推出了"多维进阶"式课程板块，培训学员7期近300人。

建行大学：培训 + 新金融

截至2020年6月1日，建行大学网络平台访问量突破1亿人次！成立短短一年多时间，建行大学成为在线教育领域中的一匹黑马，引起业界关注。

建行大学，作为建设银行于2018年12月正式开办的"新时代、新金融、新生态"企业大学，是面向企业内部员工的职业教育平台，更成为向社会赋能、推进产教融合、开展金融知识普及运动的开放平台。这不仅是建设银行用金融力量打造人才新高地，建设一流现代银行集团的需要，也是实施普惠金融战略，加强企业文化建设，为员工和社会赋能的责任所在。

"志同者不以山海为远,探求金融教育的新模式和现代金融的新路径,以金融力量破解社会痛点问题,服务大众安居乐业,建设现代美好生活,是建设银行和建行大学的共同追求。"正如建行董事长田国立在建行大学发布会上所言,本着这样一种初心,建行大学应运而生。

绽放:有无限文章可以做

建行大学充分整合社会资源,将企业自身及各高校原本零散的、碎片化的教育培训资源整合起来,形成遍布全国的校区网络。建行大学已拥有 10 个区域校区、若干个专业校区,与各省市高校共建"一省一校"建行大学分校;成立了九大研修院,旨在提升普惠零售、金融科技大数据、住房金融、风险管理等九个专业领域的研究能力。

一年内,建行大学在全国各地举办免费的金智惠民系列培训 1.47 万期,受益人群超 135 万人;培训小微企业主 20.4 万人次、个体工商户 10.9 万人次、创业者 4.9 万人次、产业工人 9.2 万人次、大学生 26.8 万人次、政府公务员 4.1 万人次、扶贫干部 2.6 万人次、涉农群体 22.3 万人次……通过系列公益教育培训,建行大学将新金融的智慧活水引入寻常百姓家,让普惠大众的道路越走越宽。

2019 年夏,建行大学在全国范围内公开招募在校大学生参加"金智惠民—乡村振兴"万名学子暑期下乡实践活动,带领万名高校学子深入田间地头开展暑期实践,来自 1200 所高校的 1 万多名学子,前往 1.08 万个村庄,走访 5.4 万户农户、3600 余家乡镇企业,1226 个"金智惠民"讲师团开展培训 3780 期,惠及村民 11 万人次。11 月,建行大学在广东启动 100 家乡村学堂;未来,建行大学还将为乡村教育体系建设提供"建行大学解决方案"。

2019 年 6 月,由建设银行发起的新金融人才产教融合联盟首届理事会暨论坛在上海举行,64 家政府机构、高校、企业共同组成了新金融人才产教融合联盟,并推出联盟"2019—2021 上海行动计划",探索破解产教融合难题的"联盟解决方案"。

建行大学使"产"与"教"真正融为一体,高校与企业进行深度融合。2019 年 6 月,建行大学风险研修院与南开大学金融学院合作成立系统性风险研究中心,围绕适合我国国情的系统性风险理论及防控机制展开研究。12 月,建行大学资管与投行研修院和西南财经大学金融学院合作共建的私人银行教研中心正式挂牌,成为国内首个私人银行教研中心。

愚公学院,这一创业公益教育平台,由建行大学筛选 100 家企业并实地走访调查企业发展的需求和痛点,为创业者免费提供全生命周期的创业企业培训和咨询服务。同时,建设银行依托建行大学平台,创办国内首个银行营运的金融孵化平台——创业者港湾,链接政府部门、知名创投、核心企业、科研院校、孵化机构等平台,打造"金融科技产业教育"的线下、线上科技创新综合孵化生态。

建行大学坚持国际化办学理念,与香港科技大学、新加坡国立大学、牛津大学赛德商学院、剑桥大学丘吉尔学院、伦敦政治经济学院、伦敦商学院 6 所院校签署了战略合作协议;与 10 多所境外知名高校合作举办了多期专题研修项目;举办外事活动 20 余场,邀请耶鲁大学等高校知名教授来华授课,与伦敦商学院合办学术沙龙。

追求:新生态企业大学

以新技术为切入点的新金融时代,是金融相融于生活回归初心的美好时代。建行大学网络平台将新金融的科技属性、普惠属性、共享属性和传统的金融属性结合起来,以"服务社会、服务战略、服务员工"的理念,普惠大众,扎扎实实地贴近社会、聚焦痛点,共享众知,普惠众智。

可以说,建行大学从诞生之日起,就深植数字化的基因,在大学的血统里，在整个大学所有的形态中，都流淌着数字的要素，这所早已布局线上教育的企业大学，沿着线上线下融合发展的路径，站上风口，跑出加速度。

正如植物通过光合作用生生不息，建行大学也通过线上网络学习平台的"光合作用"，聚木成林、滋养根系。通过携手业界领先合作伙伴，接入国内外优质教育资源，引入专业运营，运用人工智能、大数据等先进技术，建行大学打造了一个融合员工学习、教学管理、智能运营、知识储备、服务社会于一体的现代企业大学平台，一个"处处可学、时时可学、人人可学"的全天候泛在学习生态正在生成。

通过网络平台"公开课"中众多的"金智惠民、裕农学堂、乡村振兴、脱贫攻坚"等主题的直播课程，建行大学让普惠金融群体、基层乡镇扶贫干部、普通劳动者等许许多多我们身边的普通人，实现了在家中"读大学"的梦想。他们通过建行大学网络平台，推开了一扇扇建设美好生活的大门。

新冠肺炎疫情暴发后，建行大学第一时间在网络平台上线"防·疫情"专区，引入"微医"专业平台，为社会公众提供在线问诊、同程查询、政策措施、防疫课堂、远程学堂等服务。"防疫课堂"频道汇集上百门通俗易懂、实用的科普课程资源，切实提升了公众科学防疫的意识和能力。截至2020年4月底，防疫课堂总学习人次突破28万。建行大学与来画合作，先后组织推出疫情防控视频微课28个，被学习强国、人民日报客户端、央视频等20多家权威机构、视频平台推广，并在深圳、青岛等多地公交、地铁线路及全国14 000多个营业网点、自助渠道滚动播放，累计实现全网4.2亿次曝光、1.8亿次播放。

根据中央"六稳""六保"工作部署，建行大学充分发挥平台优势，加快发力线上课堂建设，科技赋能推动疫情防控下沉、金融服务下沉。受疫情影响，中小企业正承受着巨大压力，生产经营存在不少困难，建设银行除了在普惠金融方面推出八大服务中小企业的金融举措之外，更通过建行大学"金智惠民"工程为中小企业提供在线教育辅导，聚焦企业疫情期间经营困境、融资难题、财税筹划等备受关注的核心问题，通过线上课堂为中小企业定制系列课程，先后上线14门精品课程，3.3万人在线学习，累计组织"金智惠民"小微企业主题在线直播1221次，惠及12.2万人，助力企业恢复"造血"能力，提升中小企业的应急自救能力，帮助中小企业走出困境，渡过难关。

建行大学"今日直播"课程面向社会全面开放，邀请专家学者走进建行大学，聚焦科学防疫、企业复工等经济社会发展和公众关心的热点话题做直播、开讲堂、录课程，公众可免费观看清华大学等知名高校的专家学者带来的直播，内容涵盖"宏观形势解析""赋能商学院""人文素养提升""业务直通车"等。

共生：引入优质教育资源

作为新金融的探索者和实践者，在共同的愿景和目标之下，建行大学推开围墙，走出金融街，与高校、科研院所、科技企业建立合作，共同研究、共同面对鲜活的金融案例，推动新金融与教育的深度融合。

短短一年多时间，在优质内容产出方面，建行大学先后与机械工业出版社、中信出版社、喜马拉雅音频、来画视频、平南云、数字中欧等机构建立合作关系，开发精品系列微课，提升了课程资源品质，保证了课程的多样性和专业性。其中，它与来画合作出品的防疫系列微课，线上播放量达1.8亿次，线下观看覆盖1100万人次。

在优质课程引进方面，建行大学已实现对中组部中网院、学堂在线以及清华大学、复旦大学、商业金融专家委员会等机构相关优质课程资源的引进，并携手机械工业出版社建设数字图书馆，首批计划引进机械工业出版社精品电子书资源2600本、有声书150本、名家访谈视频30个，并不定期开展线上、线下名家作者讲书活动，满足员工移动借阅及浏览电子图书、报纸杂志的需求。

在国际合作方面，建行大学以四海为媒，育多元人才，打破时空藩篱，持续扩容教育宝库，国际化资源正在为建行大学网络平台赋能升维。来自剑桥大学、沃顿商学院、歌德商学院等世界一流院校的学者为建行员工传道授业。建行大学即将与哈佛商学院等多所国际知名院校合办线上学习项目，共创精品课程，通过携手全球教育伙伴，求同存异、融合共生，进一步传播前沿理念，打破交流屏障，打造国际合作、校际共赢的教育学习共同体。

在技术方面，建行大学携手科大讯飞、海康威视、清华学堂在线等领先合作伙伴，探索在建行大学网络平台创建智慧教学管理功能，打造教学管理新业态。建行大学通过开发学员培训需求分析、学员过程管理、考核评价、跟踪管理等系统功能，创新设计教育培训全景视图。

建行大学引进各方优势资源，激发创新活力，推动建行教育培训数字化转型。经过一年多的迭代更新，网络平台已建成专题班、课程中心、直播大讲堂、微课大赛等25项主体功能，平台已有课程10 057门，组建专题班675个，汇集了大量知识资源，一个基于知识图谱的企业级知识库正在形成。通过开展在线直播、在线考试、专题班学习、建行论道等形式多样的教育培训活动，建行大学网络平台打造了完整的教学产品供给体系。

生态：助力"第二发展曲线"

访问量突破一亿，数字的背后无疑体现着建行大学蓬勃的生命力和数字化学习热潮的来临。

住房租赁、普惠金融、金融科技是建设银行的"三大战略"，让基层员工及时领会"三大战略"的重大意义、深刻内涵和实现路径，对于企业而言至关重要。然而像建行这样体量的企业，传统的教育培训方式已无法满足其需求。建行大学推出"三大战略"系列微课，通过网络平台，员工可以随时随地学习，该课程学习人次近10万，成为最受建行员工欢迎的微课。

建行大学为用户打通了 PC 端、微信端等六大学习渠道。建行大学微信公众号因其灵活方便、碎片化学习的特点受到用户欢迎，关注人数接近 25 万人，学习人次占全渠道学习总量的 53%，传统的教育培训模式被彻底颠覆。

借助建行大学网络平台，现场课、直播课、例会、论坛、活动等都能在网上进行。其中，"直播"突破了知识传承的时空限制，拉近了师生间的距离，使学习时间更灵活，学习场景更生动，成为当下最火爆的在线学习产品。建行大学直播平台可支持 3 万人同时在线观看。一年来，该平台累计开展直播 5645 场，直播累计观看人次突破 476 万人次。爆款学习产品也随之诞生。"空中'知'援'课'不容缓——非常时期网点客户经理营销大咖讲"，为一线银行员工讲授线上金融服务方法，成为最受欢迎的直播课，累计观看人次突破 42 万人次，持续蝉联建行大学直播排行榜榜首。

像这样紧扣建行战略转型的重点业务和重点领域，围绕新时期金融服务新需求、客户营销服务新打法的课程，在建行大学的平台上还有许多，云端课堂持续助力建行拓展"第二曲线"。

混沌、得到、高山：培训+"新大学"

时下流行的培训，已经不只是知识付费，现在流行去上"大学"。

"大学"的定义正在改变，却并非通过高等教育领域内提倡多年的"大学改革"这一途径，也并非南方科技大学这样突破传统的高等学府，而是一些发现职场人士和企业家学习热情的教育机构。

这场自下而上的学习运动早有迹象。成立于 2015 年的混沌研习社最早发现这个市场，他们把目标学员定位为早已步入社会的职场人，2017 年它正式更名为混沌大学；2018 年炒热了知识付费概念的得到干脆成立了得到大学，每年招生达千人；另外一些机构则瞄准了企业家，比如成立于 2016 年的高山大学，每年招收数十人。

这些新式大学并非传统意义上的大学，而是几年前的知识付费热潮的一种延伸。

2012 年线上音频课兴起，罗振宇、李善友、吴晓波等知识类 KOL，为走出校园多年的职场人士开辟了一个学习途径，渐渐地"学习"成为社交网络上一个新的人设标签，随之诞生的还有一个互联网运营新名词——社群。如今，机构对这些热爱学习的人进行进一步筛选，将他们发展为新式大学的用户。比如，成立于 2019 年的得到大学，起初只是得到 App 内部孵化的名为"个人武器库"的线上专栏课程。

来新式大学求学的人，除了要支付几千元到几十万元不等的学费外，还要经过提交简历、面试等环节，所学课程也并非遵循传统大学的知识体系，而是各有特色，比如思维逻辑、通识、企业家精神等。在校期间，学员不仅要完成课时学习、小组讨论、毕业论文等环节，还要接受辅导员的督导——这些设置确实给人一种重返校园"回炉再造"的感觉。

与此前教授成功学的碎片化知识付费不同，混沌大学教的是"思维模型"。在混沌大学中，几乎所有的课程都基于李善友提出的"哲科认知思维模型"，包括第一曲线、第二曲线、分型创新、边缘分化等，针对这些模型的不同程度延展，混沌大学又被分为创新学院、创投营、创新商学院等课程包，价格从几千元到上万元不等。

不同于传统商学院固定的课程体系，混沌大学的课程生产机制是，平台提出一个课程命题，然后交由各领域的讲师研发产品，课程结束后，机构会根据学员的打分来考核讲师。在混沌大学有超过 40 名领教，他们与平台保持着"非独家"的合作关系，其背景以咨询师和培训师居多，也有公司高管、投资人和高校教师。混沌大学将这种看似松散的教师机制形容为"生长共建"。

虽然同样强调"思维模型"，但相较于混沌大学，得到大学更强调

"平民的胜利",这里没有明星讲师或者商业领袖,甚至没有"老师"这个角色。

得到大学线上课程中的 48 个"思维模型",是由约 10 人的教研小组生产的,他们中有的曾是记者,也有毕业于高等学府的专职研究者。教研员通过查阅资料、采访专家等方式撰写课件,最后定稿由教研组负责人把关,统一录制。

与混沌大学和得到大学聚焦"思维模型"不同,高山大学创办的核心理念就是"科学复兴",用创始人文厨的话来说,高山大学是企业家求学的"目的地",即从其他商学院学完"术"后,来到高山大学学习"道"。

高山大学的课程表容易让人联想到一本包含信息科学、物质科学、生命科学的百科全书。其最新的招生简章中,又出现了"数学"——到达这个"目的地"的条件之一是支付 68 万元的学费。

在此之前,文厨是创新者平台"长城会"的创始人,创办高山大学的灵感源于 2014 年的全球移动互联网大会。"当时我们邀请了很多商界大佬,还有一位来自日本的机器人科学家,结果反而是科学家的演讲引起了全场轰动。"长城会 COO(首席运营官)、高山大学项目负责人周昌华回忆道。

从那以后,文厨渐渐注意到一个有趣的现象:人们在商学院往往越学习越焦虑,与科学家聊天时反而很放松,因为科研的演进通常需要几十年,站在这个时间跨度上思考问题能缓解焦虑,从这个角度看,探索科学至少能让企业家暂时远离商业,享受一阵"短暂的快乐"。

同时,在高山大学的学习过程也是一场具有社交性质的游学。纷享销客的创始人罗旭就认为,正因为相比其他机构的课程,高山大学涉及商业本身的内容不多,所以企业家可以轻松地讨论科学和人文话题,彼此之间感觉更亲近。

这种轻松的疗愈式学习,让企业家付出更低的成本,这不仅仅体现在金钱上。他们不再需要像去商学院上课一样完成大量程式化的作业。

在知识付费兴起之前,"学习"并非刚需,经过社交网络对于知识焦虑的制造和传播,将它视为爱好的人确实多了起来,"学习"也成为一个积极的社交人设标签。但这些并不足以说服人们花时间参与继续学习,而不是将时间花在看电视剧上。

这些机构也认识到这一点,正如人们为什么要读好大学,一个核心动机是想找一份好工作,把"学习"与"好工作"绑定在一起,或许才是新式大学可持续的新途径。

如今混沌大学正在推进与脉脉、BOSS 直聘等平台的合作,试图让混沌大学的教育经历成为一个"人才标签"——类似专业证书那样,被求职和招聘环节所认可。

但这也意味着,机构需要对这部分课程内容做出调整——面向职业教育,而不是把本应讲给企业家的内容输出给"小白"。目前,得到大学内部已开始类似职业化教育班型的研发。

得到大学的线下运营已经覆盖 6 座城市。至少现在来看,只要线下运营能力跟上,学员增长就不是问题。

相比要不断自行造血的教育机构,高山大学的经营压力要小得多,其运营方式与西方的私立大学相似:设置基金会,用投资收益以及社会捐助支撑机构开支。

不过,它们同样面临着学员来源的烦恼。高昂的学费和企业家身份的要求,使高山大学可招收的学员群体非常小。打开上述机构官网的学员列表就会发现,这可以说就是一份"中国明星创业者清单"。即便平台都坚信中国会源源不断诞生优质的企业家,但随着经济增速的放缓,哪怕每年新录取几十人,优质企业家学员的后备力量也令人担忧。

一个趋势是,越来越多的人盯上新式大学这个市场,开发出大学、训练营、创业营等。"不那么功利"也将成为一个课程研发的新趋势,比如混沌大学新推出了一个主打"新科学世界观"的"文理学院",教授科学、哲学、心理学等课程，学费为 6.5 万元。

回到大学的定义，2019 年秋，哥伦比亚大学校长李·布林格（Lee C. Bollinger）在该校的本科开学典礼上说："大学的意义不在于盈利，不在于行使权力、制定政策，亦不在于崇拜神、社团活动、享受生活，或是建立人脉。这些抱负本身没有问题，大学也不能完全独立于它们存在，但它们并不构成大学的精髓。大学的精髓在于讶异、好奇，在于对我们当下所知的不懈追求。大学总是拥有前进的动力。"

新式大学并不属于这一类别，不管如何包装，它们本质上只是在圈层文化兴盛的互联网环境下的职场"继续教育"，认清这一点对于学员和教育机构双方都很重要。

第 12 章

站在新十年的路口

从影响全球的第一所企业大学——GE 克劳顿管理学院的成功运作,到宝洁大学等《财富》世界 500 强的企业大学的卓越发展,再到国内优秀企业大学的迅速崛起,企业大学正越来越受企业的青睐。

聚焦企业大学,它风靡全球,获得企业的普通认可,主要原因在于企业大学体现了最完美的人力资源培训体系,是最有效的学习型组织的实现手段,是公司规模与实力的有力证明,如今更是搭建生态平台的利器。

面对未来新十年,面对动态复杂的市场环境,更多的中国企业有必要迅速加入企业大学的强大阵营,快速培养自己的人才,以提升整个企业的市场竞争力。

然而,对于如何构建企业大学,许多管理者面临诸多挑战。

员工参训积极性差、培训效果不明显、培训与组织战略链接薄弱、培训功能的价值得不到组织认可……如何使企业大学脱离困境,如何构建一所有效的企业大学，是当下诸多企业的困惑。

如何建立行之有效的企业大学呢？

第一，建立完善的企业大学培训体系。

一项针对中国企业培训体系现状的调研表明，有 67.1% 的受访企业尚未建立系统化的培训课程体系。

多数培训部门在实施关键人才培训项目时采取"课程拼盘"模式，搭配组合市面上的"名牌"课程与讲师。

随之而来的问题是，培训没有针对性更无延续性，培训部门甚至常常因此苦恼：市场上"好"的课程都已上完，明年又该如何变出新花样呢？

企业大学强调系统规划培养路径，紧紧围绕员工职业发展与能力要求绘制针对性"学习地图"。

在专业人才培养方面，国泰航空的做法值得提倡：为各线条业务人才绘制完善的学习地图以帮助员工发展。例如，针对机场部员工，其在刚进公司时会接受全体新员工入职培训，之后接受机场部的部门入职培训，待员工定岗后会接受岗位技能学习与考核认证，半年见习期结束后员工将接受卓越服务技能的提升培训。

如此随着员工的职业晋升，不断针对性地提升和完善员工的能力水平，使人才培养贯穿员工成长的每一个重要环节。

紧紧围绕员工职业生涯发展与能力要求的系统化"学习地图"是确保关键人才培养的基础。

无论是管理人才还是专业人才，企业大学都会针对性地提供丰富的策略，推动关键人才源源不断地成长与供应。

因此，我们说企业大学培训体系可以采取超越传统意义的培训管理体系、知识管理体系以及 E-LEARNING 系统，进一步整合企业战略系统、绩效管理系统等模块。

第二，构建知行合一的学习模式。

目前，大多数的企业培训都将培训理解成简单的授课过程。学员往往听一堂课，再听一堂。这种培训模式虽然可以传递一定量的知识，却无法对企业的行为产生真正的影响，可谓只"知"不"行"。

其实在人类的发展历史中，人们早就摸索出一套有效的传递知识与技能的方法。

我们可以把这种模式称为"知""明""行""习"模式。由于缺乏这种正确的学习模式，一家企业投入再多的经费去培训，也只能停留在"知"的层面。

培训多了，还有可能造成组织内部严重的思想不统一，容易产生落差与冲突。员工也自然会觉得培训与实际工作脱节。培训也就变成一种巨大的浪费。

对此，企业大学为了提高培训的有效性，需要采用"知""行"合一的学习模式。

企业大学可以采用我们熟知的"721定律"，即员工的培养与成长70%依靠岗位实践与锻炼，20%依靠岗位辅导与反馈，仅有10%依靠面授课堂。

也就是说，企业大学在培养关键人才方面更应该强调培养方式的多样化，绝不仅仅是开展培训，要更多地提供发展手段。

对此，GE通过测评反馈、课题面授、在线学习、轮岗锻炼和教练辅导等多样化方式科学培养与发展人才的BMC项目值得企业大学借鉴。为期4周的项目学习，除了第一周在GE克劳顿管理学院外，剩下3周学员会分成不同小组针对同一个主题，在全球不同国家进行调研访谈。比如，针对如何通过社会网络提升GE业务的议题，汇集全球不同国家人员的观点，最后形成多样化的解决方案。

由此，我们可以看出，有效的企业大学的构建不再以学员的满意度为主要评估导向，而是以实实在在的业绩改善为目标。

对于现代的企业大学而言，培训从业人员不仅精通培训，而且精通业务，能够参与战略决策的制定，并清晰地阐述组织学习对业务发展的贡献。他们不仅能够运用学习型组织的专业用语，还擅长采用业务术语进行沟通，并利用自己的知识技能和影响力来推动创新及盈利增长。

第三，关注企业团体队伍的学习。

中国的中小企业参训人员主要是企业的一两个核心人员，但是企业的发展从根本上说源于组织整体的水平提升，单靠几个人去领导一群思想各异的门外汉，有再好的管理思想也难以成功。

另外，中国大型企业虽然参训人员广泛，但是各层级、各部门的培训往往是割裂的。

除此之外，接受培训的人大多是中低层人员，最终导致许多良好的管理及营销模式，一到上层就被否定，这是因为决策者有权力却没有相关的专业知识。最可悲的是他们会认为只要拥有权力，就应该是最专业的人士。

针对上述现象，要想构建有效的企业大学，需要完成从企业家个人学习到企业核心团队学习的转变。企业的成功并非依靠若干高技能的员工，而是需要一支配合默契的优秀团队。

企业在培训过程中，基于发展员工个体，掌握和运用相关运营规则，通过共同目标与价值观的灌输，让团队整体表现出默契与一致，使团队成员像"一个人"一样思考和行动。从员工个人能力提升，到熟练规则的协作能力提升，再到一致认同的共同理念修炼达成，组织能力实现了逐层的阶梯式发展。因此企业大学在关注员工能力培养的同时，更关注组织的团队学习，注重在团队间培养默契。

例如，华润企业大学特别注重多元团队参训，强制要求行动学习小组挑选的项目成员来自不同部门、不同专业领域，确保研讨与建议的多元角度，同时产生团队磨合与文化统一的正面效应；严格的结构化过程，培训过程中依据严格的流程框架设计，提供实用的研讨工具，帮助团队成员统一工作语言与问题解决方法，加速团队建设与管理的提升，强化企业文化的穿透力。

在新时代新旧动能转换日趋激烈的当下,只有建立有效的运营体系,才能使企业大学在未来的企业竞争中充分发挥企业软实力创建的极佳平台的功用。

第四,多方链接塑造品牌影响力。

为了快速提升企业大学品牌在外部市场的曝光度,借助外部的渠道资源是必然选择。

企业大学需要与知名高校、培训机构、专业媒体平台、行业协会、地方政府等建立合作渠道,加深与外界的链接,塑造品牌影响力。

具体的合作方式有以下四种。

- 多方联合举办专业论坛、沙龙等交流活动。
- 借助专业媒体、新媒体平台进行传播,不断在圈内发声。
- 与知名高校或地方政府开展合作,建设人才培养基地。
- 联合更多优质资源,共建学习生态圈,打造开放的学习平台。

第五,积极探索"培训+"对外赋能。

企业大学未来两年的发展规划,可以是优化对内服务、探索对外赋能模式双轨并行。

但在对外赋能的探索上,不少企业大学跃跃欲试,不是在规划中,就是已经走在对外赋能的路上,它们试图打破企业大学边界,由对内服务逐步转向服务于产业价值链,赋能企业生态圈。比如,方太大学的中医学院、方太文化研究院与文化产品研究院已开始面向客户、潜在客户和社会大众,传播中华优秀传统文化和中西合璧的方太文化,履行社会责任,为文化的繁荣兴盛、民族的复兴以及中国梦的实现,贡献自己的一份力量。华为、阿里、腾讯、建设银行等优秀企业,更是创造了不少经典案例。

总体而言,尽管企业大学对外赋能仍处于摸索期,大多还未形成成熟的体系，但不应因此为自己设限，只要不断尝试和探索，就一定可以在这个不确定性的时代，找到规则，改变边界。

"万物其实是没有简单边界的。"王兴从不给自己和美团设限，只要核心是清晰的，就会不断尝试各种业务。核心就是——美团到底服务什么人？给他们提供什么服务？于是，美团正在成长为一个超级平台。

研究国内外其他最优秀的科技企业时，我们发现它们无一不是在发展过程中坚守长期主义，走正确但艰难的路。例如，阿里巴巴的愿景就是做一家"102年"的企业，无论在业务布局上，还是人才梯队建设上，阿里巴巴都始终着眼于未来。华为，中国最受尊重的企业，其从最早的交换机代理业务，到自主研发通信设备成为运营商市场的龙头企业，到企业业务、自研芯片，再到近几年取得巨大成功的消费者业务，华为也一直坚持长期主义，做艰难但正确的事情。亚马逊、谷歌等海外著名的科技企业也是如此，它们之所以屹立数十年而不倒，就是因为舍弃短期利益，而选择更持久、更有价值的长期业务。

陈春花教授很长一段时间内都在研究大型企业，她发现这些大型企业都因为六个词（远见、野心、决心、执着、活力、创新）而被人们记住，但是她不认为这是它们成为大型企业的原因。

陈春花教授指出："它们能够成为大型企业的真正原因在于，它们能够真正理解人们对美好生活的追求，能够真正理解人们对生活向往的价值；更重要的是，无论是远距离，还是近距离，它们都在分享价值。"

站在新十年的路口，那些想取得更大成功的企业，或许真的应该考虑"培训+"，因为它可以说是分享价值的最佳载体。

结　语

　　风口理论容易陷入机会主义的陷阱，风来了飞一阵，风没了怎么办？飞得越高，摔得越重，比如曾经数度站在风口上的"乐视们"。

　　真正伟大的企业，都是能够造势的企业。造势不容易，需要坚持长期主义，造势特别忌讳光说不练，现在很多高举"智能制造"大旗的企业就是光说不练。

　　"光说不练假把式，光练不说傻把式，又练又说真把式"，很多企业属于前两者，阿里属于后者，"犀牛工厂"就是又练又说的案例，这是长期主义价值观的产物。

　　从 B2B、淘宝、移动支付、云计算到今天的新制造，月亮还是那个月亮，阿里早已不是那个阿里，这是阿里坚持造势的结果，是一场长期主义的胜利。

　　这与中国很多互联网公司不同。以 20 年的时间维度看，门户、通信、游戏、搜索领域里的还是那些面孔，它们没有错过任何风口，只是 20 年过去了，它们多数还是 20 年前的它们。

　　我们再说说华为。

2020 年 9 月 17 日，华为 CEO 任正非访问了北京大学。任正非表示，只有长期重视基础研究，才有工业的强大，只有长期重视基础教育，才有产业振兴的人才土壤。大学是创新最好的平台，要对学问宽容，要做看似没有意义的研究；要让青年学者敢于向上捅破天，走到国际最前沿，努力向下扎到根，使基础教育和基础研究成为创新的原动力。华为将持续深化与北京大学在人才培养与技术研究领域的合作，期待产生更多原创性、颠覆性的成果。

"向上捅破天，向下扎到根！"这是任正非坚持加大对技术研发的战略投入的表达，这一表达出现的次数并不多。2019 年 7 月 19～20 日，华为在松山湖召开运营商 BG 组织变革研讨会，任正非在会上讲话时首次使用这个提法。

研发战略投入也包括人才的投入，"我们还要加强优秀人才的引进，在世界范围内广泛招聘优秀科学家、高级专家、少年天才，融入我们的'血液'里，坚定不移做到根，向上捅破天。"

由于地缘政治问题，华为不得不减少跟国外高校的合作，转向国内。任正非于 2020 年 7 月 29～31 日先后访问上海交通大学、复旦大学、东南大学、南京大学。

在访问四所大学的过程中，任正非分析了为什么华为要搞基础研究。他说："因为信息技术的发展速度太快了，传统的产学研模式，赶不上市场需求的发展速度。因此我们自己也进行了一些基础理论的研究。"

作为企业，华为的基础研究围绕商业目的展开，大多数是在应用理论的范畴，贴近实用化，但华为非常清楚行业面临哪些世界级难题，明白客户的需求是什么。

高校既具备理论和要素研究的基础，又具有人才成长的土壤。双方结合必然更能知晓世界的发展动向，获得超越世界的机会。"高校的明灯照耀着产业，大学老师的纯研究，看得远、钻得深；我们的研究实用度强，我们之间的合作，你们给我们带来方向，照亮了我们。"任正非说。

任正非的定力和华为人的恒心，是华为事业在如此极端困难的外部条件下被"逼"向世界第一的双保险。这又是一场长期主义的胜利。

中国能不能成为世界理论的中心，就要看这种"向上捅破天，向下扎到根"的决心有多大。

2018年之后，全球新格局之下，我们遇到了三个最大的挑战。

- 第一个挑战就是不确定性的增加。
- 第二个挑战，也是最大的挑战，即与过去不同，整个宏观环境不再呈高速增长状态。
- 第三个挑战是新兴产业和新兴技术，它们带来的变化和产生的新空间是我们之前从未有过的。

这三个挑战导致，无论做经营还是在这个市场中寻求自己的位置，我们都需要有两种能力，一个是从环境当中看到机会的能力，另一个是学习力。如果我们不具备终身学习的能力，我们就没有太大机会。

面对未来，我非常认可陈春花教授的观点——"联接比拥有更重要"：在这样一个完全变化、颠覆性创新的时代，我们要应对，很重要的一个视角就是跟更多人联接在一起。

华为把它的战略定在一个词上，就是"联接"。它认为到了2025年，有千亿台设备要"联"在一起，其中55%在商业领域，45%在个人领域。所以华为把自己的战略定位在就做这个联接，让智能进入千家万户。

华为在发布它的第一款5G手机时，还发布了一个叫"1+8+N"的终端战略。华为终端目前是"1+8+N"的战略，"1"就是手机是主入口，"8"就是4个大屏的入口：PC、平板电脑、智慧大屏、车机（非大屏入口现在发布的有耳机、音箱、手表、眼镜），"N"则是泛IoT硬件构成的华为HiLink生态。这其中的"1+8"是华为自己在做，这个"N"则欢迎更多合作伙伴加入，最终形成一个更为开放的生态。

华为为什么制定这样的战略？这是因为它认为当把这些东西都联接

起来的时候，就会提供美好的生活，满足人们从生活到工作之间的联接和需求。

华为在今天非常独特，因为在以联接这个概念来做这件事情时，它已经占据全球底层技术的 60% 多的市场份额。今天它很独特，其实是在于它很能理解怎么应对这个动态性。

另一个可以说说的企业是腾讯。

腾讯新的战略是"连接"。腾讯说它是一个连接器，未来这个连接器会赋能所有传统行业。腾讯赋能所有传统行业，就意味着它会融入所有的行业。它现在已经把自己定位在这个方向上，而且在持续做。腾讯在 2018 年以资本的方式进入 700 家公司，对于这 700 家公司当中所形成的各个行业的业态，它就用了"连接"这个词，直接输出它的人力资源组织和整套管理技术。

如果这个战略定位是腾讯最基本的战略方向，那么我们完全可以确信这家市值世界前十公司的成长空间是足够的。

当然，我们也欣喜地看到了这两家公司为"培训+"做出的努力和取得的成果。

我们也相信，用知识做载体，用分享做平台，应该找不到比这更具性价比、更富生命力、更具穿透性的联接方式了。

2020 年，改革开放刚刚迈过 40 周年，欢庆的烟花尚未散尽，小到我们个人，大到全人类，都毫无征兆地被疫情"刷了屏"。

1979～2020 年，再回首，我心依旧；再回首，恍然如梦。

1979～2020 年，中国的生意变了。

我们见证了更多的人回归理性。

我们见证了更多值得尊重的企业走向前台。

这便是中国经济的底盘。

于是，我们更加坚信，做好每一个当下，就会有一个更好的未来！

后　　记

人类已经经历了三次工业革命，分别以蒸汽机、电动机和计算机为代表。如今，进入 5G、大数据、人工智能、机器人、类脑科学、量子信息等开始应用的时代，这是否可以看成第四次工业革命开始了？

我国在面向未来的 5G、量子信息等领域有领先优势，但在其他很多领域都没有优势，甚至处于劣势。而且，我国制造业对第二、三次工业革命带来的不少技术的应用也无领先优势，正所谓"过去未去，未来已来"。

中国在过去 40 年努力赶超，成为全球第二大经济体，相信未来 5~10 年，中国必然成为全球最大的经济体。此外，我国未来 10 年仍难以跻身高收入国家行列，人口老龄化、高杠杆、经济结构分化等发达国家独有的特征，却已经显现出来了。

西尼加曾说过："差不多任何一种处境，无论是好是坏，都受我们对待处境的态度的影响。"

沙漠里可以找到海螺，牢房里能看到星星，语言不通的人可以成为朋友，原本枯燥乏味的生活充满意义，人生处处都有希望。

只要你能够以乐观的态度对待生活，每一天都"春暖花开"。

大家都在热议的卡脖子工程如何突围？我觉得，中国经济中，如果"虚"的部分少了，"实"的部分自然会增加，靠金融地产成为富豪的盈利模式难以畅通，靠实干苦干赚钱的模式就会畅通。

过去是因，现在是果，未来是现在的趋势外推。如果不改变现在，或者改变不了现在，那么未来会怎样，实际上现在我们都已经看到了。

2019年12月中旬，我在深圳参加华师经纪第16期"培训机构总裁特训营"的学习。其间，身为主讲老师的华师经纪总裁王贤福先生，在分享"2B机构经营策略"一章时，特别提到"2B培训是企业级服务的最佳入口"，并列举了华为、阿里、美团等企业的案例。

我当时就有茅塞顿开之感，这几年出于工作的原因，我接触了大量用2B培训做服务的企业，一直没能理解的模式，居然被他一语中的。

课后，心潮澎湃的我，立马拉着王贤福火线交流，迅即形成了《培训+》这本书的雏形。

这本书的创作即将收尾时，正值国庆期间。

唱雄壮的国歌，满怀豪情观看升旗仪式；挂鲜艳的五星红旗，让街巷尽显"中国红"；转发微博，点亮国旗标志，向祖国表白……

人们以各种各样的方式，为新中国庆生。

对于每个中国人而言，爱国是再朴素不过的情感，是再自然不过的认同。

就在这段时间，电影《夺冠》在各大影院热映，重温中国女排一路拼搏、为国争光的夺冠历程，包括我在内的无数观众都激动不已，在内心升腾起强烈的爱国热情和民族自豪感。

拳拳爱国心、殷殷报国情，永远是我们这个国家不断书写璀璨篇章的重要精神支撑。

有句话说得好："每个人奋斗的样子，构成了今天中国的表情和节奏。"

对祖国的爱并不抽象，我和王贤福先生在这本著作中洒下的每一滴奋斗的汗水、迈进的每一步，都充满着爱国豪情，激扬着爱国之力。

未来，我们将不仅成就更好的自己，更会成就更好的中国。

奋斗是爱国最好的姿态。

李翼